本■■■受国家科技支撑计划和交通部西部交通建设

公路隧道衬砌结构耐火技术

林 志 郭 军 闫治国 著

科学出版社

北 京

前　　言

我国已成为世界上公路隧道最多、最复杂和发展最快的国家。截至 2013 年，我国已经有 1 万余座公路隧道投入运营。随着公路隧道交通长度、交通密度的增加，隧道内的火灾事故也不断增加，因火灾造成的损失呈逐年上升趋势。由于环境的封闭性和逃生救援的困难性，隧道内一旦发生火灾，除了会对隧道内的人员造成巨大伤害外，还会由于高温导致混凝土爆裂和力学性能的劣化，对衬砌结构产生不同程度的损坏，大大降低结构的承载力和安全性。

隧道是陆地及水下交通道路的控制性节点工程，对隧道衬砌结构进行事先耐火保护，以及事后检测、诊断、评价与修复，是一项十分重要的工作，这也是当前乃至将来管理、设计、施工和运营等部门面临的主要问题与难题之一。系统分析与探讨火灾对公路隧道衬砌结构的损害形式、机理以及公路隧道衬砌结构在火灾高温情况下力学性能的变化，正确评价火灾后衬砌结构的安全性，进而给出合适的隧道衬砌结构耐火方法是当前一项重要任务，这对于提高公路隧道衬砌结构的火灾安全性具有重要的理论价值和实用意义。

从国内外研究现状来看，在隧道衬砌结构耐火保护方面尚存在以下问题：①国内没有针对公路隧道衬砌结构的专用防火设计、加固与修复技术规范，隧道衬砌结构耐火设计的相关规范和标准有所欠缺；②对于隧道衬砌结构体系，考虑其所处环境的特殊性（周围岩土体）、混凝土爆裂、火灾温度高及持续时间长等对衬砌内温度场分布的影响的研究很少；③隧道衬砌结构体系是一个超静定体系，由升温引起的温度应力以及附加变形对衬砌结构有较为严重的安全影响，因传统上人们认为衬砌结构是耐火的，所以目前人们对该问题重视不足；④在火灾对隧道衬砌结构体系的损害形式及机理、提高隧道衬砌结构耐火性能的方法等方面目前还未见系统研究；⑤关于隧道衬砌结构现场火灾损伤检测方法与评价模型还未见报道，尤其是评价模型方面的研究成果在国内尚属空白；⑥我国已编制的《公路隧道养护技术规范》（JTG H12 — 2003）对于火灾后隧道结构的加固修复尚没有统一的标准和定论，还有待提出适合于公路隧道火灾损伤后的加固修复技术；⑦缺乏大体积混凝土构件高温火灾试验平台，试件多采用电炉进行加热，这与隧道结构遭受火灾时的实际情况很不一致；⑧对沉管隧道结构在火灾下的力学行为及其耐火保护技术的研究十分缺乏。

本书受国家科技支撑计划"港珠澳大桥跨海集群工程建设关键技术研究与示范"（编号：2011BAG07B00）和交通运输部西部交通建设科技项目"公路隧道衬砌结构耐火技术研究"（编号：2008 318 740 41）资助，针对公路隧道衬砌结构受火灾的安全影响，在火灾源、火灾时温度梯度分布、衬砌结构损伤与高温力学行为、火灾后衬砌检测评价方法、安全修复技术、衬砌结构耐火与防火设计以及沉管隧道结构火灾力学行为、耐火保护技术等方面开展了系统研究，相关成果构成了本书的基础。

由于本书所研究的相关内容还处于探索阶段，加之作者水平有限，书中难免有疏漏，恳请读者批评指正。

目　　录

第1章 绪 论

1.1 隧道火灾概述

1.1.1 公路隧道火灾回顾

公路隧道是为使公路从地层内部通过而修建的建筑物，是一种与外界直接连通且有限的相对封闭空间。近年来，随着交通运输业的高速发展，隧道交通也在快速发展。据交通运输部公布的统计数据，截至2012年年底，全国公路隧道有10022座，里程8052.7km。今后十年内还将有许多山岭公路隧道和公路越江隧道建成并投入使用。

作为交通道路上的关键线路和控制性节点，隧道内频繁发生的火灾事故造成了巨大的社会影响和经济损失。例如，1949年，美国纽约的Holland公路隧道火灾事故，造成66人死亡，48人受伤，9辆卡车被烧毁，交通中断56h。1977年，上海打浦路越江隧道发生火灾，造成5人死亡，23人受伤。1999年，位于法国和意大利之间的勃朗峰公路隧道发生火灾，大火烧了53h，造成41人死亡，43辆车被烧毁，交通中断一年半以上。1999年，位于奥地利中部穿越阿尔卑斯山的托恩(Tauern)公路隧道发生火灾，导致13人死亡，50人受伤。2001年10月，瑞士圣哥达(St. Gotthard)隧道起火，造成20人死亡，128人失踪，出事地段顶部塌陷，这条最重要的南北通道被迫无限期关闭。2002年，中国甬台温公路猫狸岭隧道发生火灾，约100m的隧道壁瓷砖和混凝土面层脱落破损。2002年3月，法国巴黎在建的A86双层隧道发生火灾，约有80m的混凝土剥落。2005年6月4日，位于法国和意大利之间的弗雷瑞斯(Frejus)公路隧道发生火灾，造成2人死亡，多辆汽车被烧毁。另据统计，1991～2001年，上海市延安东路隧道共发生4起火灾事故。1977～2002年，上海市打浦路隧道共发生18起火灾事故。表1-1不完全统计了全世界近50年发生的公路隧道火灾事故[1,2]。

表 1-1 世界公路隧道火灾事故情况

时间	隧道名称	长度/m	国家地区	持续时间	隧道结构破坏程度
1949年	Holland	2250	美国纽约	4h	隧道严重损坏200m
1968年	Moorfleet(图1-1)	243	德国汉堡	1.5h	隧道严重损坏34m
1974年	Mont Blanc	11600	法国、意大利	15min	——
1976年	Crossing BP-A6	430	法国巴黎	1h	隧道严重损坏150m
1979年	Nihonzaka(图1-2)	2045	日本Shitzuoka	159h	隧道严重损坏1100m
1980年	Kajiwara	740	日本	——	隧道严重损坏280m

时间	隧道名称	长度/m	国家地区	持续时间	隧道结构破坏程度
1982 年	Caldecott	1028	美国 Oakland	2h+40min	隧道严重破坏 580m
1983 年	Pecorila Galleria	662	意大利	——	受损较轻
1986 年	L'Arme	1105	法国 Nice	——	隧道设备严重损坏
1987 年	Gumefens	343	瑞士伯尔尼	2h	损坏较轻
1990 年	Roldal	4656	挪威 Roldal	1h	略微损坏
1993 年	Serra Ripoli	442	意大利	2.5h	损坏较轻
1993 年	Hovden	1290	挪威 Hoyanger	1h	111m 隔热材料被毁
1994 年	Huguenot	3914	南非	1h	严重损坏
1995 年	Pfander	6719	澳大利亚	1h	严重损坏
1996 年	Isola delle Femmine	148	意大利 Palermo	——	严重损坏，关闭 2.5d
1999 年	Mont Blanc(图 1-3)	11600	法国、意大利	48h	严重损坏，混凝土窟窿全部沙化，关闭 3 年
1999 年	Tauern	6401	奥地利 A10 Salzburg-Spittal	17h	严重损坏，结构被烧坏 600m
2000 年	Seljestad	1272	挪威 E134 Drammen-Haugesund	45min	——
2001 年	Prapontin	4409	意大利	——	关闭 7d
2001 年	Gleinalm	8320	奥地利	——	
2001 年	St. Gotthard	16918	瑞士	3d	严重受损，隧道圆拱顶部塌陷，关闭 60d
2001 年	Guldborgsund	460	丹麦 E47 海底隧道	——	
2002 年	A86 双层隧道	10000	法国巴黎	——	混凝土脱落 80m
2005 年	Frejus	13000	法国、意大利	6h	火灾时隧道内温度高达 900℃，几千米长的设施被严重破坏

频繁发生的火灾事故使得人们越来越关注隧道的火灾安全性，并对隧道心存恐惧，阻碍了人们对隧道的积极使用。此外，火灾预警、救援的困难性也阻碍了隧道技术的发展，使得长隧道方案由于火灾安全问题而难以实施。各国在总结这些火灾经验教训的基础上，组织大量人力及物力对隧道火灾的特点及火灾预防与救援进行了较系统的研究。

有学者对公路隧道的火灾频率进行过研究，发现公路隧道火灾频率为 2 次/（亿·车·千米），即 1000m 长的隧道 4~7 年有一次火警，2000m 长的隧道 2~3 年有一次火警[3]。

图 1-1　Moorfleet 隧道火灾

图 1-2　Nihonzaka 隧道火灾

图 1-3　Mont Blanc 隧道火灾

图 1-1~图 1-3 所示为一些火灾事故发生后的实际情况。文献[4]总结了国内外关于公路隧道火灾频率的统计分析结果，如表 1-2 所示。从中可推断出，随着隧道数量和里程的不断增加以及电气化程度在公路隧道中的不断提高，预计未来在公路隧道内发生的火灾事故也会越来越多。

表 1-2　公路隧道火灾频率[4]

地区	火灾频率 /[次/(亿·车·千米)]	说明
英国	2	Alex Harter. 通风：公路隧道的消防. 隧道译丛.1989.8
英国	10	高等级公路隧道防火与消防.公路隧道文件.1990
国外	10~17	JTJ026—90 公路隧道设计规范.北京：人民交通出版社.1990
国外	20	钱章龄.上海延安东路越江隧道的消防系统会议资料.1989
日本	0.5	吉田幸信.公路隧道的防火设备.隧道译丛.1989.8

1.1.2　隧道火灾的原因

引起公路隧道火灾的原因是多方面的，主要原因可以归纳为以下 3 类：车辆自身的机电设备发生故障导致起火；车辆撞击等交通事故；车辆装载货物起火。

图 1-4 所示为公路隧道火灾形成原因统计图[2]，从图中可以看出，车辆自身的机电设备发生故障导致起火以及车辆撞击等交通事故是诱发隧道火灾的两个主导因素，这两个因素引发的火灾占公路隧道火灾总调研案例的 97.44%。

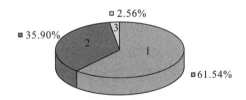

图 1-4　公路隧道火灾形成原因统计图

1-车辆自身的机电设备发生故障导致起火；2-车辆撞击等交通事故；3-车辆装载货物起火

隧道火灾本质上是一种伴随发热、发光的剧烈燃烧过程，其发生需要同时具备三个条件：可燃物、助燃性和火源。通过隧道的车辆中，汽车本身就是可燃的。其他如油罐车、装载易燃易爆物品的货车，其装载的油品一般为原油或石油制品(汽油、煤油、柴油等)，这些油品都是低闪点的易燃液体(几种常见油品的性质见表 1-3)，在常温常压下就能挥发出多种易燃、易爆的碳氢混合气体。

表 1-3　常见可燃物的性质

可燃物	闪点/℃	自燃点/℃	爆炸极限/%	
			爆炸下限	爆炸上限
汽油	−45~10	415~530	1.3	6
煤油	28~15	380~425	0.6	8
柴油	50~90	300~380	0.6	6.5

可燃物	闪点/℃	自燃点/℃	爆炸极限/%	
			爆炸下限	爆炸上限
原油	—	350	1.1	6.4
木材	—	250~350	—	—
甲烷	—	537	5	—
乙烷	—	472	3.12	—
丙烷	—	446	2.9	—
丁烷	—	430	1.9	—
甲醇	—	470	—	—
乙醇	—	414	—	—

通风提供的氧气是很好的助燃物,当氧气和易燃、易爆气体混合的浓度处在爆炸极限范围内时,若遇明火,就会燃烧或发生爆炸。

根据资料统计,隧道事故中常见的火源有明火、电火花(如切断电源时)、静电火花(如油品震摇)、摩擦(如刹车时产生火花或温度升高)和撞击(引起局部高温)等。同时,隧道内电气线路或电气设备短路起火、汽车化油器燃烧起火、紧急刹车时制动器起火、汽车交通事故起火和车上装载的易燃物品爆炸起火等都可以引起火灾。

通过分析众多火灾案例可以发现,车辆、线路与电气设备是隧道火灾的主要危险源。从英国消防研究中心的统计资料来看,大约每行车 10^7 km 平均发生 0.5~1.5 次隧道火灾,其中 1% 是罐车火灾,平均每座隧道 18 年左右发生一次罐车火灾事故,包括油罐车、可燃物罐车和有毒化学品罐车。

同时,随着行车密度的增长,使得带有各种可燃物质(油、化工原料等)的车辆通过隧道的数量和频率都在增加,因此火灾事故也就增多了。此外,行车速度的提高以及隧道内线路质量的下降,隧道内电气设备的增多,以及人为破坏的增多(如纵火、抽烟和恐怖主义等),都使得隧道火灾事故呈逐年上升的趋势。

1.1.3 隧道火灾的特点

公路隧道属于地下建筑结构,由于地下建筑位置的特殊性和空间的局限性,其相对封闭的环境给火灾后疏散、救援、排烟和从外部灭火造成了困难。隧道火灾和地面火灾的特征明显不同,主要有以下几点。

①燃烧猛烈,温度高,烟气毒性大,火灾扑灭难度大。

②失火爆发成灾的时间一般为 5~10min,持续时间与隧道外的环境有关,较大的火灾一般为 30min 至数小时。隧道内散热条件比洞外差,与露天洞外火灾相比,隧道火灾的温升速度要快许多。

③受隧道净空限制,火焰向水平方向延伸,炽热气流可顺风传播很远,可燃的能量最多 10% 传给烟气,大部分传给衬砌和围岩,故烟气温度随距离的增加而迅速下降,但由于洞壁被加热后的辐射热,温度可保持很长一段时间。

④隧道火灾一般会出现两种类型：富氧型和燃烧丰富型。较小的火灾更容易产生大量的烟雾并充满整座隧道，以至于在使用强力照明的条件下，能见度也只在 1m 以内。同时，有毒烟雾的传播，将使现场人员中毒而死亡。

⑤隧道内一旦起火，由于烟囱效应，温度和烟雾会迅速传播，它的大部分能量被用去加热通风的空气。此时，顺风侧的空气温度可达到 1000℃ 以上，炽热的空气在流经途中可把它的热量传递到任何易燃或可分解的材料上。这样，火就能从一个燃料火源"跳跃"一个长度而引燃下一个着火点。实验中观察到这个"跳跃"的长度约为隧道直径的50 倍。

⑥隧道火灾将极大地影响隧道内空气压力的分布，导致隧道内通风气流的流动加速、减速或完全逆向流动；隧道火灾由于有强烈的热量，只能从逆风端去救火。然而，烟的这种逆向流动将会阻碍救火工作的进行。

⑦安全疏散困难，极易发生次生灾害。火灾发生后，人们情绪紧张，造成拥挤、交通混乱等情况，极易导致发生意外伤亡事故。

⑧洞内火灾产生的热烟，首先集中在隧道顶部，而隧道下部很长一段仍是新鲜空气。当洞内有较大的纵向风流时，才会使隧道全断面弥漫烟气，使人迷失方向并有可能中毒死亡。

⑨火灾发生后，产生的热量大部分被隧道壁和拱顶吸收，隧道内的温度迅速上升，最高温度可超过 1000℃。调查报告表明，2005 年弗雷瑞斯隧道发生火灾时，隧道内的温度甚至达到了 1650℃。在如此高的温度下，车辆和隧道内的电力、通信和照明设备基本上被烧毁，隧道衬砌支护结构在骤然升温和长时间的高温作用下产生的破坏也相当严重。对于水下隧道，还有因结构被破坏而导致隧道修复困难的可能性，甚至出现隧道涌水、塌陷。

1.1.4　隧道火灾的破坏性

公路隧道发生火灾后，排烟与散热条件差，烟雾浓度大，能见度低，人员疏散困难，温度高而且上升速度快，消防、救火难度大，损坏程度严重，这主要体现在以下几方面：①火灾时产生的大量有毒有害烟雾，不仅降低了隧道内的能见度，影响人员和车辆的逃生以及救援工作的开展，而且也是造成人员伤亡的主要原因；②火灾时产生的高温，不仅烧坏隧道内部的装修，对衬砌产生巨大的损坏，致使结构的承载力降低或完全丧失，而且对隧道防水体系的损坏，会造成隧道不同程度的渗漏水，以致影响隧道的正常运营及功能的发挥；③火灾使隧道内的电气设备与元器件及线路受到损坏，无法为动力、照明等用电设备供电，通信、通风及给排水设备无法运转，致使救援难度增大；④火灾时产生的火风压会极大地影响整个通风系统的正常运转，导致隧道内正常的通风系统发生紊乱，致使灾害扩大。如果火灾生成的火风压是正值，则在风机停止运转后，在火风压的作用下，火烟仍继续向各个区域蔓延，引起人身伤亡事故。

1.2　国内外研究现状

世界各国，特别是发达国家，对隧道火灾的防治非常重视，并开展了大量研究活动。

公路隧道火灾的预防救援设计始于 19 世纪 20 年代。1924 年，匹兹堡市长 1.18km 的自由隧道因交通堵塞，引起乘客 CO 中毒。后来，美国长 2783km 的荷兰隧道吸取了自由隧道的教训，设计了全横向机械通风方式，并在隧道内设置了消防、交通信号、电话、交通监控、火灾检测和电视监视等设备。日本在第二次世界大战结束后，开始着手建设公路隧道，并兴建了世界上最长的公路隧道——关越隧道，在该隧道中，首次采用了电集尘器的竖井送排式纵向分段通风方式，为长大公路隧道的设计、施工和运营提供了可靠的经验。此外，日本高速公路的长大隧道、道路公团所属隧道和一般公路隧道，都按现行的防灾标准，设置了报警设备、紧急电话、电钮式报警机和火灾探测器及消防设备。

从世界范围看，公路隧道内发生火灾的频率在逐渐增大，仅欧洲公路隧道内每年发生火灾 100 多起。英国公路隧道 1971~1973 年共发生了 14 次火灾，其中 8 次由载货汽车引起，6 次由各种商务汽车引起。日本道路公团所属隧道自 1960 年以来共发生火灾 24 起，日本高速公路公团所属隧道在 1964~1979 年共发生火灾 31 起。根据日本道路公团与首都高速道路公团所属隧道火灾事故记录，1977~1980 年，东名和名桂两条高速公路上发生隧道火灾 6 起，其发生频率为 5.76 次/(兆·车·千米)。

因此，近 20 年来，奥地利、瑞士和日本等国家对隧道内汽油火灾进行了大量的模拟隧道火灾试验及研究，提出了公路隧道防火救灾对策，国际道路协会也提出了新建隧道消防设计及消防规定。

1.2.1　国内外相关的研究组织与机构

1. 国际隧道协会

国际隧道协会(International Tunnelling Association，ITA)下设两个工作组开展隧道及地下工程火灾安全方面的研究：Working Group 5 Healthy and Safety 与 Working Group 6 Repair and Maintenance of Underground Structures。此外，2005 年新成立了 COSUF(the ITA Committee on Operational Safety of Underground Facilities)，进行地下空间安全运营方面的研究。

ITA 发布的关于隧道火灾的指导性标准主要有 *Guidelines for Good Occupational Health and Safety Practice in Tunnelling* (WG5)和 *Guidelines for Structure Fire Resistance for Road Tunnels* (WG6)。

2. 世界道路协会

世界道路协会(Permanent Internatinal Association of Road Congresses，PIARC)C5 技术委员会(PIARC Committee on Road Tunnels)下设有 Working Group No. 6 Fire and Smoke Control 工作组，开展隧道火灾方面的研究工作。

PIARC 发布的关于隧道火灾的指导性标准主要有 1999 年的 *Fire and Smoke Control in Road Tunnels* 05.05.B(内容主要包括：火灾和烟雾控制、火灾风险和火灾设计；烟流行为；火灾通风和烟流控制；紧急出口和安全设备；隧道衬砌火灾反应和耐火性能；应急管理等)、2002 年的 PIARC *Proposal on the Design Criteria for Resistance to Fire for Road Tunnel Structures* 和 2004 年的 *Systems and Equipment for Fire and Smoke Control in Road Tunnels*。

3. 其他组织

除了上述两大组织外，目前在隧道防火领域研究活动活跃的国际研究机构还有荷兰的 TNO(Netherlands Organization for Applied Scientific Research)、瑞典的 SP Fire(Swedish National Testing and Research Institute)、德国的 STUVA(Research Association for Underground Transportation Facilities)、挪威的 SINTEF/NBL(Norwegian Fire Research Laboratory)、瑞士的 VSH(Versuchs Stollen Hagerbach AG Hagerbach Test Gallery Ltd.)等。

值得一提的是，VSH 已兴建了长达 5.5km 的地下隧道设施(图 1-5)，可以开展隧道火灾探测、材料耐火试验、隧道灭火试验以及消防员训练等综合研究与演练。

(a)车辆火灾试验　　　　　　　　　　　(b)消防员训练

图 1-5　瑞士 VSH 开展的试验研究

在隧道火灾会议交流方面，除了两大协会 ITA、PIARC 各自的年会外，目前在欧洲举行的国际会议包括 International Symposium on Tunnel Safety and Security 以及 International Symposium on Catastrophic Tunnel Fires 等。

国内方面，由于对隧道火灾的研究起步较晚，研究力量薄弱、研究活动分散，且没有专门针对隧道火灾的会议、论坛等交流平台。

1.2.2　国内外隧道防火安全研究项目

欧洲是世界上开展隧道火灾研究最为活跃的区域，主要开展了如下防火研究项目。

(1)EUREKA EU 499：FIRETUN-Fires in Transport Tunnels。1990~1992 年，由德国 STUVA 和 iBMB 发起，芬兰、挪威、奥地利、法国、英国、意大利、瑞典和瑞士等国家参与了该项目。项目共进行了 20 多次足尺火灾试验，试验目的是研究火灾时隧道内的温度分布及高温对衬砌结构的损伤。

(2)DARTS(Durable And Reliable Tunnel Structures)。该项目由 8 个欧洲研究机构

发起，于 2001 年 3 月启动，历时 3 年。项目研究内容和取得的成果包括形成了考虑结构可靠度、技术实力、地层状况、服务寿命设计、灾难设计、环境因素、社会因素、耐久性以及经济因素等在内的一套集成的隧道设计流程。

（3）FIT(Fire in Tunnels)。该项目 2001 年启动，历时 4 年。欧洲 12 个国家的 33 个机构参与了该项目。该项目的目的是建立一个发布和共享隧道火灾研究成果的平台(基于 Internet 的火灾咨询数据库)，并为火灾设计、火灾安全管理等提供建议。该平台涵盖了公路、铁路和地铁隧道火灾。数据库的内容包括：①当前隧道火灾安全的研究项目情况；②世界各国隧道火灾试验场所的分布和相关信息；③隧道火灾相关的数值模拟软件综述；④隧道火灾安全装备方面的数据；⑤隧道火灾的评估报告；⑥世界各国隧道安全性提升方面的研究综述和研究活动分布。

（4）UPTUN(Cost-effective, Sustainable and Innovative UPgrading Methods for Fire Safety in Existing TUNnels)。该项目由欧洲委员会(European Commission)发起，是由 42 位隧道专家(分别来自欧洲 18 个国家)参与的一个针对欧洲既有隧道火灾安全的大型研究项目。该项目于 2002 年启动，历时 4 年。项目的参与者包括了业主、管理单位、建设单位、设备供应单位、研究院所、大学，以及设计和咨询单位。该项目的研究目的如下：针对既有隧道，发展新的隧道火灾探测、监控和减灾方法(包括人的行为反应研究以及隧道结构的防护措施等)；发展、验证和完善合理的隧道火灾安全等级评估方法，包括决策支持模型、信息分发等。该项目的研究内容包括火灾预防和监控、火灾的发展过程和灭火方法、火灾情况下人的反应、火灾影响及隧道结构的火灾反应、安全等级评估和既有隧道的改进、火灾影响及隧道系统的响应以及成果发布、培训等。

美国在隧道火灾方面进行的研究主要有：1993～1995 年，美国马萨诸塞州高速公路局和联邦公路管理局在弗吉尼亚纪念隧道(Memorial Tunnel)进行的足尺火灾通风试验，即 MTFVTP(Memorial Tunnel Fire Ventilation Test Program)。项目的主要目标是研究不同通风系统的烟气控制效果以及泡沫喷淋对油池火灾的作用[5,6]。日本在隧道火灾方面进行的研究主要有：2001 年开展的大断面公路隧道足尺火灾试验[7]、盾构隧道复合管片耐火试验[8]以及早期进行的宫古线列车火灾试验[9]等。

与国外相比，国内不仅开展的研究项目较少，而且也不成系统。其中，公路隧道方面，开展的火灾研究项目主要有：2001～2004 年，西南交通大学针对国内最长的公路隧道——秦岭终南山特长公路隧道(18km)，开展的系统的防灾救援技术研究(《秦岭终南山特长公路隧道防灾救援技术研究》)，该项目通过大比例火灾模型试验，对长大公路隧道内火灾规律、竖井模型下的火灾通风技术、紧急逃生策略等进行了深入的研究[10,11]；文献[12]对二郎山公路隧道火灾后的通风对策及应对措施进行了初步探讨；文献[13]通过对欧洲公路隧道营运安全思路的分析和对欧洲现有公路隧道营运安全方面的调查，提出了我国公路隧道，尤其是特长公路隧道运营安全方面值得注意的问题；文献[14]在参考国内外相关资料的基础上提出了我国公路隧道防火救灾的相关对策，并将其划分为隧道火灾的安全等级、隧道防灾的宣传教育、隧道的交通管理制度、隧道的防火通风设计、隧道的监控与消防系统、建筑材料和附属设施的防火以及隧道的防火救灾体系七个子系统，并根据公路隧道火灾的通风模拟简化得出纵向式火灾通风计算方程式。

在铁路隧道方面，针对油罐车火灾，国内以中国铁道科学研究院西南分院为代表的研究机构开展了多项研究。

（1）1988 年，结合大瑶山隧道，开展了长隧道火灾报警与消防方法的研究。研究内容包括：长隧道消防方法论证；消防方法 1∶3 模型试验；设计、制造活动式隔断灭火装置并在单线隧道中进行 1∶1 灭火试验；大瑶山隧道消防系统的设计。

（2）1990 年，开展了长隧道火灾救援列车可行性论证。

（3）1992 年，开展了隧道消防技术的研究，主要内容包括：①运营隧道消防技术条件；②长隧道消防常备技术措施；③长隧道火灾移动式救援列车初步方案；④隧道火灾事故发生的原因；⑤隧道油类火灾封堵现场快速监测及防范措施；⑥火灾隧道洞口的简易封堵灭火方法及设备的设计；⑦隧道自反应灭火器具；⑧长隧道熔缆式定温自动报警系统；⑨隧道衬砌结构火灾损伤评定方法及加固措施。

（4）1994 年，由铁道部科学技术司立项，由中国铁道科学研究院西南分院牵头，北方交通大学、西南交通大学、长沙铁道学院和铁道部专业设计院参加的铁道部重点科研项目"隧道衬砌结构火灾损伤评定方法及加固措施的研究"（92G19 - I），历时 3 年。通过模拟隧道火灾试验，对衬砌结构损伤进行了各种探测并分级提出衬砌结构损伤的加固措施。

（5）1995 年，开展了特长隧道运营综合防灾技术应用方案的研究，根据秦岭隧道的特点，研究设计秦岭隧道中、货列车的消防系统。

（6）1997 年，开展了沉管隧道火灾可能性分析及火灾防治研究，对京沪高速铁路南京沉管隧道进行了消防方案研究[13-15]。

此外，文献[16]以油罐列车火灾为对象，分析了隧道火灾特点，以及以水作为灭火剂，采取水幕（雾）封隔、水喷雾扑灭初、中期火灾的可行性。文献[17]从火灾动力学和传热学的基本原理出发，在实验测定的烃类隧道火灾温度分布的基础上，给出了铁路隧道油罐车火灾后安全启封的参考时间。文献[18]给出了大型铁路隧道火灾先封堵、后灌注液氮以加速窒息燃烧、迅速灭火的方法。文献[19]、文献[20]和文献[21]就铁路隧道火灾事故分析、油罐车运营安全管理和油罐车火灾预防措施等进行了研究。

1.2.3　相关标准、规范及导则

在隧道结构防火方面，ITAWG6 发布了 *Guidelines for Structural Fire Resistance for Road Tunnels* 导则，对公路隧道衬砌结构防火中火灾场景的确定、隧道分类、衬砌材料高温性能、防火保护措施等提出了相应的建议和要求，但该导则仍是基于"处方式"防火设计提出的，没有体现性能化设计的思想。

PIARCWG6 发布了 *Fire and Smoke Control in Road Tunnels* 05.05.B(1999)、*PIARC Proposal on the Design Criteria for Resistance to Fire for Road Tunnel Structures* (2002)和 *Systems and Equipment for Fire and Smoke Control in Road Tunnels*(2004)等导则，在隧道火灾场景确定、烟流控制及结构耐火设计准则等方面提出了详细的要求和建议。

欧盟对欧洲的公路、铁路隧道发行了指导性文件[22]，包括：*Directive* 2004/54/EC *Minimum Safety Requirements for Tunnels in the Trans-European Road Network*、*Directive* 2004/49/EC *Safety on the Community's Railways*、*Directive* 1995/18/EC *the*

Licensing of Railway Undertakings（修订版）和 *Directive* 2001/14/EC *the Allocation of Railway Infrastructure Capacity and the Levying of Charges for the Use of Railway Infrastructure and Safety Certification*。

2001 年世界经济合作与发展组织（Organization for Economic Cooperation and Development，OECD）与 PIARC 发布了 *Safety in Tunnels-Transport of Dangerous Goods through Road Tunnels*，对危险品通过隧道建立了风险评估和决策支持系统。

美国消防协会（NFPA）制定了 NFPA 502 *Standard for Road Tunnel，Bridges，and Other Limited Access Highway*，对不同类型隧道的消防要求进行了规定，包括火灾探测、火灾通风和火灾消防设备。美国联邦公路管理局（FHWA）发布了 *Prevention and Control of Highway Tunnels Fires*（FHWA/RD-83/032），对既有、新建隧道的火灾逃生、火灾风险分析及控制、火灾损害以及火灾救援等提出了建议。

日本制定了《日本建设省道路隧道紧急用设施设置基准》，根据隧道长度和交通量对公路隧道的火灾防护提出了要求[23,24]。

国内尽管修建了很多的隧道工程，但却没有系统且完善的关于隧道火灾的规范和标准[25]。尽管《地铁设计规范》（GB 50157 — 2003）、《铁路隧道设计规范》（TB10003 — 2005）、《公路隧道设计规范》（JTG D70 — 2004）、《公路隧道通风照明设计规范》（JTJ 02601 — 1999）和《铁路工程设计防火规范》（TB10063 — 2007）等分别对地铁、道路隧道的防火与疏散做了部分规定，但均不完善，难以满足实际的需要[23,24]。

1.2.4　隧道衬砌结构耐火技术研究现状

1. 隧道火灾场景确定

火灾场景与隧道内的温度分布是对应的，不同的火灾场景对应不同的温度分布形式。为了研究火灾时隧道内温度随时间、空间的变化，国内外开展了大量的研究。

在隧道火灾试验方面，国内外通过缩尺、足尺火灾试验，对不同条件下隧道内的温度发展变化规律进行了大量的研究[3,6,7,13,15,26-31]。其中较典型的有：1990～1992 年开展的欧洲尤里卡计划（EUREKA EU 499）项目通过在挪威废弃的 Repparfjord 隧道（2.3km）内进行的 20 多次足尺火灾试验，研究了列车车厢、重型卡车、小汽车、地铁车辆、木垛以及庚烷发生火灾时隧道内的最高温度及温度纵向、横向分布规律[32-34]；1965 年瑞士公路隧道安全委员会在废弃的 Ofenegg 铁路隧道进行了油池火灾试验，研究了不同油池面积、不同通风速度时隧道纵向、横向温度分布以及烟雾分布的规律；1993～1995 年美国 MTFVTP 项目在弗吉尼亚纪念隧道（Memorial Tunnel）进行了 92 次足尺火灾通风试验，研究了不同通风模型下，不同油池火灾的峰值温度、峰值热释放率、不同通风系统的烟气控制效果以及泡沫喷淋对油池火灾的作用[6,34]；2003 年欧洲 UPTUN 项目在挪威废弃的两车道 Runehamar 隧道内进行了 4 次足尺火灾试验，对重型卡车发生火灾时，火灾高温的发展、传播过程以及高温对隧道衬砌的作用进行了研究[6,35]；1970 年英国火灾研究所在废弃的格拉斯隧道进行了 5 次火灾试验，研究了隧道内的烟雾分布和烟流温度；1974 年日本铁路列车火灾对策技术委员会在宫古线某隧道内进行了运行列车的着火试验，研究了隧道内的温度分布和列车继续运行的安全时间；2001～2004 年，西南交通大学通过缩尺火灾模型(100m)试验，系统研究了不同火灾规模、不同通风隧道、不同火灾位置和不同竖井通风模式下隧道内温度随时间的发展变化规律以及隧道内纵向、横向的温度分布规律。

在数值模拟和理论分析方面，国内外学者借助于 CFD 技术或者一维数值分析技术，对发生火灾时隧道内的温度场分布规律进行了研究[7,36]。文献[37]和文献[38]利用 CFD 技术模拟了纵向通风情况下隧道内温度的分布规律。文献[39]分别对通风和不通风情况下隧道内纵向温度的分布规律进行了数值模拟。文献[40]根据热烟气流与巷道壁面间热量交换的守恒原理推导出了高温烟流沿巷道流动时，温度沿纵向的分布规律。

同时，基于开展的大量足尺火灾试验，国外建立了一系列反映隧道火灾中温度随时间变化规律的曲线(火灾曲线)，并建立了相应的耐火极限判定标准，在隧道结构耐火设计方面得到了广泛的应用。典型的火灾曲线有荷兰 RWS 曲线、HC 曲线和 HC_{inc} 曲线、德国 RABT/ZTV 曲线以及 Runehamar 曲线。

2. 混凝土、钢筋材料高温时(高温后)的物理力学性能

目前国内外隧道衬砌使用的材料主要为钢筋混凝土。因此，钢筋混凝土材料在火灾高温时(高温后)的物理力学性能是分析、评价隧道衬砌结构火灾行为、火灾安全性的基础。目前，国内外已对火灾高温时(高温后)混凝土材料的物理力学性能开展了大量的试验研究工作(主要基于上部建筑的特点)，得到了大批定性、定量的研究成果。

从国内外的研究情况来看，普通混凝土的研究成果较多，高强混凝土、钢纤维混凝土及掺聚丙烯纤维混凝土高温时(高温后)物理力学性能的研究成果相对较少。同时，单向应力状态下的力学性能研究成果较多，而双向甚至三向应力状态下的研究成果较少。此外，由于研究试验条件(升温速率、恒温时间、降温方式)、混凝土材料(骨料、水泥等)和试验标准的差异，不同的研究成果离散性较大，甚至互相矛盾。具体到隧道工程中，由于隧道火灾的特殊性(升温速度快，最高温度高，火灾持续时间长，混凝土更容易爆裂；衬砌混凝土一般强度较高，且含湿量大，主要受压应力作用)火灾对隧道衬砌结构的影响与地面建筑情况差别很大。因此，针对隧道火灾的特点，研究混凝土材料高温时(高温后)的物理力学性能以及耐久性能(如抗渗性)仍是隧道结构防火的一个重要课题。

3. 隧道衬砌结构体系高温时(高温后)的力学行为

随着衬砌结构火损事故(爆裂、开裂、渗漏水等)发生频率不断升高，人们开始关注衬砌结构的防火，并开展了一系列的研究，重点主要集中于如何避免衬砌结构在火灾中爆裂，以及如何通过耐火隔热材料来降低混凝土的表面温度，而对于衬砌结构在火灾高温时(高温后)的承载力和变形特性的研究甚少。因此，通过研究隧道衬砌结构在发生火灾时温度场的传播分布规律，分析得出隧道衬砌结构高温时(高温后)的力学行为特性非常重要。

从国内外的研究成果来看，目前，对于隧道衬砌结构体系高温时(高温后)力学性能研究存在的问题主要有：

①对于隧道衬砌结构体系，考虑其所处环境特殊性(地下水、周围岩土体)、混凝土

爆裂、火灾温度高和持续时间长等影响因素对衬砌内温度场分布的研究尚少。

②由于隧道衬砌结构体系是一个超静定体系，因升温引起的温度应力以及附加变形会很严重，会对衬砌结构体系产生不利的影响，目前对该问题重视不足。

③单个构件在火灾中的反应与整体结构在火灾中的反应是不同的，尤其是对于隧道衬砌结构体系这样一个受周围地层约束的高次超静定体系，目前，对于不同类型隧道衬砌结构体系高温时（高温后）的承载力、变形性能和对周围环境（隧道内部运行空间）的影响的研究尚不多见。

④与上部结构已建立的相关规范、标准相比，隧道衬砌结构耐火设计时可供使用的成熟的规范和标准尚不足。

4. 隧道衬砌结构火灾损伤及耐火保护技术

不断发生的火灾事故使人们认识到：隧道火灾不仅会造成人员伤亡，而且会导致隧道衬砌结构的严重损伤（力学性能降低、混凝土爆裂、开裂和垮塌等）[41]。因此，人们开展了现场实测、试验及理论研究工作，来分析探讨火灾高温对隧道衬砌结构的损伤形式以及衬砌结构的火灾防护技术。在隧道衬砌结构火灾损伤方面，文献[42]～文献[44]通过对英法海峡隧道火灾的现场调查，发现隧道内约 46m 范围的衬砌遭到完全破坏。在隧道衬砌结构火灾防护方面，目前主要的研究思路是避免混凝土爆裂和降低火源向混凝土的传热。文献[45]研究了添加钢纤维（聚乙烯纤维）、加大混凝土保护层或截面尺寸等措施来提高混凝土的防爆裂能力。文献[46]讨论了利用后喷射水喷淋系统代替防火层，保护 Betuweroute 隧道混凝土衬砌免受高温损伤和爆裂的可能性。在隧道衬砌结构耐火极限及试验方法方面，文献[47]认为温度超过 300℃后混凝土结构的坚固性将大大降低：一方面会产生永久变形，另一方面可能破坏结构体系不同构件间的相互作用。随着越来越多隧道的建成，以及交通量的不断增大，隧道火灾发生的风险也在不断增大，因此，对衬砌结构火灾安全性的评价以及如何提高衬砌结构的火灾安全性成了一个重要的问题。同时系统研究火灾对隧道衬砌结构的损害形式及机理，进而提出提高隧道衬砌结构耐火性能的方法也是当前一项重要的任务。

5. 隧道衬砌结构火灾损伤检测及评价

隧道发生火灾后，选择合适的检测分析手段，迅速准确地判断火灾对隧道衬砌的损伤范围和程度，对确定合理的维修加固措施起着相当重要的作用。

迄今，对于隧道衬砌损伤范围的检测主要依靠超声波法。此外，在高温隧道衬砌受损后，确定其经历的最高温度、灼烧时间、损伤厚度及损伤级别时，在一定程度上均要运用和借助超声波进行检测。在超声波法检测中，对于隧道衬砌的未损伤区和损伤区的区别主要表现在超声波的波速上。因此，了解超声波速度在高温受损后衬砌结构内的传播规律，有助于准确地检测衬砌损伤等级，从而提供更合理的加固及维修方案，同时提出隧道结构火灾损伤等级的划分及隧道结构的耐火极限，并给出对不同损伤的修复加固措施。

6. 隧道衬砌结构火灾损伤修复技术

在国外,高速公路发达的国家其公路建设及管理部门十分重视该领域的基础和应用研究工作。许多国家各级建设管理部门根据本地区或部门的特点,在开展大量应用研究的基础上,建立了相应严格的章程。日本在近年组织进行了多项有关公路隧道长期安全性评价和维护加固对策的专题研究,在此基础上形成的《公路隧道维护管理便览》,对高速公路隧道的安全性评价和管理维护加固提供了重要的指导。

目前我国对公路隧道灾后治理整治方法也有一定探索,积累了很多实用的方法,如压浆、嵌补、喷锚及套拱加固衬砌等修复技术,并且已编制了《公路隧道养护技术规范》。但是对于火灾后隧道衬砌结构的加固修复尚没有统一的标准和定论,有待提出适合于公路隧道火灾损伤后的加固修复技术。

7. 沉管隧道结构耐火保护技术

沉管隧道由"管节结构+节段接头+管节接头"构成,其中管节结构为单层钢筋混凝土结构体系,而两种接头由钢筋、橡胶等复合材料构成,起着抵抗变形和防水的关键作用,是沉管隧道防水的关键部位,也是沉管隧道的最薄弱环节。考虑到火灾时隧道内的温度一般都在 1000℃ 以上,远远超过了沉管隧道混凝土、钢材及止水材料的极限温度,目前国内外沉管隧道结构耐火保护技术现状如下。

1)安设防火板

在沉管隧道接头防火保护的措施中,常见的为表面隔热方式,其中大多通过安设防火板来提高接头的防火能力。防火板主要由硅酸钙类等轻质材料制备而成,自身导热系数低、隔热性好、耐久性强,高温脱去部分结晶水可减缓隧道升温,提高耐火极限,其厚度为 10~50mm,耐火极限可达 1~4h[48]。

上海市外环线沉管隧道中管段间采用柔性接头形式,由 GINA 橡胶止水带(荷兰 Trelleborg ETS-180-220)构成第一道止水屏障,由 OMEGA 橡胶止水带构成第二道止水屏障。在防火板的设置上,为了保证止水带等设施的完善,根据 RABT 火灾升温曲线,采用 12mm 厚的防火板,达到耐火温度为 1200℃、耐火持续时间为 1h 的防火要求[49]。在宁波常洪沉管隧道工程中为了防止管段接头处的所有橡胶制品在火灾时受热损坏,影响接头的结构和水密性,管段装饰在接头处设置了 2.5cm 厚的防火板,以保证接头 1h 耐火 1200℃ 的标准[50]。

2)设置接头防火构造

由于火灾时隧道内的温度一般都在 1000℃ 以上,远远超过了沉管隧道混凝土、钢材及止水材料的极限温度(表 1-4)[51],可以考虑通过在沉管隧道接头部位设置防火构造来提高接头的耐火性能。

表 1-4　沉管隧道材料的极限使用温度表

材料类型	使用部位	极限温度/℃
混凝土	衬砌主体、接头部位	250~380
钢材	衬砌主体、接头部位	250~350
橡胶	接头部位	70~100

3）接头防火新技术

隧道工程中的很多其他方面的防火技术其实都可以用于沉管隧道接头的防火保护。

隧道衬砌的防火保护措施多为表面隔热方式，作为其形式上的变化，德国地下交通设施研究学会（STUVA）开发了一种新的隔热方法：在衬砌表面铺设梯形波纹钢板（用锚杆紧固），在钢板与衬砌之间填充无机矿物绝热层。通过火灾实验证实这种方法效果良好[52,53]，该方法同样可用于沉管隧道接头防火保护。

为了克服防火板遮盖衬砌表面后难以对隧道衬砌渗漏情况及表面状况进行检查的困难，一种带孔的防火板"Perfotekt"应运而生。这种防火板由中间的带孔钢板和两侧的隔热层组成，总厚度为 1.5～2mm，如图 1-6 所示[54]。这种防火板的优点如下：安装后防火板背面仍然可见，不影响对隧道接头的检查；另外，即使隧道有渗漏，渗漏的水也可以通过孔排出，不会集聚到防火板后方。

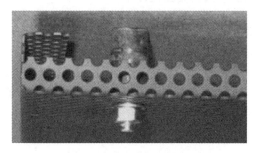

　　　　　　　　（a）带孔的防火板　　　　　　　　　　　　（b）防火板安装方式

图 1-6　带孔的防火板及其安装方式

除了表面隔热的构造措施之外，还有一些方法可以用于沉管隧道接头的防火保护，如在接头附近安装喷水系统，火灾发生时直接向接头部位附近火源处喷水限制火势。然而人们对此做法所产生的潜在负面后果仍存有疑虑。例如，因破坏烟气分层而使能见度大幅降低、可燃液体大面积扩散、掺着汽油的水和高温蒸汽可能发生爆炸，以及在水喷淋过程中引发次生事故的风险[55]。目前欧洲部分隧道已经装配了这种喷水消防系统，包括奥地利两条隧道以及巴黎 A86 和马德里 M30 隧道。澳大利亚和日本对此已有丰富的经验，美国波士顿和华盛顿的一些隧道也都安装了这种系统。

此外，防火板的研究还有很多新的方向，且取得了一定的成果。

环保型隧道防火板[56]以丙烯酸乳液作黏结剂，膨胀发泡体系采用三聚氰胺、季戊四醇和聚磷酸铵，阻燃剂采用三氧化锑、氢氧化镁等组成的混合物。该防火板按《室内空气质量标准》、《民用建筑室内环境污染控制规范》和《室内装饰材料有害物质限量》等标准进行检测，检测结果为不释放有毒有害气体的环保型材料。在高温 40℃ 或零下 40℃，湿度达 95％RH 的场所下，防火板的耐火极限仍达 3h 左右。

以防火功能为主，兼具综合性多重功效的新型陶铝复合无机装饰防火板材[57]。陶铝复合无机装饰板是一种高科技绿色环保建筑装饰材料，也是一种理想的新型内墙装饰材料，由无机稀土材料、增强纤维、导电材料、导电瓷土粉和高分子材料等复合而成的材料为芯材，是采用三聚氰胺树脂、酚醛树脂、导电材料混以强化纤维为装饰面的新型建筑装饰材料。其优异的防火性可耐 2400℃的高温，属一类等级不燃材料，可抗瞬间 1200℃的高温冲击而不碎裂，并耐火 2h 以上。

1.3 隧道衬砌结构耐火技术的现实意义

大量的火灾实例也表明，一旦发生火灾，大火除了对隧道内的人员造成巨大伤害外，还会由于高温导致混凝土爆裂和力学性能的劣化，对衬砌结构产生不同程度的损坏，大大降低结构的承载力和安全性。

火灾对隧道衬砌结构的损害不仅影响人员疏散和灭火救援工作的开展(如爆裂的混凝土会炸伤消防救援队员和逃生人员，也会阻塞安全疏散线路)，而且会由于隧道衬砌结构的永久变形对上部建筑以及邻近构筑物(隧道、管道等)产生极大的影响，甚至影响这些构筑物正常的使用功能(如 2001 年美国霍华德城市隧道火灾造成隧道上方直径 1m 的铸铁水管破裂)。此外，火灾对隧道衬砌的损害也会降低衬砌结构的安全性，威胁隧道日后的安全运营，甚至造成隧道坍塌。火灾后隧道结构的修复和重新组织交通需要花费大量的人力和物力，特别是对于水下隧道，还存在由于结构被破坏而导致隧道无法修复的可能。

因此，考虑隧道火灾的实际场景，研究与分析隧道衬砌结构在火灾中的损伤、力学行为和耐火方法，对于提高隧道衬砌结构的火灾安全性具有重要的理论价值和实用意义。

综上所述，根据研究的内容，本书侧重从以下方面展开论述。

(1)从国内外的研究成果来看，尽管国内外对火灾中隧道内温度场的发展变化规律进行了一系列研究，并在温度随时间的变化、温度横向和纵向的分布规律上取得了丰富的成果，但是由于不同的研究成果对应的研究条件不同，得到的成果没有系统地反映隧道火灾的规律。因此，在综合隧道火灾案例和火灾试验成果的基础上，建立能反映火灾温度随时间、空间变化的完整火灾场景是一项非常必要的工作，这对于研究分析衬砌结构的火灾行为、耐火方法具有重要的意义。

(2)由于传统上人们认为衬砌结构是耐火的，所以隧道防火的研究主要集中在隧道内火灾温度、烟流扩散、火灾通风、逃生救援以及火灾的监测预警上，而对衬砌结构的防火研究较少，且主要集中于如何避免衬砌结构在火灾中爆裂、如何通过耐火隔热材料来降低混凝土的表面温度等方面，而对于衬砌结构在火灾高温时(高温后)的承载力、变形特性则涉及较少。从国内外的研究成果来看，火灾时，衬砌结构的损伤、材料性能的劣化及残余承载力与衬砌内温度场的分布密切相关，因此，找出隧道衬砌结构内温度场的传播分布规律，才能进一步研究隧道衬砌结构高温时(高温后)的破坏模式、变形性能、内力分布以及承载力。

(3)本书侧重通过历次火灾事故对隧道衬砌结构的损害分析，找出火灾对隧道衬砌结构的损害形式及机理。

(4)虽然火灾通常会对隧道衬砌结构造成较大的高温损伤，使隧道结构的安全性和适用性下降，但一般通过修复加固还是可以继续使用，只有在很少情况下(如衬砌结构产生较大的变形、钢筋严重压屈和坍塌等)拆除重建才比较经济可行。因此，对于火灾后的隧道衬砌结构体系，找出对衬砌结构体系损伤程度合理的评价方法，并提出相应的修复策略和加固措施，具有重要的经济意义。

(5)通过理论分析、数值模拟以及火灾试验，提出提高隧道衬砌结构耐火性能的方法，推荐公路隧道衬砌结构耐火保护技术方案，为公路隧道衬砌结构的防火设计提供依据。

(6)研发建成"隧道结构构件高温耐火试验系统"，该系统采用反映隧道火灾特性的升温曲线，可对各种隧道结构构件进行单面受火试验。研究进行了沉管隧道管节结构、管节接头和节段接头三种类型多种工况下构件耐火保护试验，进行了典型火灾功率下足尺管节结构实体火灾温度测试，建立了沉管隧道管节结构、管节接头与节段接头体内温度场随厚度变化的函数衰减规律，进而提出了管节接头、节段接头耐火保护设计构造与参数。

(7)提出了基于火灾场景的"沉管隧道管节结构＋接头复合体三维热-力"耦合计算方法，为评价不同等级火灾作用下沉管隧道结构损伤及确定承载力提供了理论基础。

第 2 章　公路隧道衬砌结构耐火目标

2.1　火灾场景定义

火灾场景是指发生火灾时，隧道内可能的温度分布情况。一个完整的火灾场景应包括以下三方面的内容：隧道内火源处最高温度随时间的变化规律（目前国际上建立的标准温度－时间曲线即属于此类）；隧道横断面上温度的分布规律；沿隧道纵向温度的分布规律。其中，第一点描述了一场火灾中隧道内温度随时间的变化历程，而后两点描述了一场火灾中隧道内温度在空间上的分布规律。

火灾场景在结构防火研究中的作用与进行结构抗震研究中地震波的作用是相似的，都是导致结构发生灾害性破坏的一种能量输入，在各自的研究领域中处于重要的地位。合适的火灾场景对于隧道结构防火研究非常重要。目前欧洲正在开展的 UPTUN 大型隧道火灾项目，也将发展可行的隧道火灾设计模式作为一个主要的研究内容。因此，在研究隧道衬砌结构的火灾行为、耐火措施以及安全性时，首先需要建立合适的隧道火灾场景及其对应的温度发展变化过程。

多次发生的火灾事故表明，隧道火灾由于空间的限制，产生的热量不易散发，而集聚的热烟气层的辐射又使得火灾增长速率明显提高。同时，由于出入口少，救援扑灭困难。因此，隧道火灾与地面建筑相比具有升温速度快、达到的最高温度高以及持续时间长的特点。同时，大量的理论和试验研究表明，隧道衬砌结构在火灾中的行为取决于以下几方面。

（1）升温速率。升温速率影响隧道结构内的温度发展变化、湿度及混凝土内的孔隙压力梯度。

（2）达到的最高温度。最高温度会影响衬砌材料的物理-化学特性，并造成材料性能的劣化。

（3）持续时间。火灾持续时间的长短影响衬砌结构内的温度分布，进而影响其力学性能。

（4）冷却方式。自然冷却与水冷却会对衬砌结构的材料性能及温度分布产生不同的影响。

综上所述，在隧道衬砌结构防火设计中，一个完整的火灾场景应该能够反映上述隧道火灾特点，同时给出完整的隧道内温度随时间、空间的变化规律，以便为分析衬砌材料力学性能的变化以及衬砌结构体系的安全性服务。

2.2　标准火灾曲线及其不足

2.2.1　标准火灾曲线

为了定量地评定隧道衬砌结构的耐火性能，国外建立了一系列不同类型的基于火灾试验成果的火灾曲线，用来反映隧道发生火灾时温度随时间的变化历程，并用于隧道结构防火设计中。这些曲线除了在上部建筑中广泛使用的 ISO834 标准温度-时间曲线(仅用来描述个别的小型隧道火灾)外，在充分考虑了隧道火灾的特点(空间较为封闭、热量不易散失、燃料主要为油类或者其他易燃物品、燃烧速率快和火灾荷载大等)的基础上，建立了一些能够反映隧道火灾特点的曲线，如 RWS、RABT/ZTV、Runehamar 等，如图 2-1 所示。

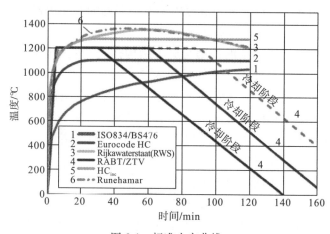

图 2-1　标准火灾曲线

这些曲线尽管形状各不相同，但都体现了隧道火灾升温速度快、达到的最高温度高和持续时间长的特点，且严格于 ISO834 曲线。这种火灾曲线上的明显差异，也导致了隧道衬砌结构与上部结构不同的火灾行为和耐火性能。

1. ISO834 曲线

ISO834 曲线用来描述一次典型的建筑物火灾，燃料为纤维质材料(如木材、纸和织物等)。该曲线只反映了火灾的增长和完全发展阶段，没有反映火灾的衰减阶段。ISO834曲线可以被用来描述一次小型的隧道火灾，该曲线的表达式为

$$T = 345\lg(8t + 1) + 20 \tag{2-1}$$

式中，t 为时间，min；T 为 t 时刻试验炉内平均温度，℃。

2. RWS 曲线及修正 RWS 曲线

RWS 曲线由荷兰 Ministry of Public Works、the Rijswaterstaat(RWS)及 TNO 火灾研究中心于 1979 年共同建立。RWS 曲线主要用于模拟油罐车(热值 300MW)在隧道中的燃烧，具体情况如下：最初温度迅速上升，5min 后升温到 1140℃，1h 后达到 1350℃，

并随着燃料的减少最高温度逐步下降；同时假设 120min 后消防人员已将火势控制，接近火源并开始扑灭火源。RWS 曲线中温度随时间的变化如表 2-1 所示。

表 2-1　RWS 曲线中温度随时间的变化

时间/min	温度/℃	时间/min	温度/℃
3	890	60	1350
5	1140	90	1300
10	1200	120	1200
30	1300	>120	1200

瑞士的相关机构在 RWS 曲线的基础上将燃烧持续时间延长为 180min(考虑到山岭隧道较长，且远离消防队)，即修正 RWS 曲线。

3. HC 曲线

HC 曲线建立于 20 世纪 80 年代，起初用于石化工程和海洋工程，后被应用于隧道工程。HC 曲线用来描述发生小型石油火灾(如汽油箱、汽油罐以及某些化学品运输罐)的燃烧特征。HC 曲线的数学表达式为

$$T = 20 + 1080(1 - 0.325e^{-0.167t} - 0.675e^{-2.5t}) \tag{2-2}$$

式中符号意义与式(2-1)相同。

4. HC$_{inc}$ 曲线

HC$_{inc}$ 曲线是在 HC 曲线的基础上，乘以系数 $\alpha = 1300/1100$ 得到，该曲线在法国使用。

5. RABT/ZTV 曲线

RABT/ZTV 曲线是德国相关机构在一系列火灾试验的成果上发展而来的，表现了在封闭环境内一辆汽车燃烧时的特征，即假设火场温度在 5min 之内快速升高到 1200℃，并在持续 35min(60min 或者更长时间)后经过 110min 冷却到常温。

6. Runehamar 曲线

2003 年在挪威 Runehamar 隧道中进行了 4 次重型卡车(HGV，不包括危险物品)火灾试验，在此基础上建立了 Runehamar 曲线。Runehamar 曲线可近似认为是将 HC 曲线和 RWS 曲线组合而成的一种标准曲线，升温速度与 HC 曲线相等，最高温度等于(局部超过)RWS 曲线。Runehamar 曲线的数学表达式为

$$T = 20 + \sum_{i}^{N} n_i r_i (1 - e^{-k_i t})^{n_i - 1} e^{-k_i t} \tag{2-3}$$

式中，T 为温度，℃；t 为时间，min；N、n_i、r_i 和 k_i(1/min)为相关参数。根据试验结果，当 $N=1$ 时，$n_1=1.2079$，$r_1=1932.8$，$k_1=0.0040335$；当 $N=2$ 时，$n_1=1.2$，$r_1=1920$，$k_1=0.00385$，$n_2=30$，$r_2=300$，$k_2=0.65$。

2.2.2　标准火灾曲线(火灾场景)的不足

　　标准火灾曲线的建立,为隧道结构进行耐火设计提供了定量化的依据,同时也便于不同研究成果的对比和借鉴。但是,现有火灾曲线存在如下缺点和不足,需要进一步完善。

　　(1)没有考虑通风对热释放率及温度分布的影响。火灾试验和理论研究都表明,火灾时隧道内的温度分布及热释放速率受通风的影响很大。例如,根据文献[58]和文献[59]对多次火灾试验成果的分析:通风尽管对于小汽车火灾的热释放率影响较小,但是对于油池火灾和重型卡车火灾的热释放率具有明显的影响。如图 2-2 所示,随着通风速度的增大,重型卡车火灾和大型油池火灾的热释放率明显增加,特别是重型卡车火灾,当通风速度增加到 10m/s 时,热释放率增大到自然通风时的 10 倍。而对于中型油池火灾,热释放率则随通风速度的增大而减小。因此,在设计隧道火灾场景时,应考虑火灾时的通风措施。

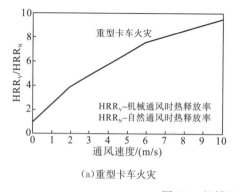
　　(a)重型卡车火灾

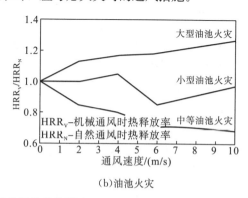
　　(b)油池火灾

图 2-2　机械通风对热释放率的影响

　　(2)没有考虑隧道主动消防措施的影响。国际两大专业组织 PIARC 与 ITA 建议的隧道火灾场景均没有考虑隧道主动消防措施的影响。多次的火灾事故表明,有没有及时主动的消防措施,对于火灾的发展及造成的后果具有明显的影响。

　　(3)只给出反映火灾场景中温度随时间的变化关系,没有给出温度在隧道空间上的分布规律。现有的标准火灾曲线以及基于该曲线提出的隧道火灾场景只给出了隧道内最高温度随时间的变化关系。但是,当进行衬砌结构体系火灾行为分析及衬砌结构体系火灾安全性评估时,必须要得到温度在隧道空间内的分布规律,以便确定任意时刻、任意位置衬砌结构内的温度分布。

　　(4)火灾场景没有考虑隧道长度的影响。隧道火灾的风险随隧道长度的增加而增加,同时,隧道火灾扑救的难易程度也与隧道长度密切相关。

　　(5)部分标准曲线(如 RWS 曲线)建立在少量的几次试验基础上,由于受隧道形状、隧道长度、可燃物类型和通风条件等的影响,这些试验结果是否具有代表性,尚有疑问。

　　(6)用来建立标准曲线的试验虽然大部分为原型试验,但是试验隧道的断面积一般较小。随着越来越多大断面隧道的出现,这些标准曲线能否代表发生在大断面隧道内的火灾性状,尚需进一步研究。

2.3　基于标准火灾曲线的隧道耐火目标

基于建立的标准隧道火灾温度-时间曲线，国外给出了几种供隧道结构防火设计用的名义火灾场景（只反映了温度随时间的变化）——耐火设计目标。

2002 年，PIARC 根据隧道类型、隧道所处的地层条件、交通类型及衬砌结构垮塌可能造成的后果等因素，在不考虑隧道主动消防措施的情况下给出了不同类型隧道衬砌结构防火设计时可采用的隧道火灾场景（表 2-2）。

表 2-2　PIARC 建议的隧道耐火目标

序号	交通类型	主体结构（Main Structure）			
		沉管隧道或位于地面结构下方的隧道	处于不稳定地层中的隧道	处于稳定地层中的隧道	明挖法隧道
1	小汽车/厢式货车	ISO 60min	ISO 60min	见注②	见注②
2	卡车/油罐车	RWS/HC$_{inc}$ 120min①	RWS/HC$_{inc}$ 120min①	见注③	见注④

序号	交通类型	次要结构④（Secondary Structure）			
		通风道⑤ (Air Ducts)	逃生口 (Emergency Exits to Open Air)	横通道 (Emergency Exits to Other Tube)	避难所⑥ (Shelters)
1	小汽车/厢式货车	ISO 60min	ISO 30min	ISO 60min	ISO 60min
2	卡车/油罐车	ISO 120min	ISO 30min	RWS/HC$_{inc}$ 120min	RWS/HC$_{inc}$ 120min⑦

注：①如果装载易燃品的卡车交通量非常大，需将耐火时间提高到 180min。

②不需要考虑结构的火灾安全性，也不需要对结构采取耐火措施（除非要避免结构的渐进性垮塌）。当因为其他因素，需要考虑耐火措施时，一般情况下采用 ISO 60min，与灾后修复相比，如果采取防火保护成本太高时，则不对结构进行保护。

③不需要考虑结构的火灾安全性，也不需要对结构采取耐火措施（除非要避免结构的渐进性垮塌）。当因为其他因素，需要考虑耐火措施时，出于保护其他结构的需要（如隧道位于建筑物下方），或者隧道结构垮塌会对整个公路网产生重大影响时采用 RWS/HC$_{inc}$ 120min，一般情况下可采用 ISO 120min，与灾后修复相比，如果采取防火保护成本太高时，则不对结构进行保护。

④其他次要结构的防火要求根据工程标准确定。

⑤适用于横向通风时的风道保护。

⑥避难所需要与外部相连。

⑦当装载易燃物的卡车交通量非常大，并且在 120min 内人员不能从避难所完全疏散时，需要延长耐火时间。

2005 年，ITA 在不考虑隧道主动灭火措施的情况下给出了隧道结构防火设计用的火灾场景（表 2-3）。在这个火灾场景中，ITA 根据车辆类型，将交通隧道分为四类（表 2-4）。此外，在火灾曲线的选择上，ITA 和 PIARC 主要采用了 ISO834 和 RWS（或 HC$_{inc}$）曲线。

表 2-3　ITA 建议的隧道耐火目标

交通类型	小汽车（不包括重型货车）		重型货车	
起火车辆数	1~2	≥3	1~2	≥3
沉管隧道	ISO60min	ISO60min	RWS/HC$_{inc}$2h	RWS/HC$_{inc}$3h
处于不稳定地层中的隧道	ISO60min	ISO60min	RWS/HC$_{inc}$2h	RWS/HC$_{inc}$3h
处于稳定地层中的隧道	见注①	见注①	见注②	见注②
明挖法隧道	见注①	见注①	见注②	见注②
通风道（Air Ducts）	ISO60min	ISO60min	ISO2h	ISO2h
逃生口（Exits to Open）	ISO30min	ISO30min	ISO30min	ISO30min
横通道（Exits to Other Tube）	ISO60min	ISO60min	RWS/HC$_{inc}$2h	RWS/HC$_{inc}$2h
避难所（Shelters）	ISO60min	ISO60min	RWS/HC$_{inc}$2h	RWS/HC$_{inc}$2h

注：①不需要考虑结构的火灾安全性，也不需要对结构采取耐火措施(除非要避免结构的渐进性垮塌)。当因为其他因素，需要考虑耐火措施时，一般情况下采用ISO 60min，与灾后修复相比，如果采取防火保护成本太高，则不对结构进行保护。

②不需要考虑结构的火灾安全性，也不需要对结构采取耐火措施(除非要避免结构的渐进性垮塌)。当因为其他因素，需要考虑耐火措施时，出于保护其他结构的需要(如隧道位于建筑物下方)，或者隧道结构垮塌会对整个公路网产生重大影响时采用 RWS/HC$_{inc}$ 120min，一般情况下可采用 ISO 120min，这是提供了一个相对便宜的避免对其他结构损害的防火保护，与灾后修复相比，如果采取防火保护成本太高，则不对结构进行保护。

表 2-4　公路隧道分类

序号	类别	交通类型
1	类别 1	小汽车①
2	类别 2	重型货车②
3	类别 3	汽油罐车
4	类别 4	特殊工况

注：①小汽车，轻型货车以及小卡车。

②重型货车(包括平板货车、挂车以及其他载有可燃危险物品的车辆)。

文献[45]、文献[58]和文献[60]～文献[62]以通过隧道的车辆类型为依据，同时不考虑隧道主动消防措施的影响，给出了不同类型隧道衬砌结构防火设计时可采用的火灾曲线及火灾持续时间(表 2-5)。

表 2-5　不同隧道的名义火灾曲线

交通类型	火灾持续时间/min	火灾曲线
行人	—	无
自行车	2	无
货车	90~120	HC
小汽车(5~10MW)	30~60	ISO834/HC

续表

交通类型	火灾持续时间/min	火灾曲线
集装箱/穿梭式列车	120(+)	HC
铁路货车(100MW)	120(+)	HC
油罐车(300MW)	120 240	RWS 和(或)ISO834/HC
公交车	90~120	HC
地铁/轻轨/高速列车(40MW)	90~120	HC
列车(300MW)	120 240	RWS 和(或)ISO834/HC

　　我国公路隧道一般对交通类型管理不严格，事实上各种车型混杂的现象在短期内不会改变，而结构耐火保护的目的是确保结构的安全性。所以根据上述分析，结合我国公路隧道交通流的实际状况，依据公路隧道结构的安全等级(表 2-6)来划分不同的耐火设计目标是合适的。综合考虑 PIRAC 和 ITA 建议的隧道耐火设计目标，为统一我国的公路隧道结构耐火目标，本节提出的推荐方案见表 2-7。

表 2-6　公路隧道结构的安全等级

安全等级	类型/破坏后果	示例
一级	重要结构 破坏后果严重	高速公路隧道与一级公路隧道； 连拱隧道； 三车道及以上跨度的公路隧道； 特长公路隧道； 地下风机房
二级	一般结构 破坏后果一般	双车道的二级公路隧道； 双车道的三级公路隧道； 四级公路以上的 $L>1000m$ 的隧道； 斜井、竖井及联络风道等通风结构物
三级	次要结构 破坏后果不严重	四级公路上 $L \leqslant 1000m$ 的中短隧道； 斜井、竖井及平行导坑等施工辅助通道

表 2-7　建议的我国公路隧道结构耐火目标

序号	结构安全等级	主体结构			
		沉管隧道或位于地面结构下方的隧道	处于不稳定地层中的隧道	处于稳定地层中的隧道	明挖法隧道
1	一级	RWS/HC$_{inc}$ 3h	RWS/HC$_{inc}$ 3h	见注②	见注②
2	二级	RWS/HC$_{inc}$ 2h①	RWS/HC$_{inc}$ 2h①	见注③	见注③
3	三级	ISO 1h	ISO 1h	见注③	见注③

续表

序号	结构安全等级	次要结构④			
		通风道⑤ （Air Ducts）	逃生口 （Emergency Exits to Open Air）	横通道 （Emergency Exits to Other Tube）	避难所⑥ （Shelters）
1	一级	ISO 2h	ISO 30min	RWS/HC$_{inc}$ 2h	RWS/HC$_{inc}$ 2h⑦
2	二级	ISO 2h	ISO 30min	RWS/HC$_{inc}$ 2h	RWS/HC$_{inc}$ 2h
3	三级	ISO 1h	ISO 0.5h	ISO 1h	ISO 1h

注：①如果装载易燃品的卡车交通量非常大，需将耐火时间提高到180min。

②不需要考虑结构的火灾安全性，也不需要对结构采取耐火措施（除非要避免结构的渐进性垮塌）。当因为其他因素，需要考虑耐火措施时，出于保护其他结构的需要（如隧道位于建筑物下方），或者隧道结构垮塌会对整个公路网产生重大影响时采用 RWS/HC$_{inc}$ 120min，一般情况下可采用 ISO 120min；与灾后修复相比，如果采取防火保护成本太高，则不对结构进行保护。

③不需要考虑结构的火灾安全性，也不需要对结构采取耐火措施（除非要避免结构的渐进性垮塌）。当因为其他因素，需要考虑耐火措施时，一般情况下采用ISO 60min，与灾后修复相比，如果采取防火保护成本太高，则不对结构进行保护。

④其他次要结构的防火要求根据工程标准确定。

⑤适用于横向通风时的风道保护。

⑥避难所需要与外部相连。

⑦当装载易燃物的卡车交通量非常大，并且在 120min 内人员不能从避难所完全疏散时，需要延长耐火时间。

此外，荷兰编制了 TNO 测试标准——《隧道防火测试方法》，规定了隧道火灾场景的确定以及隧道结构的耐火测试方法。德国于 1994 年制定的《RABT 公路隧道设施及运行准则》(1994)、1995 年制定的《ZTV-隧道，关于公路隧道建设补充技术条款及准则》，都对隧道火灾规模、升温曲线做了规定[14]。

目前，国内尚没有建立可用的标准火灾曲线。在进行隧道衬砌结构的耐火设计时一般参考国际上使用的标准曲线（表 2-8）。

表 2-8　国内部分隧道选用的耐火设计曲线

序号	工程名称	采用的火灾曲线	说明
1	上海市延安东路越江隧道	起火 10min 温度升到 1000℃，起火 30min 后温度升到 1200℃，并持续 90min	耐火要求：使用防火涂料后，混凝土表面温度在 380℃ 之内，距混凝土表面 1.5cm 处钢筋温度小于 250℃
2	上海市内新建的越江隧道	HC/RABT 曲线	作为一般城市隧道，不允许油罐车或液态天然气等运载危险品车辆通行
3	上海市外环沉管隧道	RABT 曲线	耐火要求：使用防火板后，混凝土表面温度在 300℃ 之内，底排钢筋温度小于 250℃
4	南京玄武湖隧道	——	一辆装满可燃货物的大型卡车起火（20MW）

公路隧道衬砌结构主要由钢筋混凝土以及一些防水、止水橡胶组成，大量实验统计表明，衬砌结构中各主要材料的极限使用温度如表 2-9 所示。在表 2-7 中推荐的耐火设计

目标下，混凝土等材料的温度往往超过其极限使用温度，因此需要增加主动、被动隔热技术措施，以确保其表面温度不超标。

表 2-9 公路隧道材料的极限使用温度

材料名称	极限使用温度/℃
混凝土	250~380
钢筋	250~350
橡胶	70~100

第 3 章 公路隧道火灾场景设计

第 2 章讨论的公路隧道衬砌结构的耐火设计目标是一个极限标准，不涉及具体的火灾规模与火灾类型。实际上，公路隧道内部及其衬砌表面的温度场随火灾规模、断面形状等不断发生变化，分析与评价火灾温度场的规律对于衬砌结构耐火设计具有基础意义。本章通过大量隧道火灾案例分析，具体探讨公路隧道在各种典型火灾下的火灾温度场及其火灾场景关键参数，并给出其确定方法。

3.1 公路隧道火灾场景的研究方法

影响隧道内火灾时温度发展状况的因素包括：①隧道长度及通行方式（单向或双向）；②交通组成及车流密度（小汽车、客车、货车和危险品车辆等）；③货物种类及数量；④隧道的通风模式及通风能力；⑤隧道内配置的主动消防灭火设备（如水喷淋等）对火灾蔓延的控制能力；⑥消防力量到达隧道的时间及开展灭火工作的难易程度。

从衬砌结构耐火设计的角度考虑，一个完整的火灾场景定义尚需考虑隧道的重要性、隧道所处的地质条件、隧道结构损坏可能造成的后果、结构修复加固的可能性、结构耐火保护与结构修复加固的经济性对比等因素。

标准火灾曲线由于没有反映隧道交通量、长度、通风状况和主动消防灭火措施的影响，所以在应用到具体的隧道时，与实际情况会有差异。因此，在充分把握隧道火灾基本规律的基础上，建立能够全面反映隧道实际情况的火灾场景设计方法是一项重要的工作。同时，这也是衬砌结构进行性能化防火设计的重要组成部分，因为，在性能化防火设计中，衬砌结构需要被置于实际火灾场景下进行考查。

本章从案例调研、火灾试验和理论分析三个方面着手，通过对大量火灾案例和火灾试验成果的研究统计，给出确定隧道火灾场景的关键参数，并以这些参数为基础，同时借鉴标准火灾曲线的成果，建立较全面反映隧道火灾特点和影响因素的火灾场景（包括温度－时间曲线、温度横向分布和温度纵向分布）及其设计方法。采用的技术路线如图 3-1 所示，其中，火灾案例方面，本章对 1947 年以来世界各国发生的 114 个火灾案例进行了收集、整理和分析（见表 3-1）；火灾试验方面，本章收集了世界各国进行的有代表性的 20 次火灾试验中的 123 次试验的数据（见表 3-2）。

表 3-1 世界火灾案例

序号	隧道类别	案例数	时间跨度
1	公路隧道	44	1949~2005 年
2	地铁隧道及其他地下工程	47	1965~2003 年
3	铁路隧道	23	1947~2001 年
4	总计	114	1947~2005 年

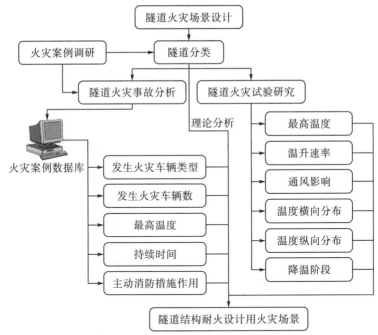

图 3-1　获取隧道火灾场景的技术路线图

表 3-2　世界各国火灾试验[63]

序号	火灾试验	试验次数	时间
1	欧洲尤里卡火灾试验 EUREKA EU499	20/10①	1990~1992 年
2	瑞士 Ofenegg 隧道火灾试验	11/1②	1965 年
3	奥地利 Zwenberg 隧道火灾试验	30/2③	1976 年
4	英国火灾研究所火灾试验	1	20 世纪 60 年代
5	英国火灾研究所火灾试验	5	1970 年
6	美国纪念隧道火灾试验(MTFVTP)	92/6④	1993~1995 年
7	UPTUN 项目火灾试验：挪威 Runehamar 隧道火灾试验	4	2003 年
8	荷兰 TNO 火灾试验	3	1979 年
9	秦岭特长公路隧道火灾试验	60	2001~2004 年
10	日本商业和教育研究所汽车火灾试验	1	—
11	汽车燃烧试验	2	—
12	汽车燃烧试验	1	—
13	德国卡尔斯鲁厄大学火灾防护研究所汽车燃烧试验	1	—
14	日本大断面公路隧道火灾试验	10	2001 年
15	日本宫古线列车火灾试验	1	1974 年
16	韩国大邱公路隧道火灾试验	6	—
17	德国地铁火灾试验	1	1985 年
18	中国铁路隧道火灾试验	4	1995 年
19	秦岭铁路隧道烟囱效应火灾试验	1	—
20	荷兰第二 Benelux 隧道火灾试验	3	2001 年

注：①共进行了 20 次试验，查到的资料为其中的 10 次试验；
　　②共进行了 11 次试验，查到的资料为其中的 1 次试验；
　　③共进行了 30 次试验，查到的资料为其中的 2 次试验；
　　④共进行了 92 次试验，查到的资料为其中的 6 次试验。

3.2　隧道火灾案例研究

以收集的国内 114 起隧道火灾案例[64-68]为基础，建立火灾案例数据库（如图 3-2 所示），分别从公路隧道、铁路隧道和地铁隧道三个方面对确定隧道火灾场景的关键参数及其影响因素进行研究分析。

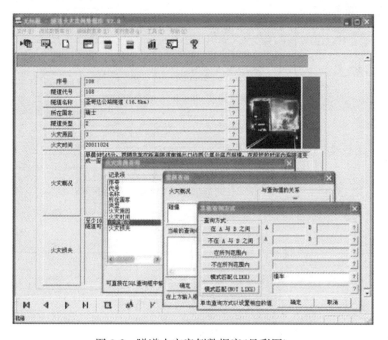

图 3-2　隧道火灾案例数据库（见彩图）

3.2.1　公路隧道火灾

通过对火灾案例的分析研究，可得到如下结论。

（1）有效的通风和主动消防措施会明显影响隧道火灾的后果。虽然直接从火灾案例无法得到量化的通风对火灾热释放率的影响程度，但是通过对相似火灾事故的后果进行分析可以发现，及时有效的通风和主动消防措施能够明显地减小火灾达到的高温和持续时间，进而降低火灾高温对隧道衬砌结构的损伤。如 1978 年美国 Baltimore Harbor 隧道火灾中，尽管火灾已经蔓延到了油罐车（包括危险品），但是由于消防部门积极采取措施在较短时间内扑灭了火灾，结果隧道衬砌结构基本没有受到损伤。对于那些及时采取了主动消防措施（通风系统和灭火系统能够很好地发挥作用）的隧道火灾，可以把损失控制到最小，如美国 Holland 隧道火灾、美国 Chesapeake Bay 隧道火灾；而对于那些不能（没有）及时采取措施的隧道火灾，火灾会一直持续下去，以致造成严重的后果，如美国 Caldecott 隧道火灾、日本 Nihonzaka 隧道火灾以及奥地利托恩隧道火灾。

（2）隧道长度是决定火灾后果的重要因素。尽管隧道火灾后果的严重程度受发生火灾的车辆类型、货物种类、车辆数的直接影响，但是案例分析同时表明，随着隧道长度的增加，火灾的严重性也在增加。例如，火灾损失惨重的勃朗峰隧道、托恩隧道和圣哥达隧道长度分别达到了 11.6km、6.4km 和 16.9km。这可以解释为：一方面随着隧道长度的增加，隧道火灾的风险也在增加，另一方面随着隧道长度的增加，发生火灾后，扑救的难度也大大增加，导致火灾蔓延到更多的车辆。图 3-3 给出了公路隧道长度与火灾持续时间(火灾严重性的一个表征参数)的关系，可以看到随着隧道长度的增加，隧道火灾的持续时间有增加的趋势。

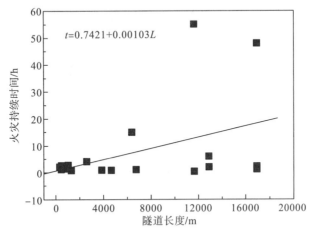

图 3-3　公路隧道长度与火灾持续时间的关系

(3)火灾中达到的最高温度和火灾持续时间是决定火灾后果的重要因素。对火灾案例的分析表明(如图 3-4 所示)，火灾中最高温度在 900～1200℃的火灾案例达到了 75%，超过 1200℃的案例所占比例约为 12.5%。由于这些火灾案例大部分都与重型货车起火有关，所以可以认为，卡车火灾最高温度的分布范围为 900～1200℃。在火灾持续时间方面，通过案例分析表明(如图 3-5 所示)，持续时间为 1～2h 的案例所占比重最大，约为 31.8%，因此，可将 2h 作为隧道火灾的一个基准持续时间。值得注意的是，到目前为止，发生火灾的公路隧道中，隧道一般都属于较短或中等长度类型，而长大隧道的火灾案例相对较少。因此，1～2h 的持续时间主要反映的是较短或中等长度隧道火灾的情况，而对于长大隧道火灾持续时间则可能远远大于这个时间，例如，1999 年法国和意大利之间勃朗峰隧道(长度 11.6km)火灾持续了 55h，瑞士圣哥达(St. Gotthard)隧道(长度 16.9km)火灾持续了 48h。因此，在火灾场景的设计中，火灾持续时间应考虑随着隧道长度的增加而调整。

(4)由于隧道环境的封闭性，隧道火灾极易蔓延，从而加剧火灾规模。如果没有采取及时有效的通风、主动消防措施，隧道火灾极易从起火车辆蔓延，从而导致更多的车辆卷入火灾，加剧了火灾的严重程度。例如，1999 年奥地利托恩(Tauern)隧道火灾中，16 辆重型卡车、24 辆小汽车被卷入火灾。更为典型的是，1979 日本的 Nihonzaka 隧道火灾中，共有 127 辆卡车、46 辆小汽车被卷入火灾。

(5)公路隧道火灾绝大部分都直接或间接与重型货车有关。通过对隧道火灾的调研发现，隧道火灾几乎都与重型货车有关，特别是那些后果严重的隧道火灾案例，重型货车参与的火灾占到了总火灾案例的 85% 以上。例如，勃朗峰隧道火灾、托恩隧道火灾和圣哥达隧道火灾中，由于有 10 辆以上的重型货车参与燃烧，热释放率达到了 100～

400MW，造成了灾难性的后果。因此，在公路隧道火灾场景的设计中，应将重型货车作为决定隧道火灾规模的主要因素。

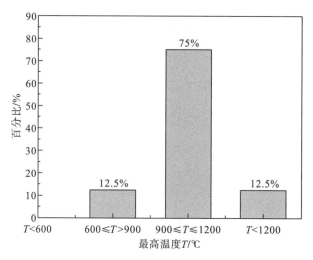

图 3-4　公路隧道火灾的温度分布

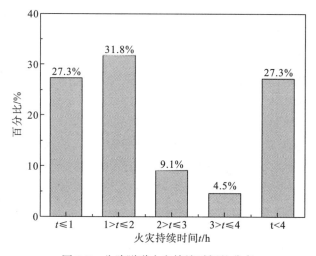

图 3-5　公路隧道火灾持续时间的分布

(6)隧道火灾中达到的最高温度与发生火灾的车辆类型、货物种类等相关。但是上述相关并没有一一对应的关系。相关火灾案例表明，即使在没有油料等易燃易爆物的情况下，隧道内也可能达到极高的温度。如勃朗峰隧道火灾中，运载面粉和人造黄油的卡车起火导致隧道内的最高温度达到了 1300℃以上，局部甚至达到了 1832℃。

(7)火灾对隧道衬砌结构造成了巨大的破坏。火灾案例表明，隧道火灾会对衬砌结构造成严重的损坏。例如，在 1998 年中国盘陀岭第二公路隧道火灾中，50m 范围的衬砌结构被严重破坏，衬砌结构大面积剥落、掉块，纵向、环向开裂，大面积漏水，混凝土强度严重降低。由于火灾对衬砌结构的损坏会影响到衬砌结构的安全性和可靠性，所以在火灾场景设计时，需要考虑隧道所处的地质条件以及当结构破坏时，可能对周围环境造成的影响。

3.2.2　铁路隧道火灾

(1)油罐车火灾是铁路隧道火灾的主要形式。通过对火灾案例的分析发现，在铁路隧道火灾中，52.4%的火灾案例与油罐车有关(如图 3-6 所示)。因此，在铁路隧道衬砌结构的防火设计中，主要应针对铁路油罐车火灾进行。

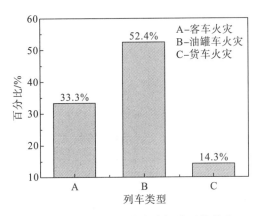

图 3-6　铁路隧道火灾中车辆类型的分布

(2)铁路隧道火灾燃烧猛烈，达到的最高温度高。铁路油罐车在隧道内发生火灾后，由于燃烧物质多，隧道两端的空气补给充足，燃烧极为猛烈。火源处的温度往往超过 1200℃，甚至高达 1500~1600℃。如英国萨米特隧道火灾中，最高温度达到了 1000~1300℃；而美国巴尔的摩市中心霍华德街(Howard Street)隧道火灾中，最高温度高达 1500℃。

(3)扑救困难，火灾持续时间长。由于铁路油罐车火灾燃烧猛烈，爆炸频繁，扑救极为困难；同时，由于燃料量巨大，火灾持续时间一般都较长。例如，法国库罗铁路隧道火灾持续了 24h；中国十里山二号铁路隧道火灾持续了 3 天；而中国湘黔铁路朝阳坝二号隧道火灾则持续了 18 天。

(4)衬砌结构损伤严重。由于铁路隧道火灾的温度高(基本都在 1000℃以上)，持续的时间长(从几个小时甚至到十几天)，隧道衬砌结构在经历如此长时间的高温烧烤后，损坏非常严重。对火灾隧道的调研表明，一般衬砌损坏厚度达到了 10~20cm，为衬砌总厚度的 1/3~1/2[69]。

3.2.3　地铁隧道火灾

由于信息的不足，火灾案例中能够确定最高温度、持续时间的案例极少，同时，考虑到地铁隧道火灾燃烧源的单一(主要为机车和车厢)性，所以地铁隧道火灾的最高温度和持续时间可基于试验数据来确定(详见本书 3.3 节)。

而对地铁火灾中参与燃烧的车辆数的调研表明：火灾中，一般很少是 1 辆车起火，由于火灾的蔓延，会引起多辆车起火。如图 3-7 所示，1~2 辆车起火的比重占到了总案例的 63.6%，其中，2 辆车起火占的比重更大一些，约为 36.4%。此外，考虑到上述分析中没有包含那些部分烧毁的车辆，因此，从安全角度考虑，将地铁火灾按 2 辆车起火来考虑是可行的。

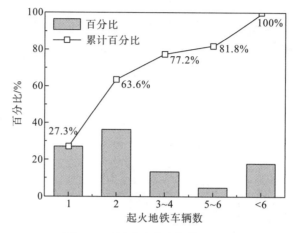

图 3-7　地铁火灾中车辆数的分布

3.2.4　隧道火灾试验

由于隧道火灾的不可预见性，所以从火灾案例能够得到的信息主要是直观的火灾损害程度、烧毁的车辆、持续时间以及可能达到的最高温度等，但是无法得到定量化、系统的通风对火灾的影响规律、隧道内温度的空间分布和车辆的燃烧特性等信息。因此，本书收集了国内外进行的 20 个相关的火灾试验成果(详见 3.1 节)，并以此为依据来确定隧道火灾场景设计中的关键参数。

3.3　公路隧道火灾场景关键参数的确定

3.3.1　火灾升温速率

隧道火灾由于环境的封闭性，与开敞空间火灾相比，一个显著的特点是初始升温速率相当快，一般在几分钟内即可升高到 1000℃ 以上。如图 3-8 所示，在文献［66］给出的火灾试验中，起火后 2~10min 内，温度即达到最高温度。同时，升温速率与最高温度并不同步，起火后 2~4min，升温速率即达最大值，之后温度才达到最高温度。

图 3-8 给出了不同类型车辆燃烧时的等效升温速率($T = T_{max}/t_{max}$)。图中，标准火灾曲线的等效升温速率取 5min 时达到的最高温度进行计算。其余试验值根据试验实测曲线的最高温度和达到最高温度的时间进行计算。值得注意的是，车辆(货物)火灾试验中，由于点燃初期燃烧比较缓慢，会形成一个平缓的台阶(图 3-10 和图 3-11)，在计算到达最高温度的时间时，应扣除这部分时间。

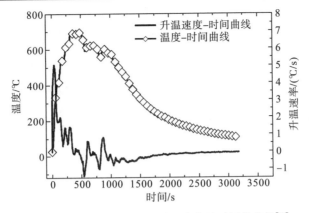

图 3-8 自然通风时温度、升温速率随时间的变化[66]

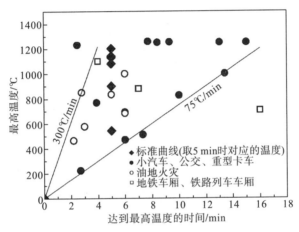

图 3-9 不同类型火灾中的等效升温速率[66,70−79]

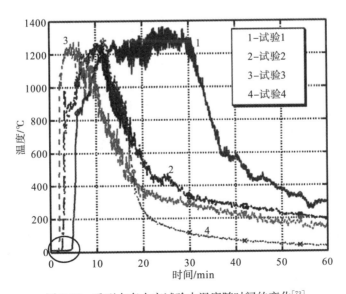

图 3-10 重型卡车火灾试验中温度随时间的变化[73]

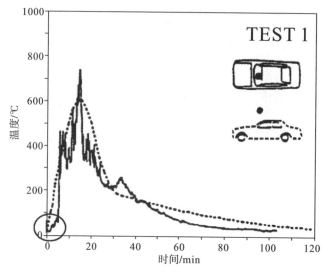

图 3-11　汽车燃烧试验中温度随时间的变化[77]

通过对试验结果的总结分析，可以得到如下结论。

①隧道火灾具有升温快的特点，一般在 2~15min 即可达到最高温度，对应的升温速率为 75~300℃/min。同时，可以看到油池火灾的升温速率偏大（与 HC 曲线接近），而汽车（货物）等实体燃料的升温速率要小于油池火灾的升温速率。这表明，对于涉及油料的火灾需要取较大的升温速率，而对于燃烧普通非易燃物品（不包括油料）的火灾应取相对较低的升温速率。

②不同类型车辆表现出不同的温度变化过程。如图 3-12 所示，重型卡车、公交车、小汽车和地铁车厢均燃烧迅速，升温速率较大。而对于铁路列车车厢，升温速率相对较小且呈台阶状升温。在设计火灾场景时，出于安全考虑，可忽略车辆可能的初始阶段的缓慢燃烧及阶梯状升温时间。

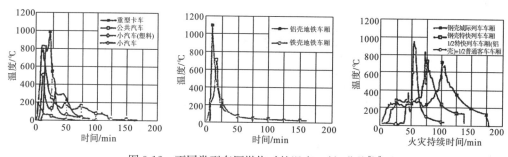

图 3-12　不同类型车厢燃烧时的温度-时间曲线[70]

③标准曲线的升温速率（最大 250℃/min，最小 108℃/min）基本覆盖了火灾试验的升温速率。尽管文献[73]的试验表明，装载普通货物重型卡车的升温速率甚至超过了标准曲线的最大值，但是由于这仅是个例，同时该试验中燃烧物的面积与隧道断面面积（安装隔热板后）相近，所以更容易集聚热量。考虑到实际隧道火灾，燃烧物相对隧道断面的比值一般小于文献[73]的条件，因此，在设计火灾场景时，将升温速率控制在标准曲线的范围内是合理的。

3.3.2　火灾中达到的最高温度

最高温度是火灾场景设计中的一个关键参数，因为最高温度决定了火灾中衬砌材料力学性能劣化的程度。本书 3.2 节中根据火灾案例的调研结果，初步分析了不同车辆在火灾中可能达到的最高温度。下面结合火灾试验成果，分公路隧道、铁路隧道和地铁隧道三类，分别给出不同车辆发生火灾时可能的最高温度以及通风对最高温度的影响。

1. 公路隧道

对于公路隧道可根据交通类型将通行的车辆分为四类：小汽车；客车（公交车）；重型货车；油罐车。根据火灾试验，不同车辆燃烧时最高温度的分布如图 3-13 所示。

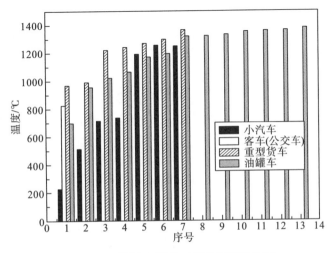

图 3-13　不同车辆燃烧时最高温度的分布

从小汽车燃烧试验的结果看，最高温度的变化范围较大。但是由于其中最高温度超过 1000℃ 的几次试验均为车辆附近的温度，没有反映隧道内烟流达到的最高温度，所以综合起来，小汽车燃烧达到的最高温度为 500~600℃。但是，如果起火隧道断面较小，火灾时火焰可能会接触到隧道衬砌结构，则此时小汽车火灾的最高温度需要提高到 1000℃ 甚至更高。

对客车（公交车）而言，收集到的试验资料较少，根据 PIARC 的建议[34]，最高温度可以定为 800~900℃。

如图 3-14 所示，对重型货车的试验结果表明，重型货车燃烧时最高温度达到 1200~1300℃ 所占的比例约为 57.1%。该温度要比通过火灾案例分析得到的货车的最高温度高。综合两者的结果，对于重型货车火灾最高温度可取为 1200℃。

此外，通过研究上述重型货车火灾试验的成果，可以得出如下结论。

①即使货物中不含有油类等易燃物品，火灾时隧道内的最高温度仍然可能达到 1000~1300℃，达到了油罐车火灾的温度等级。在文献[73]进行的重型卡车火灾试验中，常规的纤维类和塑料类货物火灾热释放达到了 70.5~202MW，最高温度达到了 1365℃。

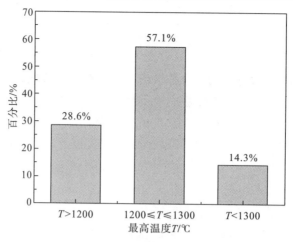

图 3-14　重型货车燃烧时最高温度的分布

这表明，对于不允许危险品车辆通行的隧道，在火灾规模上仍然可能达到危险品车辆的等级。因此，对于重要的隧道，一种可取的思路是不管是否允许危险品车辆通过，均按危险品车辆的火灾场景来设计。

②火灾最大热释放率与火灾中可能达到的最高温度并不成比例，小规模的火灾仍可能达到很高的温度。例如，文献[73]中，虽然最大释放率没有达到 RWS 设定的 300MW，但是最高温度却达到甚至超过了 RWS 设定的 1350℃。

③最高温度与可燃物的多少也不成比例。在文献[73]中，试验 4 的可燃物重量（3120kg）仅为试验 1 可燃物重量（10911kg）的 28.6%，但最高温度（1273℃）却与试验 1（1365℃）相差无几，只是火灾持续时间要短于试验 1。

对于油罐车火灾而言，由于直接进行点火试验存在困难，所以收集到的试验资料都是基于油池火灾的结果。从这些试验的结果来看（图 3-15），油罐车火灾的最高温度基本为 1300~1400℃。

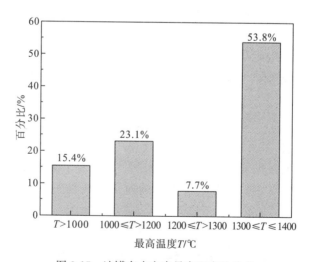

图 3-15　油罐车火灾中最高温度的分布

此外，对火灾试验成果的分析也表明，通风对隧道内达到的最高温度及峰值热释放率具有明显的影响，且其影响效果与火灾类型有关。对于小型火灾，增大通风速度可以降低隧道内的最高温度，但是高温烟雾在隧道内蔓延的范围扩大，火灾的影响范围扩大。而对于大型火灾，增大通风速度会使得热释放率增大，加剧火灾的发展。如表 3-3 所示[70]，尽管两次火灾试验的总放热量差别不大（87.4GJ 和 63.7GJ），但峰值热释放率的差别却非常大：通风速度为 0.7m/s 时，峰值热释放率为 17MW，而当通风速度增大到 3~6m/s 时，峰值热释放率达到了 128MW。在文献[71]中，通风时的峰值热释放率和达到的最高温度明显大于自然通风时的值。

表 3-3 通风速度对热释放率的影响

燃料类型及配置	通风速度/(m/s)	最高温度/℃	峰值热释放率/MW	参考试验
满载家具的重型卡车 Leyland DAF 310ATi，(2000kg)总的热量约为 42.75MJ，卡车和拖车本身总的热量约为 87.4GJ	3~6	1300	128	Ref. 1
重型卡车燃料包括密实堆砌的木婴儿床（重约 2212kg），婴儿木床分两层堆砌，中间为塑料，最上层是塑料和橡胶轮胎，总的塑料量为 310kg，橡胶轮胎量为 322kg，总热量为 63.7GJ	0.7	970	17	Ref. 1
油池面积 47.5m²	1.7	1325	70	Ref. 2
油池面积 95m²	自然通风	1020	35	Ref. 2

图 3-16 给出了小型火灾中，通风速度对最高温度的影响。图中，V 为火灾时的通风速度；T_{Nature} 为自然通风时隧道内的最高温度，℃；T 为通风速度等于 V 时隧道内的最高温度，℃。可以看到，尽管试验数据有一定的离散性，但是总体变化趋势是一致的，即随着通风速度的增大，隧道内达到的最高温度在降低。图 3-17 给出了大型火灾中，通风速度对最高温度的影响。图中符号含义与图 3-16 相同。可以看到，随着通风速度的增大，隧道内达到的最高温度也有一定程度的增大。

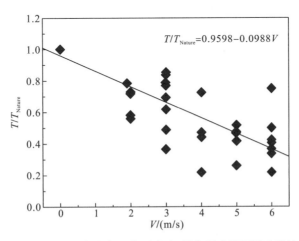

图 3-16 小型火灾（小汽车、小型油池）最高温度随通风速度的变化

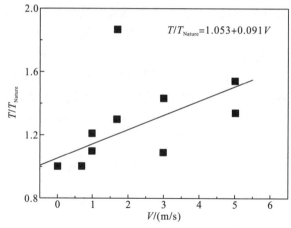

图 3-17　大型火灾(重型卡车、大型油池等)最高温度随通风速度的变化

2. 铁路隧道

对于铁路隧道，根据交通类型可将通行的车辆分为三类：铁路客车、铁路货车和铁路油罐车。

根据文献[70]的试验成果，铁路列车车厢燃烧时的最高温度为 700～900℃。根据日本 1974 年在宫古线某隧道内进行的运行列车着火试验的成果，隧道内列车火灾的温度要远远大于露天燃烧时的温度，对于货物列车，最高温度应该在 1000℃ 以上。同时，借鉴 RABT 的试验成果，可以将铁路货车的最高温度设定为 1200℃。

对于铁路油罐车火灾，由于燃料充足，不易扑灭，燃烧猛烈，最高温度往往超过 1200℃。例如，美国巴尔的摩市中心霍华德街(Howard Street)隧道火灾中最高温度达到了 1500℃。考虑到铁路油罐车火灾的严重性，可将其最高温度设定为 1400℃。

3. 地铁隧道

根据文献[70]和文献[78]的试验成果，地铁车厢燃烧时的最高温度为 700～900℃，如图 3-18 所示。

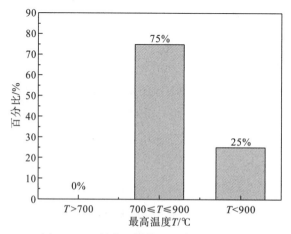

图 3-18　地铁车厢燃烧时最高温度的分布

对上述分析结果进行归纳，可得到不考虑通风影响的情况下，不同类型车辆发生火灾时达到的最高温度（见表 3-4）。

表 3-4　不同类型车辆发生火灾时的最高温度

车辆类型	最高温度/℃
小汽车①	500~600
公交车（客车）	800~900
重型货车②	1200
油罐车	1300~1400
铁路客车	700~900
铁路货车	1200
铁路油罐车	1400
地铁列车	700~900

注：①如果火焰接触到了衬砌，则提高到 1000~1200℃。
　　②易燃物品中不包含汽油或者特殊的易燃物品，对于重要的隧道，可以取到 1300℃。

3.3.3　火灾持续时间

在隧道火灾场景设计中，火灾持续时间是指从起火到火势得到控制并开始降温所经历的时间。火灾持续时间的确定需考虑下列因素。

1. 参与燃烧的车辆数

参与燃烧车辆的多少会影响火灾的持续时间，车辆数越多，持续时间越长。火灾案例和火灾试验表明，由于隧道环境的封闭性，火灾极易在隧道内的车辆间蔓延，如果没有主动的消防措施，则会使燃烧的车辆越来越多。如 1979 年日本 Nihonzaka 隧道火灾中，共有 127 辆卡车和 46 辆小汽车由于火灾蔓延而卷入其中，导致火灾持续了 159h。此外，在文献[75]中进行的车辆燃烧试验也说明了这一现象：起火后 8.5min，火灾从着火车辆蔓延到了左侧的车辆；19.25min 后，火灾又蔓延到了右侧的车辆，23.75min 后，火灾蔓延到了着火车辆尾部的车辆。从起火开始直到开始灭火，在 43min 内共有 8 辆汽车起火。而在文献[75]的另一次火灾试验中，汽车前部起火后 13~14min，火灾蔓延到汽车中部，21~22min 后火灾蔓延到汽车后部，25min 时火焰笼罩了整个汽车，燃烧过程持续了大约 60min。

2. 灭火工作的可能性以及开始灭火的时间

火灾的持续时间还取决于主动消防措施的可能性以及开始灭火的时间。及时地开展有效的灭火工作，能够在较短的时间内将火灾扑灭，进而缩短了火灾的持续时间。

3. 隧道衬砌结构的重要性

在确定火灾的持续时间时，尚需考虑隧道衬砌结构的重要性，如果隧道处于重要的结构物下方，或者隧道为跨江、越海隧道，此时保护隧道衬砌结构的安全性至关重要，则相应需要加长火灾的持续时间。隧道火灾的持续时间可根据隧道类型的不同分别确定。

（1）公路隧道。根据隧道火灾案例的调研成果（本书3.2节），可以将公路隧道火灾的基准持续时间定为2h。实际设计时，应根据交通类型以2h为基准进行调整。如图3-19所示，法国给出了根据车辆类型和火灾规模确定火灾持续时间的方法。此外，美国 NF-PA502《Standard for Road Tunnel，Bridges，and Other Limited Access Highway》规定了公路隧道主体承重构件的耐火极限应为4h；而瑞典则规定公路隧道主体结构的耐火时间在 HC 曲线下应为2h。实际设计火灾场景时，可以借鉴这些方法和数据。

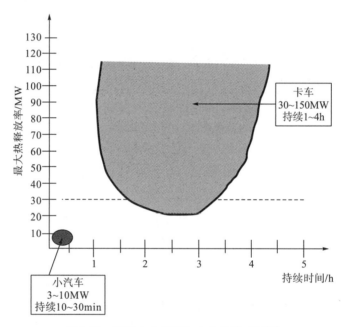

图 3-19　隧道火灾规模与火灾持续时间[80]

（2）铁路隧道。根据隧道火灾案例的调研成果（本书3.2节），铁路隧道火灾主要是油罐车火灾，而油罐车火灾由于扑救困难，一般持续时间较长。据相关火灾案例表明，持续时间最短的都在10h左右，最长甚至达到十几天。鉴于此，铁路隧道火灾的持续时间可以根据可能的消防灭火时间和全部燃烧完毕所持续的时间来确定。澳大利亚规定铁路隧道衬砌的耐火极限在设计火灾曲线下应为4h，实际设计火灾场景时，可以借鉴这一数据。

（3）地铁隧道。根据隧道火灾案例的调研成果（本书3.2节），地铁火灾中可能燃烧的车辆数一般为1~2辆，而燃烧2辆占的比重更大一些。根据对地铁列车火灾的理论计算，1辆车的总燃烧热释放率约为10624.1kW，燃烧速度为每小时1~2辆车[81]。根据上述燃烧速度，可将地铁隧道火灾的持续时间定为1~2h。

3.3.4　降温阶段的温度变化

在隧道衬砌结构的耐火设计中，特别是分析评估隧道衬砌结构的火灾安全性时，需

要考虑隧道火灾的降温阶段。根据对大量火灾试验数据的拟合(如图 3-20 所示),表明隧道火灾的降温阶段可以用下式描述

$$\frac{T - T_0}{T_{\max} - T_0} = 0.816 \mathrm{e}^{-6.27 \frac{t}{t_{\mathrm{tot}}}} + 0.857 \mathrm{e}^{-0.217 \frac{t}{t_{\mathrm{tot}}}} - 0.689 \tag{3-1}$$

式中,T 为降温阶段任意时刻的温度,℃;$T_{\max}$ 为火灾中达到的最高温度,℃;T_0 为常温,值为 20℃;T 为从开始降温起经历的时间,$\min$;t_{tot} 为降温阶段经历的总时间,$\min$。

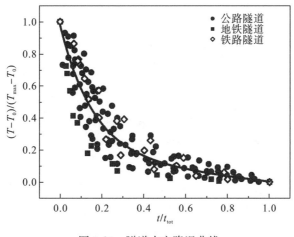

图 3-20 隧道火灾降温曲线

3.3.5 温度横向分布

火灾时隧道内温度的横向分布,也即断面上竖向的温度分布,是进行隧道衬砌结构整体体系力学性能分析的一个关键参数。隧道内温度的横向分布受下列因素影响:隧道断面尺寸与燃烧车辆横断面积的相对大小;火灾规模的大小;隧道内的通风状况。

一般情况下,自然通风状态时,隧道火灾断面的上部为高温烟气向外流出,断面的下部则是外界新鲜空气向内流入。由于高温,热烟较轻上升、隧道底部相对有较冷的空气补充和隧道壁面的吸热,所以在隧道横断面方向,温度场的分布规律如下:拱顶处温度最高、拱腰次之,边墙和底部最低,也即随着距拱顶距离的加大,温度下降。而当隧道内进行机械通风时,由于风流的作用,加剧了热烟气流的紊动,会使得热烟气流充满整个隧道断面,温度的横向分布趋于均匀,在火源附近,甚至路面附近的温度会超过拱顶的温度。

图 3-21 给出了不同类型车辆发生火灾时隧道横断面上的温度分布。可以看到,对于汽车火灾,断面上温度的横向分布规律如下:当通风速度较小时,表现为拱顶温度最高,路面附近温度最低,大致按照线性规律过渡;随着通风速度的增加,断面上温度分布趋于均匀,拱顶和路面附近的温度比较接近,但仍可按线性变化考虑。

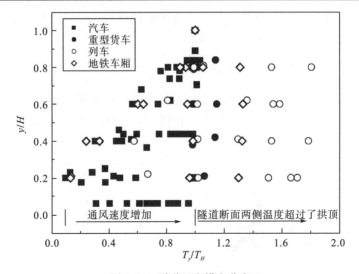

图 3-21　隧道温度横向分布

H 为隧道断面高度，m；y 为断面上任一点距路面的距离，m；T_y 为断面上距路面 y 处的温度，℃；T_H 为断面拱顶的温度，℃

　　对于重型货车和公交车等大型车辆而言，由于车辆断面与隧道断面相比较大，断面上的温度分布比较均匀，大致可按均匀分布考虑(图 3-22)。

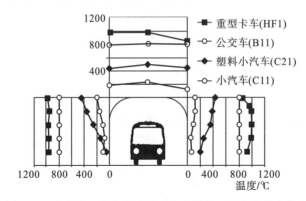

图 3-22　小汽车、公交车及重型卡车燃烧时温度的横向分布

　　对于铁路列车和地铁车厢火灾而言，绝大多数试验结果表明，发生火灾时，隧道内两侧的温度会超过拱顶的温度(火源附近)，如图 3-23 所示，该图给出了地铁车厢火灾试验时钢衬砌内的温度分布，间接反映了隧道内温度的横向分布模式。这一现象可解释为：一方面，车辆断面与隧道断面相比较大；另一方面，车辆顶板限制了火焰的上窜。

　　对于公路隧道而言，随着越来越多大断面隧道的修建，大断面隧道火灾情况下的温度横向分布规律是一个值得关注的问题。根据文献[76]的试验成果(见表 3-5)，三车道大断面隧道与普通两车道隧道相比，同样火灾荷载下，大断面隧道的温度小于两车道隧道，且断面上温度的分布更趋均匀。

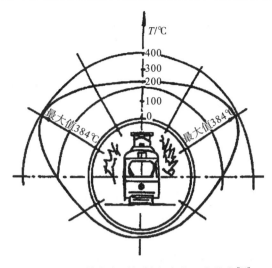

图 3-23　地铁火灾时钢衬砌内的温度分布[82]

表 3-5　大断面隧道温度横向分布

横向位置	下风侧 10m 温度/℃		下风侧 20m 温度/℃	
	大断面隧道	双车道隧道	大断面隧道	双车道隧道
拱顶(8.5/6.5m)	96	145	29	108
照明设备处(6/4.8m)	97	129	55	89
逃生区域(1.5/1.5m)	36	41	6	14

根据前述对隧道内温度横向分布的规律的讨论，在设计火灾场景时，可以根据车辆类型、通风条件按表 3-6 选择温度的横向分布模式。

(1)线性分布。线性分布可用下式表示。

$$T_y = T_R + \frac{y}{H}(T_H - T_R) \tag{3-2}$$

$$T_R = 0.2T_H$$

式中，H 为隧道断面高度，m；y 为断面上任一点距路面的距离，m；T_y 为断面上距路面 y 处的温度，℃；T_H 为断面拱顶的温度，℃；T_R 为断面路面附近的温度，℃。

(2)均匀分布。均匀分布可用下式表示。

$$T_y = T_H \tag{3-3}$$

式中，T_y 为断面上距路面 y 处的温度，℃；T_H 为断面拱顶(或者隧道两侧)的温度，℃。

表 3-6　隧道内温度的横向分布模式

序号	车辆类型	通风状况	分布模式
1	小汽车	自然通风	拱顶温度最高，路面附近温度最低，按线性规律过渡，即式(3-2)
2	小汽车	通风速度较小时	
3	小汽车	通风速度较大时	拱顶与路面附近温度接近，均匀分布，即式(3-3)
4	公交车(客车)	—	拱顶与路面附近温度接近，均匀分布，即式(3-3)

序号	车辆类型	通风状况	分布模式
5	重型货车	——	拱顶与路面附近温度接近，均匀分布，即式(3-3)
6	铁路列车 地铁车厢	——	均匀分布，最高温度按两侧温度确定，即式(3-3)

3.3.6　温度纵向分布

火灾时隧道内温度的纵向分布，反映了高温烟气的影响范围和火灾的蔓延程度，同时也是进行隧道衬砌结构体系高温力学性能分析的必需参数。在隧道内，随着离开火源距离的增大，一方面火源的热辐射迅速减少，另一方面高温热烟气流由于受隧道壁面的冷却，温度逐渐降低，因此，在纵断面方向温度场的变化规律(如图 3-24 所示)如下：随着远离火源点，温度在降低。

隧道内温度的纵向分布受下列因素影响：①隧道火灾规模的大小，火灾规模越大，隧道内温度越高，高温烟气纵向扩散的范围越大；②隧道内的通风状况，对于小型火灾，增大通风速度使得火源附近的温度下降，同时热烟气流蔓延的范围扩大，温度的纵向分布曲线变得平坦(如图 3-25 所示)。

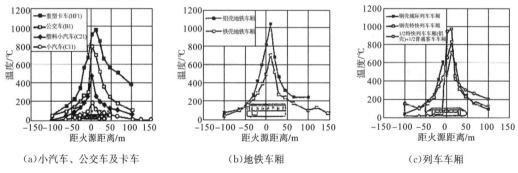

(a)小汽车、公交车及卡车　　(b)地铁车厢　　(c)列车车厢

图 3-24　不同车辆燃烧时温度的纵向分布

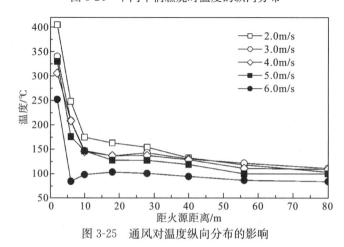

图 3-25　通风对温度纵向分布的影响

如图 3-26 所示，大量的试验成果表明隧道内温度的纵向分布可以用式(3-4)描述。

$$\frac{T - T_0}{T_{\max} - T_0} = 0.573e^{-9.846\frac{x}{L_{\text{tot}}}} + 0.518e^{-1.762\frac{x}{L_{\text{tot}}}} - 0.089 \tag{3-4}$$

式中，T 为距离火源 x 处的温度，℃；$T_{\max}$ 为火源处的温度，℃；T_0 为常温，20℃；x 为距火源的距离，m；L_{tot} 为温度降到常温时距离火源的距离，m。

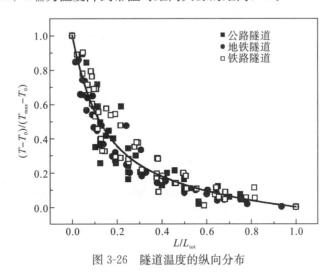

图 3-26　隧道温度的纵向分布

3.4　公路隧道火灾场景设计方法

3.4.1　基准曲线的定义

当最高温度、升温速率和持续时间等关键参数确定后，为了能够采用统一的形式来表述不同类型隧道火灾中温度随时间的变化，本节首先定义基准曲线表达式[式(3-5)]，然后，通过调整基准曲线中的参数来模拟不同类型的火灾场景。选用式(3-5)作为基准曲线的理由如下：一方面该式能够较好地体现隧道火灾升温速率快的特点；另一方面通过调整式中各参数即可方便地模拟不同的温度-时间关系。

$$T_{\text{standard}} = A(1 - 0.325e^{\alpha t} - 0.675e^{\beta t}), \qquad 0 \leqslant t \leqslant t_{\text{standard}} \tag{3-5}$$

式中，t 为从起火时经历的时间，min；T_{standard} 为 t 时刻基准曲线代表的温度，℃；t_{standard} 为基准时间，根据隧道类型确定，如公路隧道 $t_{\text{standard}} = 2\text{h}$；$A$、$\alpha$ 和 β 为曲线形状参数。

基准曲线随形状参数 A、α 和 β 的变化规律如图 3-27~图 3-29 所示。可见，调整参数 A 就可以调整火灾时达到的最高温度；调整 α 可以改变到达最高温度前一段时间的升温速率；而调整参数 β 则可以改变升温速率的大小。

3.4.2　隧道火灾场景的确定

当建立了描述隧道内温度随时间变化的基准曲线(式(3-5))后，结合隧道内火灾的降温规律、横向温度分布规律和纵向温度分布规律，即可得到完整的隧道火灾场景，如式(3-6)~式(3-9)所示。

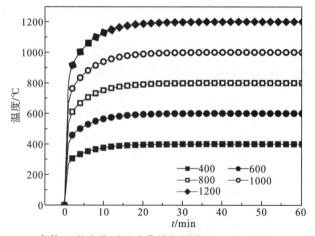

图 3-27　参数 A 的变化对基准曲线的影响($\alpha=-0.167$，$\beta=-2.5$)

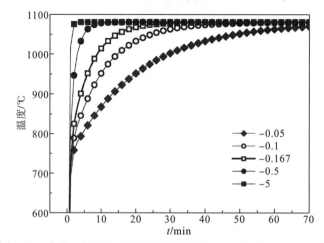

图 3-28　参数 α 的变化对基准曲线的影响($A=1080℃$，$\beta=-2.5$)

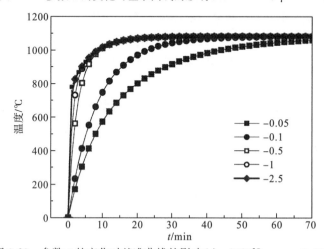

图 3-29　参数 β 的变化对基准曲线的影响($A=1080℃$，$\alpha=-0.167$)

　　在此，需要说明两点：影响隧道火灾场景的因素众多，包括隧道长度、交通类型、通风状况、隧道所处的地质条件、主动消防灭火措施的状况以及隧道结构的重要性等，本章选取了几个主要影响因素，并以系数的形式反映到了火灾场景最高温度、火灾持续时间的表达式中；由于大断面隧道资料较少，尚需进一步研究，当设计火灾场景时，对所有交通类型，其温度横向分布都可考虑按照线性规律变化。

①最高温度随时间的变化（包括降温阶段），可用下式表示：

$$\begin{cases} T = T_0 + k_1 k_2 k_3 T_{\text{standard}} = T_0 + k_1 k_2 k_3 A(1 - 0.325 \mathrm{e}^{\alpha t} - 0.675 \mathrm{e}^{\beta t}), & 0 \leqslant t \leqslant t_d \\ \dfrac{T - T_0}{T_{\max} - T_0} = 0.816 \mathrm{e}^{-6.27 \frac{t - t_d}{t_{\max} - t_d}} + 0.857 \mathrm{e}^{-0.217 \frac{t - t_d}{t_{\max} - t_d}} - 0.689, & t_d \leqslant t \leqslant t_{\max} \end{cases}$$

$$(3\text{-}6)$$

②火灾持续时间，可用下式表示：

$$t_d = \psi_1 \psi_2 \psi_3 t_{\text{standard}} \tag{3-7}$$

③温度横向分布，可用下式表示：

$$\begin{cases} \text{线性分布：} T_y = T_R + \dfrac{y}{H}(T_H - T_R), T_R = 0.2 T_H, & 0 \leqslant y \leqslant H \\ \text{均匀分布：} T_y = T_H, & 0 \leqslant y \leqslant H \end{cases} \tag{3-8}$$

④温度纵向分布，可用下式表示：

$$\frac{T - T_0}{T_{\max} - T_0} = 0.573 \mathrm{e}^{-9.846 \frac{x}{L_{\text{tot}}}} + 0.518 \mathrm{e}^{-1.762 \frac{x}{L_{\text{tot}}}} - 0.089, \quad 0 \leqslant x \leqslant L_{\text{tot}} \tag{3-9}$$

上述各式中，参数含义详见式(3-1)~式(3-5)。其中，k_1、k_2 和 k_3 分别为通风影响系数和隧道地层条件影响系数、隧道结构重要性影响系数。ψ_1、ψ_2 和 ψ_3 为隧道长度影响系数、主动消防措施影响系数和隧道结构重要性影响系数。

根据前述对火灾案例及火灾试验成果的分析，表 3-7 给出了不同类型隧道火灾中基准曲线各参数的建议值。同时，表 3-8~表 3-13 分别给出了系数 k_1、k_2、k_3、ψ_1、ψ_2 和 ψ_3 的建议值。在设计实际隧道火灾场景时，可直接选用这些建议值，或根据隧道的实际情况予以调整。

表 3-7　不同类型隧道基准曲线中各参数的取值

隧道类型	交通类型	A	α	β[①]	t_{standard}
公路隧道	小汽车	500~600	−0.167	−2.5	2
	公交车(客车)	800~900	−0.167	−2.5	2
	重型货车	1200	−0.167	−2.5	2
	油罐车	1300~1400	−0.167	−2.5	2

注：①考虑到隧道火灾快速升温的特点，从安全角度考虑，本文统一取升温速率的上限。

表 3-8　通风影响系数 k_1 的取值

隧道类型	交通类型	通风状况	
		无火灾通风	有效的火灾通风
公路隧道	小汽车	1.0	$0.9598 - 0.0988V$[①]
	公交车(客车)	1.0	
	重型货车	1.0	$1.053 + 0.091V$[②]
	油罐车	1.0	

注：①为安全起见，可以不考虑通风对最高温度的影响，将通风影响系数取为 1.0。

②计算值超过 1.2 后取 1.2。

表 3-9　隧道地层影响系数 k_2 的取值

地层情况	稳定地层(无地下水)	稳定地层(地下水丰富)	不稳定地层
k_2	1.0	1.1	1.2

表 3-10　隧道结构重要性系数 k_3 的取值

隧道类型	越江、跨海隧道	高速公路、一级公路隧道	二级、三级和四级公路隧道
k_3	1.2	1.1	1.0

表 3-11　隧道长度影响系数 ψ_1 的取值

隧道类型	隧道长度	
	$L<10000$ m	$L\geqslant10000$ m
公路隧道	1.0	$(0.7421+0.00103L^{①})/t_{standard}$

注：①由于目前 10km 以上公路隧道火灾案例较少，所以表中隧道长度与火灾持续时间的关系式不够完善，当计算出的 ψ_1 值偏大时，需酌情下调。

表 3-12　主动消防措施影响系数 ψ_2 的取值

隧道类型	主动消防措施状况	
	城市隧道	山区隧道
公路隧道	1.0	1.2

注：参考 FHWA(1983)对公路隧道分类的思想。考虑到城市隧道一般容易及时采取主动消防措施，故不考虑火灾时间上的延长；而对于山区隧道，由于远离消防救援力量，所以考虑了火灾持续时间的延长。

表 3-13　隧道结构重要性系数 ψ_3 的取值

隧道结构重要性系数	越江、跨海隧道	高速公路、一级公路隧道	二级、三级和四级公路隧道
ψ_3	1.2	1.1	1.0

第 4 章　CFD 计算理论与隧道火灾温度场

除采用试验与实际火灾案例统计来确定公路隧道火灾场景外，采用计算机模拟的方法来预测隧道内部的火灾温度规律也是一种有效的方法。随着计算流体动力学(Computational Fluid Dynamics，CFD)技术的不断成熟以及计算机性能的提升，CFD 模拟被逐渐应用到火灾研究领域。火灾的 CFD 模拟研究是利用计算机求解火灾过程中各参数(如速度、温度和组分浓度等)的空间分布及其随时间的变化，是一种物理模拟。

4.1　隧道火灾 CFD 模拟研究现状

从 20 世纪 80 年代开始，国内外许多专家已将 CFD 模拟方法应用于隧道火灾的研究。其研究的重点内容集中在以下几个方面：通风控制对隧道火灾发展的影响，包括对临界风速的研究；不同火灾规模下，隧道内烟流温度场和速度场的分布规律，烟气组分浓度的变化规律；隧道坡度、壁面粗糙度和火源设定等因素对前两方面的影响。

隧道火灾 CFD 计算对烟气回流现象的模拟结果较好，但火源附近的温度场预测结果大多较试验数据偏高，这其中湍流模型、燃烧模型的选择最为关键。隧道内火源附近的温度场的 CFD 模拟结果与试验结果有一定差距，这可能有以下两个方面的原因：火源附近的网格间距较大；或程序中物理模型选择不合理。前者可以在对计算速度影响不大的前提下加密网格划分，提高计算精度；后者则需慎重选择 CFD 程序的湍流模型和燃烧模型[83]。

4.2　CFD 研究的理论基础[84]

4.2.1　守恒方程

1. 质量守恒方程

任何流动问题都必须满足质量守恒定律，该定律可表述为：单位时间内流体微元体中质量的增加，等于同一时间间隔内流入该微元体的净质量。

连续性方程是质量守恒定律在流体运动时的反映，是流体运动所必须满足的基本方程之一，由于该方程不涉及作用力问题，所以不论流体是否有黏性或热交换都适用。按照这一定律，可得出下述质量守恒方程，又称为连续方程。

$$\frac{\partial \rho}{\partial t} + \mathrm{div}(\rho \vec{u}) = 0 \tag{4-1}$$

式中，ρ 是密度；t 是时间；$\vec{u}$ 是速度矢量。

$$\mathrm{div}(\vec{u}) = \frac{\partial u}{\partial x} + \frac{\partial v}{\partial y} + \frac{\partial w}{\partial z} \tag{4-2}$$

式中，u、v 和 w 是速度矢量 $\vec{u}$ 在 x、y 和 z 方向的分量。

2. 动量守恒方程

动量守恒定律也是任何流动系统都必须满足的基本定律，该定律可表述为：微元体中流体的动量对时间的变化率等于外界作用在该微元体上的各种力之和。该定律实际上是牛顿第二定律，按照这一定律，可导出如下 x、y 和 z 三个方向的动量守恒方程，也称运动方程，或 Navier - Stokes 方程。

$$\frac{\partial(\rho u)}{\partial t} + \mathrm{div}(\rho u \vec{u}) = \mathrm{div}(\mu \,\mathrm{grad}u) - \frac{\partial p}{\partial x} + S_u \tag{4-3}$$

$$\frac{\partial(\rho v)}{\partial t} + \mathrm{div}(\rho v \vec{u}) = \mathrm{div}(\mu \,\mathrm{grad}v) - \frac{\partial p}{\partial y} + S_v \tag{4-4}$$

$$\frac{\partial(\rho w)}{\partial t} + \mathrm{div}(\rho w \vec{u}) = \mathrm{div}(\mu \,\mathrm{grad}w) - \frac{\partial p}{\partial z} + S_w \tag{4-5}$$

式中，p 是流体微元体上的压力，S_u、S_v 和 S_w 是动量守恒方程的广义源项；μ 是动力黏度。

$$\mathrm{grad}(\ ) = \frac{\partial(\ )}{\partial x} + \frac{\partial(\ )}{\partial y} + \frac{\partial(\ )}{\partial z} \tag{4-6}$$

3. 能量守恒方程

能量守恒定律是包含热交换的流动系统必须满足的基本定律，该定律可表述为：微元体中能量的增加率等于进入微元体的净热流量加上体力与面力对微元体所做的功，该定律实际上是热力学第一定律，可导出如下能量守恒方程，又称能量方程。

$$\frac{\partial(\rho T)}{\partial t} + \mathrm{div}(\rho \vec{u} T) = \mathrm{div}\left[\frac{k}{c_p}\mathrm{grad}T\right] + S_T \tag{4-7}$$

该式可写成如下展开形式：

$$\frac{\partial(\rho T)}{\partial t} + \frac{\partial(\rho u T)}{\partial x} + \frac{\partial(\rho v T)}{\partial y} + \frac{\partial(\rho w T)}{\partial z} = \frac{\partial}{\partial x}\left(\frac{k}{c_p}\frac{\partial T}{\partial x}\right) + \frac{\partial}{\partial y}\left(\frac{k}{c_p}\frac{\partial T}{\partial y}\right) + \frac{\partial}{\partial z}\left(\frac{k}{c_p}\frac{\partial T}{\partial z}\right) + S_T \tag{4-8}$$

式中，c_p 是比热容；T 是温度；k 是流体的传热系数；S_T 为流体的内热源及由于黏性作用流体机械能转换为热能的部分，有时简称为黏性耗散项。

综合各基本方程发现有 u、v、w、p、T 和 ρ 6 个未知量，还需要补充如下一个联系 p 和 ρ 的状态方程，方程组才能封闭。

$$p = p(\rho, T) \tag{4-9}$$

4.2.2 分析模型

1. 湍流模型

湍流是一种复杂的非稳态三维流动。在湍流中，流体的各种物理参数都随时间与空间发生随机的变化。由于湍流运动的特性标尺均很小，在求方程的数值解时必须将求解区域划分成许多网格，目前因计算机的存储量和计算时间的限制还不能做到。目前工程上处理湍流所采用的基本方法是雷诺(Reynolds)时均方程法。湍流量的瞬时值总可以分解为该量的平均值和脉动值的线性叠加，这就是所谓的雷诺分解。湍流模型的基本点在于利用某些模拟假设，将雷诺时均方程中的高阶未知量关联项用低阶关联项或时均量来表达，从而使方程组封闭。由于工程中关注的是时均速度场、温度场及浓度场等参数，所以湍流模型的方法能够满足工程的要求。目前雷诺时均方程组的湍流封闭模型较多，其中 $k-\varepsilon$ 双方程模型在工程上的应用最广泛。$k-\varepsilon$ 双方程模型分为标准 $k-\varepsilon$ 模型、RNG $k-\varepsilon$ 模型和带旋流修正的 $k-\varepsilon$ 模型。

1)标准 $k-\varepsilon$ 模型

标准 $k-\varepsilon$ 模型是一个半经验公式，主要基于湍流动能和扩散率。k 方程是一个精确方程，ε 方程是一个由经验公式导出的方程。

湍流动能方程 k 和扩散方程 ε 分别如下：

$$\frac{\partial(\rho k)}{\partial t}+\frac{\partial(\rho u_i k)}{\partial x_i}=\frac{\partial}{\partial x_j}\Big[\Big(\mu+\frac{\mu_t}{\sigma_k}\Big)\frac{\partial k}{\partial x_j}\Big]+G_k+G_b-\rho\varepsilon-Y_M+S_k$$

$$\frac{\partial(\rho\varepsilon)}{\partial t}+\frac{\partial(\rho u_i\varepsilon)}{\partial x_i}=\frac{\partial}{\partial x_j}\Big[\Big(\mu+\frac{\mu_t}{\sigma_\varepsilon}\Big)\frac{\partial\varepsilon}{\partial x_j}\Big]+C_{1\varepsilon}\frac{\varepsilon}{k}(G_k+C_{3\varepsilon}G_b)-C_{2\varepsilon}\rho\frac{\varepsilon^2}{k}+S_\varepsilon$$

$$(4-10)$$

式中，G_k 表示由层流速度梯度而产生的湍流动能；G_b 是由浮力产生的湍流动能；Y_M 是由在可压缩湍流中过渡的扩散产生的波动；$C_{1\varepsilon}$、$C_{2\varepsilon}$ 和 $C_{3\varepsilon}$ 是常量；σ_k 和 σ_ε 是 k 方程和 ε 方程的湍流 Prandtl 数；S_k 和 S_ε 是用户定义的源项；μ_t 是湍流速度，由下式确定

$$\mu_t=\rho C_\mu\frac{k^2}{\varepsilon}$$

$$(4-11)$$

上式中的模型常量分别为 $C_{1\varepsilon}=1.44$，$C_{2\varepsilon}=1.92$，$C_\mu=0.09$，$\sigma_k=1.0$，$\sigma_\varepsilon=1.3$。

2)RNG $k-\varepsilon$ 模型

RNG $k-\varepsilon$ 模型来源于严格的统计技术。它和标准 $k-\varepsilon$ 模型很相似，但是有以下改进：RNG 模型在 ε 方程中加了一个条件，有效地改善了精度；考虑了湍流漩涡，提高了精度；RNG 理论为湍流 Prandtl 数提供了一个解析公式，然而标准 $k-\varepsilon$ 模型使用的是用户提供的常数；标准 $k-\varepsilon$ 模型是一种高雷诺数的模型，RNG 理论提供了一个考虑低雷诺数流动黏性的解析公式。这些特点使得 RNG 理论的 $k-\varepsilon$ 模型比标准 $k-\varepsilon$ 模型在更广泛的流动中有更高的可信度和精度。

RNG $k-\varepsilon$ 模型方程如下：

$$\frac{\partial(\rho k)}{\partial t}+\frac{\partial(\rho u_i k)}{\partial x_i}=\frac{\partial}{\partial x_j}\Big(\alpha_k\mu_{\text{eff}}\frac{\partial k}{\partial x_j}\Big)+G_k+G_b-\rho\varepsilon-Y_M+S_k$$

$$\frac{\partial(\rho\varepsilon)}{\partial t}+\frac{\partial(\rho u_i\varepsilon)}{\partial x_i}=\frac{\partial}{\partial x_j}\Big(\alpha_\varepsilon\mu_{\text{eff}}\frac{\partial\varepsilon}{\partial x_j}\Big)+C_{1\varepsilon}\frac{\varepsilon}{k}(G_k+C_{3\varepsilon}G_b)-C_{2\varepsilon}\rho\frac{\varepsilon^2}{k}-R_\varepsilon+S_\varepsilon$$

$$(4-12)$$

式中，α_k 和 α_ε 是 k 方程和 ε 方程的湍流 Prandtl 数；S_k 和 s_ε 是用户定义的源项；模型常量 $C_{1\varepsilon}=1.42$，$C_{2\varepsilon}=1.68$。

3)k-ε 模型中湍流浮力的影响 k-ε 模型

当重力和温度出现在模拟中时，FLUENT 软件中 k-ε 模型在 k 方程中考虑到了浮力的影响，在 ε 方程中考虑了。

浮力由下式给出

$$G_b = \beta g_i \frac{\mu_t}{\mathrm{Pr}_t} \frac{\partial T}{\partial x_i} \qquad (4\text{-}13)$$

式中，Pr_t 是湍流能量普朗特数；g_i 是重力在 i 方向上的分量。对于标准和带旋流修正 k-ε 模型，Pr_t 的默认值是 0.85。在 RNG 模型中，$\mathrm{Pr}_t = 1/\alpha$，β 为热膨胀系数。

2. 辐射模型

辐射是火灾过程中的主要传热方式之一。火焰的热辐射与火焰中介质的温度以及介质的辐射吸收和散射能力有关，而介质的辐射吸收和散射能力与辐射波长有关；另外，在火灾中任一点对空间中其他各点都有辐射换热，其中的固体壁面对辐射通常还有反射作用。这就使得对辐射换热进行精确求解相当复杂和困难。因此，实际工程应用中一般使用近似方法，通常忽略辐射强度随波长的变化等复杂因素，采用所谓的辐射换热模型方法进行数值计算。对于具有吸收、发射或散射性质的介质，在位置 $\vec{r}$ 沿方向 $\hat{s}$ 的辐射传播方程（RTE）为

$$\frac{\mathrm{d}I(\vec{r},\hat{s})}{\mathrm{d}s} + (a + \sigma_s)I(\vec{r},\hat{s}) = an^2 \frac{\sigma T^4}{\pi} + \frac{\sigma_s}{4\pi} \int_0^{4\pi} I(\vec{r},\hat{s}')\Phi(\hat{s},\vec{r}')\mathrm{d}\Omega' \qquad (4\text{-}14)$$

式中，$\vec{r}$ 为位置向量；$\hat{s}$ 为方向向量；$\hat{s}'$ 为散射方向；s 为沿程长度（行程长度）；a 为吸收系数；n 为折射系数；σ_s 为散射系数；σ 为斯蒂芬-玻尔兹曼常量[5.672×10^{-8} W/($\mathrm{m}^2 \cdot \mathrm{K}^4$)]；$I$ 为辐射强度，依赖于位置（$\vec{r}$）与方向（$\hat{s}$）；T 为当地温度；Φ 为相位函数；Ω' 为空间立体角；$(a + \sigma_s)s$ 为介质的光学深度（光学模糊度）。对于半透明介质的辐射，折射系数很重要。图 4-1 所示为辐射传热过程的示意图。

国际流行的 FLUENT 软件提供了 5 种辐射模型，用户可以在其传热计算中使用这些模型（可以包括或不包括辐射性介质）：离散传播辐射（DTRM）模型、P-1 辐射模型、Rosseland 辐射模型、表面辐射（S2S）模型和离散坐标辐射（DO）模型。

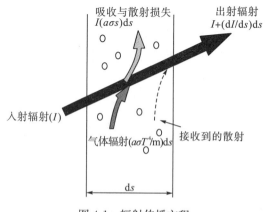

图 4-1　辐射传播方程

离散坐标辐射（DO）模型求解的是从有限个立体角发出的辐射传播方程（RTE），每个立

体角对应着坐标系(笛卡儿坐标系)下的固定方向 $\vec{s}$。立体角的离散精度由用户确定，有点类似于 DTRM 模型中的射线数目。但与其不同的是，DO 模型并不进行射线跟踪，相反，DO 模型把方程(4-13)转化为空间坐标系下的辐射强度的输运方程。有多少个(立体角)方向 $\vec{s}$，就求解多少(辐射强度)输运方程。方程的求解方法与流体流动以及能量方程的求解方法相同。DO 模型把沿 $\vec{s}$ 方向传播的辐射方程视为某个场方程。这样，辐射传播方程可化为

$$\nabla \cdot (I(\vec{r}, \vec{s})\vec{s}) + (a + \sigma_s)I(\vec{r}, \vec{s}) = an^2 \frac{\sigma T^4}{\pi} + \frac{\sigma_s}{4\pi}\int_0^{4\pi} I(\vec{r}, \vec{s})\Phi(\vec{s}, \vec{s}')\mathrm{d}\Omega' \quad (4\text{-}15)$$

3. 燃烧子模型

在隧道火灾性状的预测方面，目前大多数研究都集中在烟气传播部分，而较少注意燃烧本身，主要有以下几个方面的原因：第一，人们已经注意到了火灾中烟气对生命的威胁远大于燃烧火焰本身；第二，现有的理论用于解决烟气流动性状的预测是足够的；第三，由于燃烧过程中不仅存在着化学反应-湍流-热辐射-浮力交互作用，还存在着裂解、气化等极难模拟的现象，要很好地模拟燃烧过程，目前还存在较大的难度。火灾的危害主要表现在高温、烟气毒害和缺氧等几个方面，燃烧过程是产生这些危害因素的源泉。燃烧模型的计算结果为烟气的流动性状预测及温度场计算等提供了求解条件。因此，燃烧模型在火灾模型中占有基础性的地位。

在燃烧过程的模拟方面，不少学者做出了努力，建立了燃烧、辐射放热和炭黑形成等分过程模型。应用比较多、具有代表性的有体积热源(VHS)模型、涡耗散(EBU)模型、涡耗散概念(EDC)模型和假定概率密度函数(PrePDF)模型。

1)体积热源模型

体积热源模型是最简单的燃烧模型。该模型不考虑化学反应过程，而是设定一个与火源相当的热释放率 Q，将火源模拟成具有固定体积的热源，并认为火势不会蔓延。Q 可用下式表示：

$$Q = \delta \bar{H}\dot{m}$$

式中，Q 为燃烧产生的热释放率；$\dot{m}$ 为可燃物的质量燃烧速率；$\bar{H}$ 为空间内可燃物的平均热值；δ 为燃烧效率因子，它反映了燃烧的不完全程度。

由于式中 δ、$\dot{m}$ 都随火灾过程的发展而变化，难以确定，火灾中可燃物组分的变化很大，其平均热值 $\bar{H}$ 也不是固定不变的。因此，直接利用该式进行模型计算存在着较大的困难。一般根据实验数据将热释放率拟合成时间的函数。最基本的火源形式有：①稳态火源，按受限空间中可能出现的最大释热率计算，它代表了该空间中可能发生的最严重的火灾情况；②指数火源，实验证明了大多数物品在燃烧初期及衰退期热释放率大体遵循时间的指数规律，一般用时间的二次方程 T^2 描述火源。在这两种基本火源形式的基础上进行分段、叠加、组合或综合处理，就可形成其他火源形式。

燃烧过程中产生的组分的质量生成率，一般以 Q 为基础按比例关系处理，可用如下公式表示：

$$M_{i,c} = \gamma_{i,c}Q$$

式中，M 为某种成分的质量生成率；γ 为经验常数；下标 i 和 c 分别表示组分和燃烧。需要考虑多少种组分，就有多少个 γ。

体积热源模型简单易行，能简化计算过程，减少计算量，基本满足火灾危险分析的要求，但也存在着明显的局限性："体积固定而且火势不会蔓延"这一假定本身与实际的火灾是不相符的；稳态火源用于火灾盛期是合适的，但不管采用平均值还是峰值，稳态火源用于火灾增长期及衰退期显然是不合理的；T^2 火源只适用于火灾发展的初期，当火灾发展过程较长，火区情况较复杂时，T^2 火源明显偏离实际的火源释热率，可以考虑用高次方程来描述。

2)涡耗散模型

涡耗散模型最早是由 Spalding 提出的，后来经过 Magnussen 和 Hjertage 的进一步发展，成为目前应用较为广泛的一种燃烧模型，如著名的场模拟软件 PHOENICS 中的燃烧模型的核心部分就是该模型。该模型可以应用于预混、部分预混和非预混燃烧，并尝试解决湍流混合与化学反应速率耦合问题。在模型中，化学反应机制必须明确加以定义，它可以是简单反应也可以是多步反应，并假定在同一点上燃料和氧化剂同时存在时，化学反应在瞬间完成(无限快)。该模型以反应物与产物浓度的组分传输方程的求解为基础。燃烧对流动的影响在组分输运方程和能量方程的源项中加以考虑，如下式：

$$\frac{\partial(\rho \mu_j \phi)}{\partial x_j} = \frac{\partial}{\partial x_i}\left[\Gamma \frac{\partial \phi}{\partial x_i} - \overline{\rho \mu' \phi'}\right] + S_\phi \tag{4-16}$$

式中，ϕ 为焓或者某种组分的浓度；源项 S_ϕ 为变量 ϕ 的源，对能量方程和组分输运方程而言，S_ϕ 分别为热释放率和在燃烧过程中组分的生成率或消耗率。

组分守恒方程如下：

$$\frac{\partial(\rho \mu_i m_{i'})}{\partial x_i} = -\frac{\partial}{\partial x_i} J_{i',i} + R_{i'} + S_{i'} \tag{4-17}$$

式中，$R_{i'}$ 为化学反应过程中物质生成或消耗的速率，$R_{i'} = \sum R_{i',k}$，可通过漩涡耗散模型来计算；$S_{i'}$ 为从分散相中增加的质量速率；$J_{i',i}$ 为组分 i' 由于浓度梯度产生的扩散流通量。

涡耗散模型将化学反应速度和包含产物与生成物的湍流漩涡的耗散率联系起来。湍流漩涡耗散速率和动力耗散与动能的比值 ε/k 成比例。该模型的优势是抓住了湍流脉动时间对反应率的影响这一关键因素，其缺点是假定了无限速化学反应，虽然引入了动力学反应时均速度，但事实上不能表达有限速度化学动力学反应。

3)涡耗散概念模型

涡耗散概念模型是涡耗散模型的扩展，它假定反应发生在小的湍流结构中，称为良好尺度。该模型能在湍流反应流动中合并详细的化学反应机理。但是，典型的机理具有不同的刚性，它们的数值积分计算开销很大。因而，只有在快速化学反应假定无效的情况下才能使用这一模型，如在快速熄灭火焰中缓慢的 CO 烧尽、在选择性非催化还原中的 NO 转化。

4)假定概率密度函数模型

假定概率密度函数模型是一种混合物组分分数方法，该模型常采用一假定的形式概率密度函数来重点解决湍流-化学反应交互作用。假定概率密度函数模型是以一两个守恒标量(混合物组分分数和或其方差)的输运方程的求解为基础的。化学反应过程用平衡模型来模拟，假定化学反应足够快使平衡保持在分子水平。用基于最小吉布斯(Gibbs)自由能的算法，从混合物组分分数计算确定混合物成分。对于人们关心的某些个别组分的浓度，可通过预测混合物组分分数的分布来得到。假定概率密度函数模型能够解决湍流-化学反应的交互作用。

　　假定概率密度函数模型考虑了湍流和化学反应交互作用中产生的中间产物形式、离解效应和耦合作用，省去了许多成分的输运方程的求解，节省了大量的计算量。该模型假定反应很快达到平衡状态，而烃类和 CO 燃烧、氮氧化合物生成等反应都处于不平衡状态，因而实际上也不能模拟有限速度化学反应动力学。另外，该模型也不能计算多组分反应。

　　建立模型的目的并不在模型本身，而是更好地把握火灾规律，用以指导性能化设计，使人们在对抗火灾的行动中获得更有利的地位。从有用性这一工程学的观点出发，在模型中采用适当的简化，在可接受的精度范围内，方便、快捷地计算出合理的预测结果是可取的，也是非常必要的。以上几种具有代表性的燃烧模型都有各自的优缺点，因此很难说哪种模型更优越。

4.3　隧道火灾 CFD 求解方法

4.3.1　控制方程的通用形式

　　为了便于对各控制方法进行分析，并用同一程序对各控制方程进行求解，可建立各基本控制方程的通用形式。

　　比较前文中的基本控制方程，可以看出，尽管这些方程中因变量各不相同，但它们均反映了单位时间单位体积内物理量的守恒性质。如果用 ϕ 表示通用变量，则上述各控制方程都可以表示成以下的通用形式：

$$\frac{\partial(\rho\phi)}{\partial t} + \mathrm{div}(\rho\vec{u}\phi) = \mathrm{div}(\Gamma\mathrm{grad}\phi) + S \tag{4-18}$$

其展开形式为

$$\frac{\partial(\rho\phi)}{\partial t} + \frac{\partial(\rho u\phi)}{\partial x} + \frac{\partial(\rho v\phi)}{\partial y} + \frac{\partial(\rho w\phi)}{\partial z} = \frac{\partial}{\partial x}\left(\Gamma\frac{\partial\phi}{\partial x}\right) + \frac{\partial}{\partial y}\left(\Gamma\frac{\partial\phi}{\partial y}\right) + \frac{\partial}{\partial z}\left(\Gamma\frac{\partial\phi}{\partial z}\right) + S$$

$$\tag{4-19}$$

式中，ϕ 为通用变量，可以代表 u、v、w 和 T 等求解变量；Γ 为广义扩散系数；S 为广义源项。

4.3.2　建立离散方程的方法

　　虽然建立了火灾湍流运动的控制方程，但由于控制方程组的非线性及各方程之间的强烈耦合性，所以难以用解析法求解，只能用数值离散方法进行迭代求解。常用的离散方法有有限差分法(Finite Differernce Method，FDM)、有限元法(Finite Element Method，FEM)和有限体积法(Finite Volume Method，FVM)，其中有限体积法是近年来发展非常迅速的一种离散方法，它具有计算效率高的特点，不仅表现在对控制方程的离散结果上，还表现在所使用的网格上，在 CFD 领域得到了广泛应用。FLUENT 软件在计算中采用了有限体积法。

　　有限体积法又称控制体积法，其基本思路如下：将计算区域划分为网格，并设每个网格点周围有一个互不重复的控制体积；将待解微分方程（控制方程）对每一个控制体积积分，从而得出一组离散方程，其中的未知数是网格上的因变量 ϕ。为了求出控制体积的积分，必须假定 ϕ 值在网格点之间的变化规律。从积分区域的选取方法来看，有限体积法属于加权余量法中的子域法，从未知解的近似方法来看，有限体积法属于采用局部近似的离散方法。简言之，子域法加离散，就是有限体积法的基本方法。

1. 计算区域的离散化

计算区域离散化的实质就是用有限个离散点来代替原来的连续空间。其主要步骤如下：①把所有计算的区域划分成多个互不重叠的子区域，即计算网格，然后确定每个子区域中的节点位置及该节点所代表的控制体积；②将控制方程在每个控制体积上积分（积分时要用到界面处未知量 ϕ 及其导数的插值计算公式，即离散格式），得到离散后的关于节点未知量的代数方程组；③求解代数方程组，得到各计算节点的 ϕ 值；④通过对控制方程积分后整理可得到离散方程。

2. 通用方程的离散化

有限体积法的关键一步是在控制体积上积分控制方程，以在控制体积节点上产生离散方程。对一维问题的控制方程的控制体积进行插值，可得离散方程。有限体积法最显著的特点之一是离散方程中具有明显的物理插值，即界面的物理量要通过插值的方式由节点物理量来表示，并且在不同情况下可考虑不同的插值方法，如中心差分格式、指数格式等。

4.3.3　离散方程的基本解法

对离散后的控制方程组的求解方法可分为耦合式解法和分离式解法。

1. 耦合式解法

耦合式解法求解离散化的控制方程组，并联立求解各变量。耦合式解法可分为所有变量整场联立求解（隐式解法）、部分变量整场联立求解（显隐式解法）和在局部地区（如一个单元上）对所有变量联立求解（显式求解）。当计算中流体的密度、能量和动量等参数存在相互依赖关系时，采用耦合式解法具有很大优势。

2. 分离式解法

分离式解法不直接解联立方程组，而是顺序、逐个地求解各变量代数方程组。依据是否直接求解原始变量，可分为原始变量法和非原始变量法。

非原始变量法有涡量-速度法和涡量-流函数法两类。原始变量法包含的解法较多，常用的有解压力泊松方程法、人为压缩法和压力修正法。目前工程上使用最为广泛的流场数值计算方法是压力修正法。

压力修正法的实质是迭代法，有多种实现方式。其中，压力耦合方程组的半隐式方程 SIMPLE、SIMPLEC 算法应用最广泛，也是各种商用 CFD 软件普遍采纳的算法。它的基本思想可描述如下：在每一个时间步长的运算中，先给出压力场的初始猜测值，并求解离散形式的动量方程，得出速度场。因为压力场是假定的或不精确的，这样，由此得出的速度场一般不满足连续方程，因此，必须对给定的压力场加以修正。修正的原则如下：与修正后的压力场相对应的速度场能满足这一迭代层次上的方程的离散形式，从而得到压力修正方程，由压力修正方程得出压力修正值。接着，根据修正后的压力值，求得新的速度场。然后，检查速度场是否收敛，若不收敛，用修正后的压力值作为给定的压力场，开始下一层次的计算。如此循环往复，可得出压力场和速度场的收敛解。

4.4　隧道火灾 CFD 模拟建模方法

为了更好地开展对隧道火灾的 CFD 模拟研究，本节通过对国内外研究情况的分析，总结归纳出一些具体的隧道火灾 CFD 模拟建模方法。

4.4.1　计算软件的使用

从国内外 CFD 模拟研究的应用来看，对隧道火灾的 CFD 数值模拟研究中，使用比较多的是 PHOENICS、FLUENT 和 FDS 软件，这三种软件各有其优势：PHOENICS 软件提供了大量的算例，只需选择相近的算例，改变参数即能进行计算，非常方便；FLU-NET 软件有最好的前处理软件，几何建模能力强，并且拥有丰富的求解器和子模型库；FDS 软件是专门为火灾模拟设计的软件，虽然历史很短，但对使用者免费，拥有大量的用户，经过了许多试验的验证。对隧道火灾模拟来说，这三个软件都是适用的。

CFD 模拟的不足之处在于它对火源附近的温度场预测不太准确，今后还需要进一步完善程序的燃烧模型，合理选择湍流模型，恰当设置边界条件，并用更多完整详实的试验数据来考察验证 CFD 程序的准确性，以期更好地利用 CFD 进行隧道火灾的研究。

4.4.2　建模中关键参数的处理

1. 隧道火灾热释放率的选取

火灾场景的选择是防火问题的关键，热释放率(HRR)则是其中最重要的火灾参数。国外进行了许多实体隧道火灾试验，通过试验测定了在不同通风工况下，不同车辆起火燃烧的热释放率曲线，隧道火灾数值模拟中设定的 HRR 值正是以这些试验结果为基础。从模拟的火灾 HRR 最大值上来看，目前的数值模拟研究主要集中在 50MW 以下，对 50MW 以上的大型隧道火灾模拟研究很少。从火源 HRR 与时间的关系上来看，许多研究中，将火源看成是稳态火源，即 HRR 值不随时间变化，始终保持在一个设定的值；也有研究以试验得到的曲线为参考，将 HRR 简化为随时间变化的 T^2 曲线或线性变化曲线，研究火灾初期隧道内各场随时间的动态变化情况。对火源 HRR 的设定，与数值模拟研究的主要内容有关。例如，若主要研究的是烟气回流情况或临界风速的大小，则多设定为稳定功率的 HRR；若要研究隧道内的温升-时间关系、化学物浓度变化或烟气扩散情况，则可进行瞬态模拟，设定 HRR 为 T^2 曲线或线性变化曲线，也可完全按试验所得曲线设定。

2. 隧道的计算范围

不管是地铁隧道、山岭公路隧道还是越江、跨海隧道，从几何形状上来说，隧道都是一个狭长的呈管状的结构体。隧道内某个部位发生火灾，除了烟气能扩散到比较远的地方外，温度场、压力场等都仅在离火源较近的影响范围内发生较大的变化，隧道内远离火源的部分，受火灾的影响较小。CFD模拟计算要求火源附近的网格要很细，而且网格的疏密不能相差过大，如果要对长度很长的隧道全长进行建模，必然网格数很大，造成计算时间过长的问题；而且隧道长度超过一定范围后，会每隔一定距离设置联络通道，这时的通风设备也是按区段设置的。因此，隧道的计算长度不必取得太长。从所分析的资料来看，如果主要研究纵向风速对火灾的影响、烟气回流或临界风速等内容，隧道的计算长度一般取为100~200m；如果计算中要考虑联络通道，一般取包括一个联络通道的区段长度；对于通风方式的研究，一般取包含相关通风装置的一个典型区段长度；公路隧道本身长度在500m以下时，或者对地铁区间隧道火灾进行模拟时，也有取隧道全长的情况。总体来说，待模拟的计算长度应由隧道的总长和火焰影响区来决定，在长隧道中可以只模拟一短段隧道，一般都不会超过1km。

如果隧道断面是轴对称的，而且发生的火情也是轴对称的，可以只模拟1/2的隧道，这是合理的，所要求的计算量也会相应减少。

3. 边界条件的处理

从分析的资料来看，几乎所有的研究都将隧道的进口和出口设为速度边界条件或压力边界条件；隧道衬砌一般为混凝土材料，厚度为30~100cm，对隧道壁面边界的处理主要有下述三种处理方法。

①将隧道壁面简化为绝热壁面，不考虑壁面与火灾高温烟气的热交换，这种简化显然不符合真实情况，对近隧道壁面的温度预测是不准确的。

②将隧道壁面简化为温度边界条件，并认为在整个计算过程中，隧道壁面保持恒温。这种假设虽然考虑了壁面与高温烟气的热交换，但显然在火灾过程中壁面的温度是会上升的，而且在火源附近的壁面温度上升幅度很大（可引起结构破坏和损伤）。因此这种假设也偏离了实际情况。

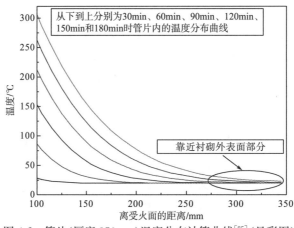

图 4-2　管片（厚度 350mm）温度分布计算曲线[85]（见彩图）

③比较好的处理是假设隧道衬砌的外表面是恒温的(温度边界)，并假设衬砌内为一维热传导，通过计算可以得到衬砌内表面的温度(隧道壁面)，由于混凝土是热的不良传导体，实际衬砌厚度一般都比较大，通过传热计算[85]得到的结果与此较接近，衬砌外表面温度变化幅度较小，因此，相对来说，这样的处理是比较符合实际情况的。

对隧道壁面，还要考虑与壁面摩擦有关的粗糙度系数，从调研的文献来看，研究中考虑的隧道壁面粗糙系数取值为 0.01～0.03。采用壁面函数法近似模拟近壁流态。

4. 燃烧、湍流和辐射子模型的选择

国内外大多数相关研究都集中在烟气传播流动方面，较少关注具体的燃烧，这是因为燃烧过程本身十分复杂，除存在着化学反应-湍流-热辐射-浮力交互作用外，还存在着裂解、气化等难模拟的现象，要很好地模拟燃烧过程存在较大的难度。国内外开展的隧道火灾数值模拟研究中，采用体积热源(VHS)模型的占了很大比例，当采用 VHS 模型时，对 HRR 的设定可对照相关试验所得结果来处理。但是，对于火灾对氧气的消耗和燃烧产物(CO_2、NO)的生成量，因为大多数实体试验结果都没有提供，很难取一个合适的值或曲线进行设定。一般来说，采用 VHS 模型的研究中，多数没有考虑多组分的混合，只是假设隧道内只有一种气体，即空气存在；也有少数研究采用 VHS 模型，将体积热源也当氧气的消耗源和 CO_2、NO 的释放源来处理，对烟气各组分的浓度进行了研究。EBU、EDC 和 PrePDF 燃烧模型在不同研究中都有被采用，总体来说，采用这些考虑具体燃烧过程的模型，对火源和燃烧产物的模拟更加符合真实情况，但仍不能完美地模拟燃烧过程，模拟时需要选取发生燃烧的特定燃料，而且要求火源的网格更加精细，计算时间更长。模拟具体的燃烧时，可用若干附加公式来表述燃料、氧化剂和燃烧产物，但是无法控制燃烧的速度和燃烧的效率，从而导致过高的温度。

湍流模型只在 CFD 场模型中才会出现。在 CFD 模拟中，应用比较多的是经过浮力修正的 k-ε 两方程模型，在 CFD 软件中提供了类似的模型。同时，CFD 模拟中也采用大涡模拟(LES)模型来研究，大涡模拟可以克服 RANS 方法的不足，为研究隧道火灾瞬时特性提供了可行的办法，但是大涡模拟理论的亚格子模型还不够完善，在这方面还需要进一步深入的研究。

在火灾所产生的热量中，大约有 30% 可以靠辐射传给邻近的壁面，这种效应可以在辐射模型中进行考虑，也可以通过其他方法进行简化。从调研的文献来看，较简单的方法是加强壁面的传热，或减少火焰能量的输出，这可以解决火源处的辐射损失，在这种考虑中，辐射现象就不再考虑；也可以直接引入辐射模型(如 DO 模型)，在隧道火灾数值模拟计算中是比较常见的。

4.5　利用 CFD 软件确定火灾场景

本节以实际的公路隧道为背景，应用 CFD 软件 FLUENT6.2，模拟分析火灾规模和通风速度对公路隧道火灾温度场的影响规律。

设公路隧道全长 2785m，为双车道，隧道两侧是乳白色的卡索板(一种装饰板)，里面藏着消防、照明和给排水等管线，这种新型材料具有很强的阻燃性，顶部蓝色的防火板能在 1500℃左右的高温下不变形，耐火等级达到一级。隧道采用纵向通风方式，污染空气分别从隧道东西端车辆驶出洞口附近的风塔内，由排风机集中高空排放。

4.5.1　模型的建立

1. 火灾规模和热释放曲线的选取

国内外进行的火灾试验表明，不同车辆在隧道内燃烧可达到的最高温度和最大热释放率是不同的。因此，在选定火灾热释放率时，应根据隧道的实际交通组成和交通量等情况，确定隧道内可能发生的实际情况(如小汽车火灾、公共汽车火灾、载货卡车火灾或者油槽车火灾等)，进而确定隧道内可能达到的最高温度及最大热释放率或选定合适的火灾曲线。参考文献[6]和其他学者提供的建议值(见表 4-1)，考虑到隧道通行车辆的实际情况，隧道主要通行小轿车、公交车和大巴车，不允许油罐车通行，拟定的热释放曲线如图 4-3 所示，采用 T^2 热释放曲线模型，分别对单辆和多辆汽车发生火灾的场景进行了设定。

表 4-1　热释放率参考建议值与选取值

交通工具 类型	热释放速率 Q_{max}/MW (括号中为计算中取值)	$\alpha_{g,q}$/(MW/min^2)	t_{max}/min	对应图 4-3 中 曲线编号
小轿车	4～10(取 5)	0.036	10	1
公交车或巴士	30(取 30)	0.36	10	3
2～3 辆小轿车	8～12(取 10)	——	5	2
多辆公交车或巴士	>30(取 50)	——	5	4

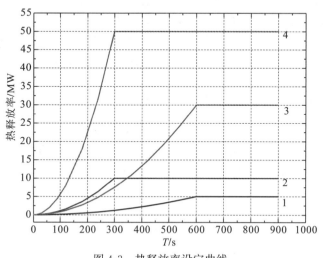

图 4-3　热释放率设定曲线

1. 小轿车；2. 2～3 辆小轿车；3. 公交或巴士；4. 多辆公交车或巴士

2. 火源的处理

描述 CFD 模型中的火源有许多方法，如果引起火灾的燃烧物是已知的，如采用特定燃料的油池火灾，就可以利用一个燃烧反应模型详细地描述火灾以及产生的烟气，也就是模拟燃烧的方法。应该注意，就燃烧模型正确预测的能力而言，这种方法可能产生一些附加的不确定因素。常见的错误是可能无法预测燃烧的效率，从而导致过高的温度。CFD 模型中有几种燃烧模型，但它们未必会产生相同的结果，而且许多时候，引发火灾的燃烧物是不同的，不具有代表性。本模拟不考虑具体的燃烧过程，将火源简化为一个固定体积的热源，即采用 VHS 模型，热释放曲线按图 4-3 中设定；由于研究重点主要是火灾中的发展和稳定阶段对隧道和人类造成危害，而且采取不同消防措施和及时程度对热释放曲线影响很大，因此本节没有考虑火灾衰减阶段。

3. 几何模型

取圆隧道段进行分析，由于上下层隧道的尺寸与形状不同，计算时应分别建立模型。计算长度均取 100m，火源中心距上游 30m，下游 70m。

几何模型如图 4-4 所示。其中上层隧道计算长度内网格数为 130042 个；下层隧道计算长度内网格数为 166060 个。上层隧道火源的体积为 3m×1.5m×1.5m（长×宽×高），下层隧道火源的体积为 10m×2.5m×3m（长×宽×高）。图中注明火源处为模型中设定的火源体积范围。

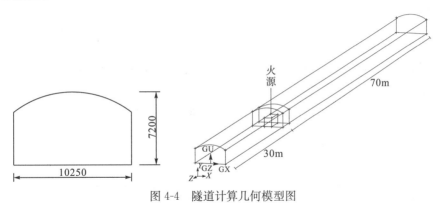

图 4-4　隧道计算几何模型图

4. 边界条件

隧道衬砌壁的壁面粗糙系数取 0.01m，考虑壁面的一维热传导作用，传热范围认为可到达厚度为 0.5m 处；厚度 0.5m 处，保持恒温 17℃。空气的比热容和导热系数不随温度的变化而变化，取为常数。其他参数设置如下：常温下空气密度为 1.22kg/m³；重力加速度为 9.80m/s²；外界空气（绝对）压力为 1.013×10⁵Pa；通风空气温度为 27℃；隧道壁混凝土导热系数为 1.209 W/(m·K)；隧道壁混凝土比热容为 1100 J/(kg·K)；空气的导热系数为 0.0242 W/(m·K)；空气的比热容为 1006.43 J/(kg·K)。

在模拟中采用分离式解法中的 SIMPLE 算法来处理速度和压力的耦合；隧道发生火灾时，在温度传递的过程中，辐射传热的作用也是非常明显的，在进行计算时，需考虑辐射模型，可以 DO 辐射模型来进行辐射传导计算。

5. 计算工况

考虑了四种不同纵向通风风速下的温度场分布规律，具体的工况设计见表 4-2。

表 4-2　计算工况表

火灾规模/MW	纵向通风风速/(m/s)	工况号
5	0.5、1.5、3、5	1、2、3、4
10	0.5、2、3、5	5、6、7、8
30	0.5、2、3、5	9、10、11、12
50	0.5、2、3、5	13、14、15、16

6. 准稳态和准稳态时刻

尽管所有工况采取的都是瞬态计算求解器，但是从计算结果来看，由于设定的热释放曲线在设定时刻后保持常数值，隧道内的温度场分布也均在某一时刻后基本保持稳定，为了区别稳态的概念，本书中将这一时刻称为准稳态时刻，与之相对应的状态称为准稳态。

4.5.2　隧道内温度场的分布特征

图 4-5 所示为工况 2(500s、600s 和 700s 时)以及工况 11(500s 时)的温度为 500K 的三维等温面。从图中可看出，发生火灾时，隧道内的温度场空间分布极为复杂，等温面为形式各异的多面曲面；而且火灾规模和通风速度都会影响温度场的扩散范围和形状。这就需要多角度地对比分析，才能较为全面地把握火灾的温度空间分布变化规律。本节将分别从纵断面、横断面和温度场的扩散范围来分析温度场空间分布规律。

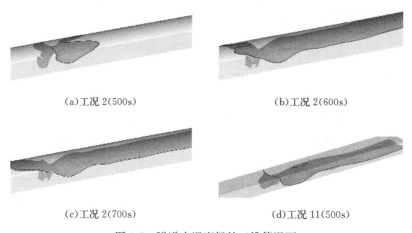

(a)工况 2(500s)　　　　　　　　(b)工况 2(600s)

(c)工况 2(700s)　　　　　　　　(d)工况 11(500s)

图 4-5　隧道内温度场的三维等温面

1. 纵断面温度场

1)通风、火灾规模与纵向拱顶最高温度 T_{max} 的关系

如图 4-6 所示，拱顶最高温度在相同的通风速度下，随着火灾规模的增大而增大，在相同的火灾规模下，随着通风速度的增加而减小，在通风速度为 3m/s 以下时，递减的

梯度较大，而通风速度大于 3m/s 时，递减的梯度开始减小。在自然通风状态下（0.5m/s），拱顶的最高温度分别为 777℃（5MW）、1217℃（10MW）、1737℃（30MW）和 2508℃（50MW），上述结果比本书第 3 章相关案例研究中相同等级的火灾规模下的最高温度还要大，而当通风速度在 1.5m/s 或 2m/s 时，对应的最高温度分别为 412℃（5MW）、732℃（10MW）、698℃（30MW）和 1210℃（50MW），这时与案例研究的结果比较接近。考虑到实际公路隧道火灾事故和试验中，通风速度一般也为 1～3m/s。

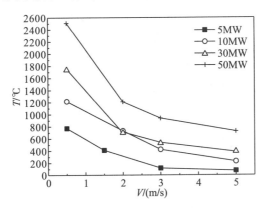

图 4-6　不同工况下的拱顶最高温度图

由于考虑的火灾规模都在 50MW 以下，属于中小型火灾规模，从图 4-7 可以看到，不同通风速度下拱顶最高温度 T_{max} 与通风速度为 0.5m/s 下温度 $T_{0.5m/s}$ 的比值，随着通风速度的增加而不断减小，这与案例研究得到的规律相同；$T_{max}/T_{0.5m/s}$ 减小的梯度，在通风速度小于 3m/s 时比较大，减小的速度比较快，而在大于 3m/s 时梯度变小，$T_{max}/T_{0.5m/s}$ 值缓慢地减小。可以用式（4-20）（数据拟合）或式（4-21）（取上限，从安全角度考虑）描述两者的关系

$$T_{max}/T_{0.5m/s} = 0.94 - 0.17V \tag{4-20}$$

$$T_{max}/T_{0.5m/s} = 1.079 - 0.158V \tag{4-21}$$

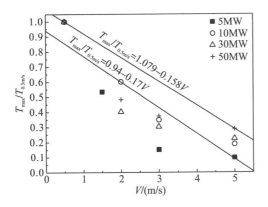

图 4-7　通风速度与拱顶最高温度的关系

2）通风、火灾规模与拱顶纵向温度分布的关系

首先定义 $(T-T_0)/(T_{max}-T_0)$ 为纵向温度相对比，其中 T 为沿隧道轴向的拱顶处

的温度，T 代表环境温度，具体为 27℃，T_{max} 代表拱顶最高温度。

　　将纵向分布的原点都移到拱顶最高温度所在位置处。不同工况下的温度相对比和到最高温度点距离的关系（纵向分布）如图 4-8 所示，从图中可以看出，通风速度和火灾规模对纵向分布的影响很大，影响关系也很复杂。

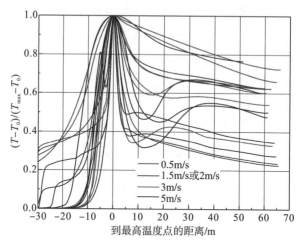

图 4-8　不同工况下拱顶纵向温度相对比分布情况（见彩图）

　　（1）对火区上游的影响。如图 4-9 所示，在火区上游部分，当通风速度很小时（0.5m/s），纵向分布从入风口处大于 0.2 开始平缓地上升，朝火源方向上升的梯度逐渐增大，增长速度也越来越快；当通风速度较小时（1.5m/s 或 2m/s），风速仍未达到临界风速，隧道上游仍有明显的回流现象，此时，纵向分布从入风口处开始，从 0 迅速增长到一定大小（0.1～0.2），然后平缓地上升，朝火源方向上升的梯度逐渐增大，增长速度也越来越快，直到最高温度所在位置。在靠近最高温度处 10～20m 的部分，在同一通风速度下，火灾规模越大，纵向温度相对比越大：在图 4-10 中，纵向分布靠近上方；在图 4-9 中，风速小（0.5m/s）的纵向分布靠上，而风速较大（1.5m/s 或 2m/s）的纵向分布靠下。

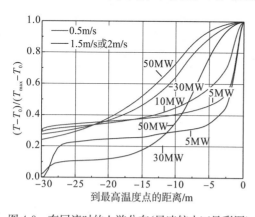
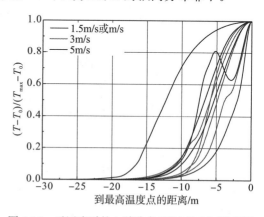

图 4-9　有回流时的上游分布（风速较小）（见彩图）　　图 4-10　无回流时的上游分布（风速较大）（见彩图）

　　如图 4-10 所示，在火区上游部分，当通风速度较大时（超过临界风速），从入风口往内 7～12m 距离内，拱顶温度和入风的风流温度相同，此时纵向温度相对比为 0，在图中为一条通过原点的水平线，然后朝火源方向开始上升，上升的梯度逐渐增大，增长速度也越来越快(可能会出现反弯点)。此时,在风速相同的情况下,火灾规模的大小与纵向分布的上下的相对位置的关系并无特定的规律可循。在图 4-10 中,通风风速越大的纵向分布越靠上,这也说明在隧道内烟气回流得到控制的情况下,通风速度的变化对纵向分布有直接的影响。

尽管火灾规模和通风速度对火区上游的拱顶纵向分布都有影响,但是这种影响的规律性比较复杂,很难把握,而且不同工况下火区上游的拱顶纵向分布形态多样,因而很难通过具体的函数进行描述。

(2)对火区下游的影响。如图 4-11 所示,在火区下游,当通风风速较小时,拱顶纵向分布从最高温度所在处急剧下降,沿着出口方向逐渐减小,慢慢趋向有一定斜率的直线;不同风速下,不同工况的纵向分布后段趋向于直线的部分斜率;同一风速下,一般火灾规模比较大的纵向分布比较靠上。如图 4-12 所示,风速较小时纵向分布比较接近指数衰减($Y = A_1 e^{x/t_1} + A_2 e^{-x/t_2} + Y_0$),对纵向分布进行拟合,发现拟合曲线和原拱顶纵向分布非常吻合。

如图 4-12 所示,在火区下游,当通风风速比较大时,纵向分布的初始部分和风速较小时相似,都接近指数衰减,但是由于风速的增加,纵向分布的中后部出现了波浪线的起伏特征,这是由于热烟气被快速的通风气流吹斜,但在沿途运动过程中又因为强烈的浮力效应而逐渐上升;风速越大,这种波浪起伏的特征越明显,波浪的跨度和起伏量也越大。在风速较大的情况下,火灾规模的大小和纵向分布的形态似乎也没有什么规律可循。

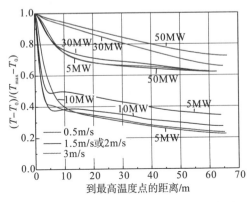

图 4-11　下游纵向分布(风速较小)(见彩图)

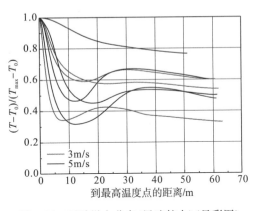

图 4-12　下游纵向分布(风速较大)(见彩图)

(3)距拱顶最高温度处的距离 L_{tot}(拱顶温度降到环境温度时)。由于模拟选取的计算长度只有 100m,模拟所得的沿着轴向的拱顶温度并未降到环境温度(27℃),所以纵向分布的下游并不完整。考虑通风速度较小时,拱顶纵向分布与拟合的指数衰减曲线比较吻合(如图 4-13 所示),而在风速较大时,拱顶纵向分布的尾部较接近于一定斜率的直线,因而通过延长和拟合曲线的方法可以近似得到 L_{tot} 的大小(图 4-14)。

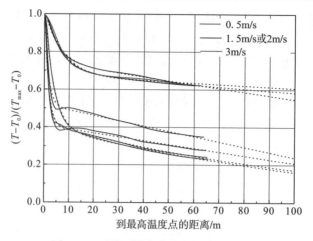

图 4-13　对拱顶纵向分布的拟合（见彩图）

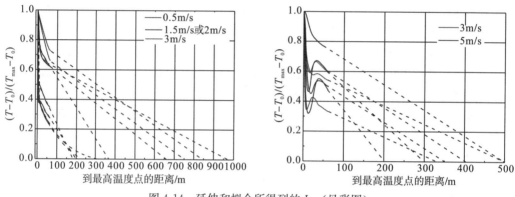

图 4-14　延伸和拟合所得到的 L_{tot}（见彩图）

火灾规模和通风速度与 L_{tot} 的关系如图 4-15 所示。在相同的通风风速下，一般来说，火灾规模越大时，L_{tot} 越大；值得注意的是，在 5MW 规模下，风速为 3m/s 和 5m/s 时比较例外，原因有待研究；在相同火灾规模下，随着通风速度的增加，L_{tot} 出现了波动现象。由于 L_{tot} 的取值是建立在延伸和拟合的基础上，并不是很严密和准确的，所以图 4-15 所反映的上述规律仅供参考。

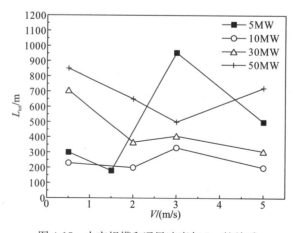

图 4-15　火灾规模和通风速度与 L_{tot} 的关系

3）用来描述拱顶下游纵向分布的公式

整合 CFD 模拟结果所涵盖的范围，可以用式（4-22）来近似地描述拱顶纵向温度场下游的分布（取上限，从安全角度考虑，如图 4-16 所示）：

$$\frac{T-T_0}{T_{\max}-T_0} = 0.521\mathrm{e}^{-0.947\frac{x-L}{L_{\mathrm{tot}}}} + 0.688\mathrm{e}^{-3\frac{x-L}{L_{\mathrm{tot}}}} - 0.203 \tag{4-22}$$

式中，T 为距离火源中心 x 处的温度；$T_{\max}$ 为最高温度；T_0 为环境温度，取 27℃；x 为距火源中心的距离；L 为最高温度点漂移的距离；L_{tot} 为温度降到环境温度时，距离最高温度所在位置的距离。

忽略温度漂移 L 的影响，式（4-22）与图 4-17 数据进行比较，可以看到用该式来描述公路隧道整个下游纵向温度场分布也是合理的，因此，建议可按式（4-22）来描述隧道起火点整个下游纵向温度场分布的情况，作为隧道结构防火设计的依据。

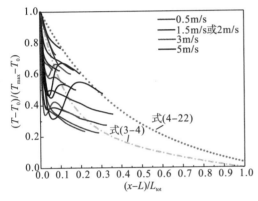

图 4-16　描述拱顶纵向分布下游的函数（见彩图）

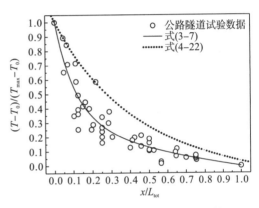

图 4-17　式（4-22）与试验数据的比较

2. 横断面温度场

1）火源距离对横断面分布的影响

在隧道横断面上设置离路面不同高度的 A、B、C、D 四个温度观测点，具体位置如图 4-18 所示，A、B 和 C 测点位于隧道横断面中轴线上，D 测点位于拱腰处。

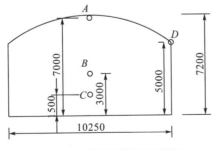

图 4-18　横断面测点布置图

在图 4-19 中，T_y/T_H 为温度范围，T_y 为任一高度 y 的温度，T_H 为拱顶的温度。对于较靠近火源中心（距火源中心 10m 和 30m）的横断面，横断面沿隧道高度方向温度差别比较大。在不同工况下，距火源中心分别为 10m 和 30m 横断面的温度范围分别为拱顶温度的 0.15 到 2.2，以及拱顶温度的 0.2 到 1.8，且隧道横断面两侧拱腰的温度常常超过拱顶的温度（两侧高温段），横断面中、下部的温度也会超过拱顶的温度；而离出口比较近、离火源中心 50m 的横断面，温度分布范围相对集中，从 0.25 左右到 1.05 左右，拱腰温度一般小于或仅略大于拱顶的温度。这说明随着离火源距离的增加，横断面的温度分布渐趋均匀。

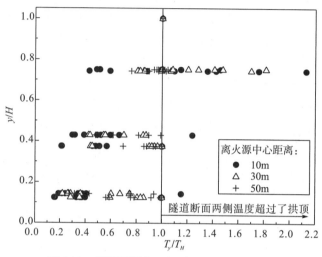

图 4-19　横断面测点 y/H 与 T_y/T_H 的关系

2）通风和火灾规模对横断面分布的影响

对于 5MW 的小规模（小汽车起火）火灾，在接近自然通风（0.5m/s）和通风速度较小时（1.5m/s），横断面内温度分布呈上高下低，拱顶和路面附近的温度相差比较大，具有明显的线性分布特征；通风速度增大到 3m/s 时，横断面内上下温度差缩小，但仍具有线性分布的特征；当通风速度增大到 5m/s 时，上下部温差进一步缩小，而且有的中下部的温度超过了拱顶，横断面分布比较均匀，此时，若再按线性分布考虑，则不太合理，可按均匀分布考虑。如图 4-20 所示，对于 5MW 规模火灾，通风速度的增大，使横断面温度分布渐趋均匀。在图 4-21 中，火灾规模为 10MW 时，通风速度对横断面温度分布的影响具有和 5MW 规模相同的规律。

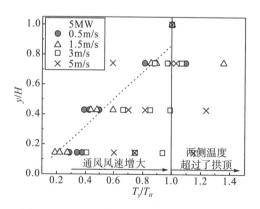
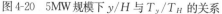

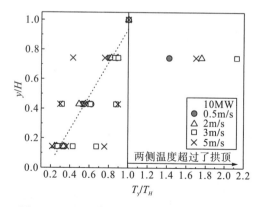

图 4-20　5MW 规模下 y/H 与 T_y/T_H 的关系　　　图 4-21　10MW 规模下 y/H 与 T_y/T_H 的关系

对于 30MW（公交车起火）和 50MW（货车起火）规模的火灾，在接近自然通风（0.5m/

s)时，由于热释放率大，隧道断面小，断面内温度很高，温度分布上下基本相同，十分均匀；随着通风速度的增大，拱腰的温度常常超过拱顶的温度，而且横断面内上下的温差也逐渐增大。

如图 4-22 和图 4-23 所示，对于大规模、小断面隧道火灾，通风速度的增加使得横断面温度分布渐趋不均匀，当通风速度达到 3m/s 以上时，可按线性分布考虑。

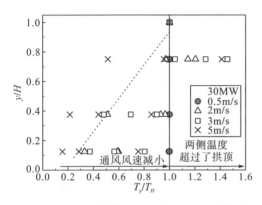
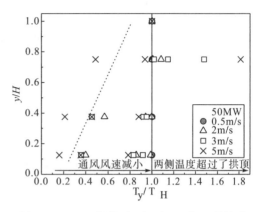

图 4-22　30MW 规模下 y/H 与 T_y/T_H 的关系　　　图 4-23　50MW 规模下 y/H 与 T_y/T_H 的关系

3)描述横断面分布的公式

本书第 3 章中介绍了用来描述公路隧道火灾温度场横向分布的方法[式(3-2)、式(3-3)和表 3-6]，本节结合 CFD 模拟的结果，考虑系数 α 和 β 对该方法进行修正，建立描述(小断面)隧道横断面分布的方法[式(4-23)、式(4-24)、表 4-3～表 4-5]。

线性分布的表达式如下：

$$\begin{cases} T_y = T_R + \dfrac{y}{H}(T_H - T_R) \\ T_R = \alpha T_H \end{cases} \tag{4-23}$$

式中，H 为隧道断面高度；y 为断面上任一点距路面的距离；T_y 为断面上距路面 y 处的温度；T_H 为断面拱顶的温度；T_R 为断面路面附近的温度；α 为系数，根据火灾规模和通风情况选取(表 4-3)。

表 4-3　α 系数建议值

α 建议值	5MW	10MW	30MW	50MW
0.5m/s	0.2	0.2	—	—
1.5m/s	0.2	0.2	—	—
3m/s	0.6	0.3	0.5	0.6
5m/s	—	—	0.3	0.4

均匀分布的表达式如下：

$$T_y = \beta T_H, \quad y < H \tag{4-24}$$

式中符号意义与式(4-23)相同；β 为系数，根据火灾规模和通风情况选取(表 4-4)。

表 4-4　β 系数建议值

β 建议值	5MW	10MW	30MW	50MW
0.5m/s	——	——	1	1
2m/s	——	——	0.7	0.8
5m/s	0.9	0.6	——	——

表 4-5　（小断面）公路隧道内温度的横向分布

序号	火灾规模	通风状况	分布模式
1		自然通风	拱顶温度最高，路面附近温度最低，按线性规律过渡，即式(4-23)
2	小汽车（5~10MW）	通风速度较小时（≤3m/s）	
3		通风速度较大时（≥5m/s）	拱顶与路面附近温度较接近，均匀分布，即式(4-24)
4		自然通风	拱顶与路面附近温度较接近，均匀分布，即式(4-24)
5	公交车(30MW)	通风速度较小时（≤2m/s）	拱顶与路面附近温度较接近，均匀分布，即式(4-24)
6		通风速度较大时（≥3m/s）	拱顶温度最高，路面附近温度最低，按线性规律过渡，即式(4-23)
7		自然通风	拱顶与路面附近温度较接近，均匀分布，即式(4-24)
8	货车(50MW)	通风速度较小时（≤2m/s）	拱顶与路面附近温度较接近，均匀分布，即式(4-24)
9		通风速度较大时（≥3m/s）	拱顶温度最高，路面附近温度最低，按线性规律过渡，即式(4-23)

3. 升温曲线

工况 1~工况 16，下游离火源中心 10m 和 50m 的 A、B 测点的温度随时间的变化关系如图 4-24 所示，升温曲线包括了发展阶段和稳定阶段，曲线形态和所设定的热释放曲线相同，斜率从 0 开始不断增大，当热释放率达到峰值后，斜率开始下降，温度缓慢上升，最后达到稳定。与标准的火灾曲线进行对比，发现除了 30MW（0.5m/s）和 50MW（0.5m/s、2m/s）的情况外，都包含在 HC_{inc} 曲线以下，因此，对一般的中小规模的火灾，按 HC_{inc} 曲线设计是比较合理的。

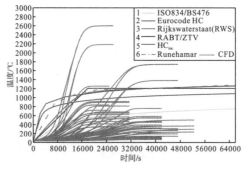

图 4-24　A、B 测点升温曲线与标准曲线对照（见彩图）

对于靠近出口处的断面，下部的温度升温过程略滞后于上部，如图 4-25 所示，工况 14～工况 16，上部的 A 测点的升温曲线与下部的 B 测点的升温曲线始终保持一定的时间间隔，从中也可以看出，靠近出口的断面，横断面内温度分布比较均匀，上部和下部温差较小；随着通风速度的增大，温度不断下降。

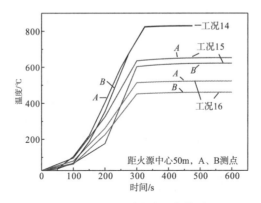

图 4-25　A、B 测点升温曲线对比

综上可以看出，基于 CFD 计算理论及其软件，在考虑各种通风速度和火灾规模条件下，如果各项参数齐全，也可以得到隧道内部的温度场，从而为衬砌结构防火设计提供理论支撑。

第5章 衬砌结构火灾损伤

公路隧道衬砌结构一般采用素混凝土、钢筋混凝土和盾构管片等形式，其材料构成主要是混凝土与钢筋。发生火灾时，衬砌结构在高温下被破坏的过程如下：衬砌结构的损坏首先表现为混凝土材料的损伤与爆裂，然后才是构件内部钢筋的软化、止水橡胶的老化与融化等，最后结构体系开裂、变形和坍塌。本章主要通过混凝土试块试验分析混凝土材料在火灾条件下的损伤与破坏机理，有关钢筋的高温损伤可参见有关文献。

5.1 衬砌混凝土标准试块高温试验

目前关于隧道火灾的实例总体数量还不够多，通过现场火灾来研究火灾对混凝土衬砌结构的影响还存在诸多困难。鉴于隧道衬砌结构主要是混凝土材料，通过室内高温烧蚀混凝土试块的方法，系统地研究我国公路隧道混凝土标号为 C20～C35 的混凝土火灾损失现象与特征是可行的，同时也将为下一步衬砌结构火灾损伤评估提供基础。

衬砌结构的高温损伤试验包括试块、构件和整体结构三个层次。因整体结构火灾规模大，需要的设备要求极高，造价高昂，目前还尚未见到相关报道。当前的研究主要集中在衬砌混凝土试块与构件试验，尤以试块试验为主，构件试验也很少见。国内清华大学、同济大学、西南交通大学和铁道部科学研究院等单位均进行了有关混凝土结构火灾性能方面的试验研究，积累了一定的科研数据[69]。长沙铁道学院采用自制的试验炉对标号为 C15～C20 的 60 个混凝土试块进行了不同燃烧温度量级对隧道衬砌强度损伤程度的试验研究[86]。姚坚等[87]在 2007 年对 C50 普通混凝土、CF50 钢纤维混凝土和 PC50 聚丙烯纤维混凝土试块进行了高温试验。总体来看，上述试验主要是针对铁路隧道低标号混凝土(≤C20)和民用建筑、桥梁的高标号混凝土(≥C50)进行的试验，而我国近 20 年来全国数千座两车道、三车道公路隧道衬砌混凝土标号为 C20～C35，对该区间进行的火灾损伤研究还不够系统和深入。针对上述情况，本章根据我国公路隧道衬砌结构所采用的主要混凝土标号(C20～C35)，集中进行大批量混凝土试块烧蚀试验，研究分析公路隧道常用标号混凝土的高温损伤特征与现象。

5.1.1 总体试验方案

本章所采取的试验是为了达到以下 3 个目的：

探明公路隧道二次衬砌混凝土火损后的物理性能(外观指标)与火灾强度之间的定性关系；

建立混凝土试块物理力学指标(强度与刚度)与火灾强度的量化关系；

建立混凝土火损与探伤方法及手段的对应关系，提出探测技术指标与混凝土物理力学参数之间的函数化表达式，为定量评价混凝土损伤提供实验依据。

试验内容包括混凝土试块的烧蚀试验（本次试验重点）、混凝土烧蚀试块后的探伤试验（超声波法、回弹法）。

本试验采用标准混凝土试块，其尺寸为 150mm×150mm×150mm，测试项目包括：强度试验，主要测试抗压强度、抗拉强度；刚度试验，主要测试弹性模量。

试验中应遵循的国家标准与行业规程包括：《混凝土试模》（JG 3019）、《普通混凝土力学性能试验方法标准》（GB/T 50081 — 2002）、《混凝土强度检验评定标准》（GB50107 — 2009）、《普通混凝土配合比设计规程》（JTG 55 — 2000）、《建筑用砂》（GB/T 14684 — 1993）和《建筑用卵石、碎石》（GB/T 14685 — 2001）。

混凝土烧蚀试验采用 SX2 - 18 - 13 型高温箱式电阻炉，如图 5-1 所示。该仪器主要由炉壳、炉衬、加热元件、测温元件和控制柜组成，额定温度为 1350℃，工作温度可达 1300℃，炉温均匀性为 ±5℃，控温精度为 ±1%。电阻炉采用 PID 智能程序控温（如图 5-2所示），自动补偿温差，人工干预少，能满足不同火灾强度下混凝土试块的烧蚀试验。

混凝土试块（如图 5-3 所示）制作采用标准钢模，误差为 0.1mm。

混凝土压力试验机（如图 5-4 所示）符合《液压式压力试验机》（GB/T 3722）及《试验机通用技术要求》（GB/T 2611）中的技术要求，测量精度为 ±1%，试块破坏荷载应大于压力机全量程的 20% 且小于压力机全量程的 80%。微变形测量仪的测量精度不得低于 0.001mm。

图 5-1　SX2-18-13 型高温箱式电阻炉

图 5-2　电阻炉 PID 数显式仪表盘

图 5-3　炉膛试块装样

图 5-4　SANS 微机控制电液
伺服万能试验机

5.1.2 试验具体方案

1. 试验参数设定

针对公路隧道二次衬砌常用的 C20、C25、C30 和 C35 等四种混凝土等级，进行系统的混凝土试块烧蚀试验，覆盖范围与现行或将来修建的山区与水下高速公路及一、二级公路中的隧道混凝土等级相匹配，力求全面地反映各等级公路中的隧道二次衬砌火灾情况。烧蚀试验中需综合考虑以下因素：极限最高温度、温度等级、恒温时间和同一测试项目(强度与刚度、声波探测)所需的样本容量。对以上因素的考虑如下。

1)极限最高温度

根据大量隧道火灾案例统计与不同交通车辆下的隧道火灾试验，国内外建立了一系列不同类型的火灾曲线，这些曲线的最高温度取值如下：ISO0834 火灾标准曲线最高温度约为 1000℃，荷兰的 RWS 曲线最高温度为 1350℃，德国的 RABT/ZTV 曲线最高温度为 1200℃，挪威的 Runehamar 曲线最高温度为 1300~1400℃，法国的 HC 曲线最高温度为 1200~1300℃。

根据上述调查情况，本次试验的极限最高温度设定为 1200℃(实际试验时发现，当超过 900℃时，混凝土试块已经损伤严重，自然冷却放置一段时间，部分试块完全松弛崩解，故未进行 1000℃以上的高温试验)。

2)温度等级

公路隧道的火灾一般由交通车辆引起，其最高温度与交通车辆类型有关，小汽车火灾中心的最高温度为 500~600℃，公交车火灾中心的最高温度为 800~900℃，重型货车火灾中心的最高温度约为 1200℃。上述各种不同类型的火灾最高温度差值约为 300℃。因最高温度仅出现在火源处，且沿传播方向逐次降低，考虑该情况并控制本次试验规模，取温度等级差为 300℃(高温段按照 150℃考虑)。

3)恒温时间

二次衬砌在发生火灾时，其损伤不仅与最高温度有关，还与火灾持续时间有关系。欧洲各国所建立的火灾标准曲线的持续时间为 120~160min，国内西南交通大学、中南大学等科研院校在研究隧道火灾时，参考国外经验将火灾持续时间取为 2h 和 4h 两个等级。

本次试验是为了全面反映各等级公路隧道在各种火灾规模下的衬砌损伤行为，故选定 1h、2h 和 4h 三个持温时间，以便与既有成果以及现场数据相互对应。

4)所需样本容量

试验所测试的项目包括抗压强度、抗拉强度和弹性模型等，后期还要进行超声波与回弹法试验，每一测试项应保证一定的样本数量，以保证实验可靠度。

根据《混凝土强度检验评定标准》(GB50107 — 2009)，当采用非统计方法(样本量最小)评定时，用于评定的样本试块组数不应少于 3 组。本次试验执行该项国家标准，每批试块分 3 组，每组 3 个试块。同时，在配制混凝土试块的强度时，也按照该标准规定的非统计方法予以评定。

2. 配合比设计与试块数量

各级混凝土试块的配合比如表 5-1 所示。总共制备了 324 块试块，其中 C20、C25、C30 和 C35 四种混凝土各 81 块，如表 5-2 所示。

表 5-1　混凝土配合比设计

混凝土等级	配合比/(kg/m³)（水泥：砂：碎石：水：粉煤灰：外加剂）	组分质量/kg						粗骨料粒径/mm
		425水泥	细骨料	粗骨料	粉煤灰	自来水	减水剂	
C20	224：909：1110：155：34：2.58	6.05	25.60	28.90	4.70	0.918	0.07	5～25
C25	248：876：1116：165：37：2.85	6.70	23.70	30.10	4.50	1.000	0.08	5～25
C30	272：842：117：160：40：3.13	7.30	22.70	30.16	4.32	1.100	0.08	5～25
C35	306：791：1092：165：46：3.06	7.96	20.57	28.39	4.29	1.200	0.08	5～25

在表 5-2 中，同时参加烧蚀的试块为一组，每组 6 个试块。如 300℃时恒温 1h，同时在电阻炉内进行烧蚀试验的为一组，如图 3-5 所示。每组试块在烧蚀完成后，经自然冷却，然后从炉内取出，分别进行如下试验：全部 6 个试块进行超声波法检测试验；取其中 3 个试块进行抗压强度试验；余下 3 个试块进行检测损伤厚度试验。

表 5-2　试块在不同温度和受火时间的试验数量分配情况

混凝土等级	温度等级/℃	恒温时间			试验组数	试块数/块	总试块数/块
		1h	2h	4h			
C20	300	6 块	6 块	6 块	3	18	81
	600	6 块	6 块	6 块	3	18	
	750	6 块	6 块	6 块	3	18	
	900	6 块	6 块	6 块	3	18	
C25	300	6 块	6 块	6 块	3	18	81
	600	6 块	6 块	6 块	3	18	
	750	6 块	6 块	6 块	3	18	
	900	6 块	6 块	6 块	3	18	
C30	300	6 块	6 块	6 块	3	18	81
	600	6 块	6 块	6 块	3	18	
	750	6 块	6 块	6 块	3	18	
	900	6 块	6 块	6 块	3	18	
C35	300	6 块	6 块	6 块	3	18	81
	600	6 块	6 块	6 块	3	18	
	750	6 块	6 块	6 块	3	18	
	900	6 块	6 块	6 块	3	18	

3. 试块的制备

试块在重庆交通科研设计院道路工程实验室混凝土站内进行制备，采用洞庭湖河砂配置，机械搅拌，然后放入蒸汽养护室进行标准条件下的养护，达标后取出。试块制备如图 5-5 所示。

图 5-5　试块制备

5.1.3　试块高温烧蚀结果

将试块分批次放入高温炉内进行烧蚀试验，该 SX2-18-13 型高温箱式电阻炉由 PID 数显式仪表盘自动控制，分批按照预定的 300℃、600℃、750℃和 900℃进行持续时间等级 1h、2h 和 4h 的试验。为保证受热均匀，每批次仅烧蚀 3 个标准试块。

C20 混凝土试块在常温和 300℃的试验结果如图 5-6 和图 5-7 所示，其余强度等级的试块在 300℃时的基本情况。

图 5-6　C20 试块（原样且未烧蚀）

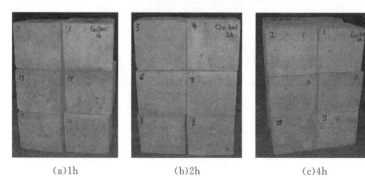

(a)1h　　　　　　　(b)2h　　　　　　　(c)4h

图 5-7　C20 试块 300℃烧蚀结果

C30 混凝土试块在 600℃的烧蚀试验结果如图 5-8 所示，其余强度等级的试块在 600℃时烧蚀结果也基本相似。

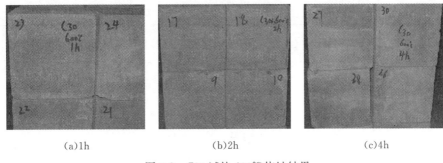

(a)1h　　　　　　　　(b)2h　　　　　　　　(c)4h

图 5-8　C30 试块 600℃烧蚀结果

　　C20 混凝土试块在 750℃的烧蚀试验结果如图 5-9 和图 5-10 所示，C35 混凝土试块在 900℃、持续时间为 1h 的烧蚀试验结果如图 5-11 所示，C25 混凝土试块在 900℃、持续时间为 4h 的烧蚀试验结果如图 5-12 所示。其余强度等级烧蚀结果也基本相似。

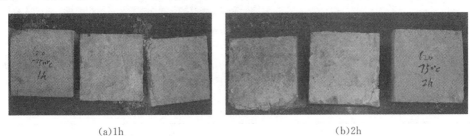

(a)1h　　　　　　　　　　　　　　　(b)2h

图 5-9　C20 试块 750℃烧蚀结果(见彩图)

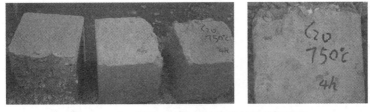

图 5-10　C20 试块 750℃(4h)烧蚀结果(见彩图)

图 5-11　C35 试块(900℃，1h)(见彩图)　　　　图 5-12　C25 试块(900℃，4h)(见彩图)

5.1.4　总体损伤特征

1. 表观损伤

　　各标号试块在不同温度与时间等级条件下的损伤特征如表 5-3～表 5-6 所示。

表 5-3　C20 试块损伤特征

火灾温度/℃	受火时间/h	混凝土表面颜色	完整性及表面特征
300	1	青灰色	完好
300	2	青灰色	完好
300	4	浅青灰色	基本完好，表面有几道极浅裂纹
600	1	青灰略显浅粉色	有少量的微小裂缝出现
600	2	浅粉红色	有少量的微小裂缝
600	4	浅紫色	有大量的微小裂缝
750	1	线紫色略显浅黄色	碎石裸露，单面大约 1/8 面积破坏
750	2	浅灰白略显浅黄色	碎石裸露，碎石为灰白色，单面大约 1/4 面积破坏
750	4	灰白略显浅黄色	碎石裸露，碎石为灰白色，有些砂子为赤红色，有少量水泥混合物变成白色块状物，单面大约 1/2 面积破坏
900	1	浅灰白色	碎石裸露，碎石为灰白色，有些砂子为赤红色，有少量水泥混合物变成白色块状物，表面全部脱落
900	2	灰白色	碎石裸露，碎石为灰白色，有些砂子为赤红色，有少量水泥混合物变成白色块状物，表面全部脱落较严重
900	4	灰白色	碎石裸露，碎石为灰白色，有些砂子为赤红色，有少量水泥混合物变成白色块状物，表面全部脱落严重

表 5-4　C25 试块损伤特征

火灾温度/℃	受火时间/h	混凝土表面颜色	完整性及表面特征
300	1	青灰色	完好
300	2	青灰色	完好
300	4	浅青灰色	基本完好，表面有几道极浅裂纹
600	1	青灰略显浅粉色	有少量的微小裂缝出现
600	2	浅粉红色	有少量的微小裂缝
600	4	浅紫色	有大量的微小裂缝
750	1	浅紫色略显浅黄色	碎石裸露，单面大约 1/8 面积破坏
750	2	浅灰白略显浅黄色	碎石裸露，碎石为灰白色，单面大约 1/4 面积破坏
750	4	灰白略显浅黄色	碎石裸露，碎石为灰白色，有些砂子为赤红色，有少量水泥混合物变成白色块状物，单面大约 1/2 面积破坏
900	1	浅灰白色	碎石裸露，碎石为灰白色，有些砂子为赤红色，有少量水泥混合物变成白色块状物，表面全部脱落
900	2	灰白色	碎石裸露，碎石为灰白色，有些砂子为赤红色，有少量水泥混合物变成白色块状物，表面全部脱落较严重
900	4	灰白色	碎石裸露，碎石为灰白色，有些砂子为赤红色，有少量水泥混合物变成白色块状物，表面全部脱落严重

表 5-5　C30 试块损伤特征

火灾温度/℃	受火时间/h	混凝土表面颜色	完整性及表面特征
300	1	青灰色	完好
300	2	青灰色	完好
300	4	浅青灰色	基本完好，表面有几道极浅裂纹
600	1	青灰略显浅粉色	有少量的微小裂缝出现
600	2	浅粉红色	有少量的微小裂缝
600	4	浅紫色	有大量的微小裂缝
750	1	浅紫色略显浅黄色	碎石裸露，单面大约 1/8 面积破坏
750	2	浅灰白略显浅黄色	碎石裸露，碎石为灰白色，单面大约 1/4 面积破坏
750	4	灰白略显浅黄色	碎石裸露，碎石为灰白色，有些砂子为赤红色，有少量水泥混合物变成白色块状物，单面大约 1/2 面积破坏
900	1	浅灰白色	碎石裸露，碎石为灰白色，有些砂子为赤红色，有少量水泥混合物变成白色块状物，表面全部脱落
900	2	灰白色	碎石裸露，碎石为灰白色，有些砂子为赤红色，有少量水泥混合物变成白色块状物，表面全部脱落较严重
900	4	灰白色	碎石裸露，碎石为灰白色，有些砂子为赤红色，有少量水泥混合物变成白色块状物，表面全部脱落严重

表 5-6　C35 试块损伤特征

火灾温度/℃	受火时间/h	混凝土表面颜色	完整性及表面特征
300	1	青灰色	完好
300	2	青灰色	完好
300	4	浅青灰色	基本完好，表面有几道极浅裂纹
600	1	青灰略显浅粉色	有少量的微小裂缝出现
600	2	浅粉红色	有少量的微小裂缝
600	4	浅紫色	有大量的微小裂缝
750	1	浅紫色略显浅黄色	碎石裸露，单面大约 1/8 面积破坏
750	2	浅灰白略显浅黄色	碎石裸露，碎石为灰白色，单面大约 1/4 面积破坏
750	4	灰白略显浅黄色	碎石裸露，碎石为灰白色，有些砂子为赤红色，有少量水泥混合物变成白色块状物，单面大约 1/2 面积破坏
900	1	浅灰白色	碎石裸露，碎石为灰白色，有些砂子为赤红色，有少量水泥混合物变成白色块状物，表面全部脱落
900	2	灰白色	碎石裸露，碎石为灰白色，有些砂子为赤红色，有少量水泥混合物变成白色块状物，表面全部脱落较严重
900	4	灰白色	碎石裸露，碎石为灰白色，有些砂子为赤红色，有少量水泥混合物变成白色块状物，表面全部脱落严重

总体来看，由于公路隧道常用的标号为 C20～C35 的混凝土组分相同，强度区间差距不大，所以总体上在各种温度等级下表观烧损现象基本相似，未见明显差别，即具有共同点。根据小试块烧蚀的试验现象，可以得到以下结论。

①300℃时，无论时间长短(1～4h)，各级强度试块与试验之前相比，试块保持完整，表面无裂缝；颜色变化不明显，均为青灰色；敲击声均为钝声，变化不大。

②600℃时，无论时间长短(1～4h)，各级强度小试块保持完整，局部存在微细裂纹；

颜色稍呈浅红或暗红色；敲击声清脆，表明材料内部存在相变。

③750℃时，无论时间长短（1h～4h），各级强度小试块保持整体完整，表面有细裂缝；靠近加热炭棒附近的表面出现裂损和掉块，损伤深度为1～2cm；颜色显现灰白色；敲击声均为钝声。

④900℃时，无论时间长短（1～4h），各级强度小试块在出炉时尚保持整体完整，但表面清晰可见细裂缝；颜色灰白；敲击声均为钝声。经放置一段试块后，由于环境影响，并带有空气中潮气的侵入，试块面层发生解体，碎块自由脱落，后期呈现整体崩解状，强度基本丧失。

从现象看，各级混凝土小试块在600℃处于完好和基本完好状态，750℃以上时存在不同程度的破损，直至强度基本丧失。

2. 酥松剥落

损伤厚度直接影响隧道结构刚度，是决定承载能力的重要指标之一，对衬砌整体稳定性的评判起着重要作用，本实验通过超声波测厚仪和锤凿敲击的综合应用，对受火试块的损伤深度进行了检测，其检测结果如表 5-7 所示。表中相关术语的含义如下：变质层 h_1 表示混凝土的配合料（水泥浆、粗细骨料）已变质，组织结构区别于常温状态，用地质锤较用力敲击会脱落的厚度；剥落层 h_2 为混凝土组织结构完全破坏的深度，即试块冷却灰化、自然脱落厚度；总损伤层 H 为以上两种厚度之和，$H = h_1 + h_2$。定义损伤层厚 $h_i (i = 1，2)$ 与原状试块厚 $h_0 (h_0 = 15\text{cm})$ 的比值为损伤率。

表 5-7　C20、C25、C30 和 C35 混凝土试块损伤深度特征统计

温度等级/℃	恒温时间/h	总烧伤层 H		变质层 h_1		剥落层 h_2		厚度差值①	厚度差值②
		均厚/cm	比值/%	平均厚度/cm	比值/%	均厚/cm	比值/%	Δ_1	Δ_2
300	1	0.2	1.3	基本无	基本无	——	——	0.20	0.30
	2	0.5	3.3	基本无	基本无	——	——	0.30	0.90
	4	1.4	9.3	0.9	基本无	——	——	1.20	——
600	1	4.9	32.7	4.9	32.67	——	——	3.50	0.50
	2	5.4	36.0	5.4	36.00	——	——	3.60	1.20
	4	6.6	44.0	6.4	42.67	——	——	4.10	——
750	1	6.5	43.3	6.5	43.33	2	——	1.60	0.80
	2	7.3	48.7	7.3	48.67	3	—	1.90	1.80
	4	9.1	60.7	9.1	60.67	3～5	——	2.50	——
900	1	9.4	62.7	7.8	52.00	1.5	10.7	2.90	2.00
	2	11.4	76.0	9.6	64.00	1.8	12.0	4.10	3.10
	4	14.5	96.7	12.2	81.33	2.3	15.3	5.40	——

注：①指相邻温度、相同时间的厚度损失；

　　②指相同温度、相邻时间的厚度损失。

对表 5-7 中数据进行分析如下。

①同一温度下的损伤深度与受火时间的关系如图 5-13 所示，拟合公式见表 5-8。可知，在相同受火温度下，损伤深度随着受火时间的增大而增大。当受火温度为 300℃时，

损伤深度与时间关系直线的斜率约为 0.18；当受火温度为 600℃时，损伤深度与时间关系直线的斜率约为 0.57；当受火温度为 570℃时，损伤深度与时间关系直线的斜率约为 0.87；当受火温度为 900℃时，损伤深度与时间关系直线的斜率最大，约为 1.68。

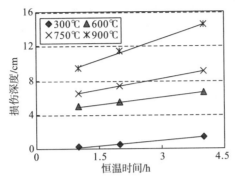

图 5-13　不同温度等级下损伤深度与受火时间关系

表 5-8　损伤深度-时间曲线拟合关系式

温度/℃	时间/h	拟合公式
300	1~4	$H=0.175t-0.005$；$r=0.9784$
600	1~4	$H=0.5714t+4.3$；$r=0.9980$
750	1~4	$H=0.8714t+5.6$；$r=0.9992$
900	1~4	$H=1.6786t+7.85$；$r=0.9956$

注：H 为损伤深度，cm；t 为受火时间，h。

②时间一定，损伤深度与受火温度的关系拟合曲线如图 5-14 所示，拟合公式如表 5-9 所示。

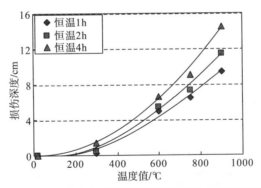

图 5-14　三种受火时间下损伤深度与受火温度关系

表 5-9　损伤深度-受火温度曲线拟合关系式

温度/℃	时间/h	拟合公式
	1	$H=1\times10^{-5}T^2+0.0002T-0.2488$；$r=0.9832$
20~900	2	$H=2\times10^{-5}T^2-0.0012T-0.1109$；$r=0.9914$
	4	$H=6\times10^{-9}T^3+1\times10^{-5}T^2+0.0019T-0.0826$；$r=0.9952$

注：H 为损伤深度，cm；T 为受火温度，℃。

5.1.5 试块烧损等级划分

通过对上述各级混凝土表观损伤及剥落深度的研究，并结合残余抗压强度的测试，给出混凝土试块在各种温度等级条件下的损伤等级划分，如表 5-10 所示。

表 5-10 混凝土损伤等级划分

损伤程度	级别	损伤指标					
		温度/℃	剥落深度/mm	剩余强度/%	组织结构	表观颜色	裂缝现象
无损伤	1度	<300	0	>95	无变化	青色、灰白色	无
轻损伤	2度	300~600	0	50~95	基本原状	青色、灰白色	无
中损伤	3度	600~750	2~5	20~50	部分改变	微红色、灰白色	有
重损伤	4度	750~900	5~15	20	大部分改变	浅黄色	有
极损伤	5度	>900	15	10	完全改变	均匀白色	严重

5.2 隧道衬砌的损伤现象及形式

通过上述混凝土试块烧蚀现象与损伤的分析，并对国内外相关试验与火灾实例进行归纳总结，本书给出公路隧道衬砌结构的各种损伤现象与表现形式。

5.2.1 衬砌损伤的表观现象

1. 变色

火灾后残留混凝土表层呈现的颜色有黑色、微红－浅红色、乳黄色和乳白色等。衬砌混凝土呈黑色主要是在表面，黑色层之下混凝土分别呈微红色、乳黄色和白色。其中，变红是隧道衬砌结构在火灾高温下的最主要特征之一，一般在 300℃ 以上即可出现，如图 5-15 和图 5-16 所示。

(a)黑色表面　　　　　　　　　　　(b)浅红色表面

图 5-15 甘肃新七道梁隧道衬砌火灾后表面变色(见彩图)

图 5-16　本次试验 600℃时所呈现的微红色(见彩图)

2. 开裂

火灾后衬砌开裂现象，一般在 600℃以上即可出现，如图 5-17 所示。

(a)开裂　　　　　　　　　　　　　　　　(b)开裂与酥松

图 5-17　本次试验试块表面裂缝

3. 剥落

在烧损严重时，在自重作用下衬砌发生局部剥落与掉块，也可能是受压的衬砌混凝土在高温时发生应力调整致使局部混凝土压溃而导致剥落与掉块，如图 5-18 所示。

(a)隧道衬砌表面剥落　　　　　　　　　　(b)试块试验局部剥落

图 5-18　混凝土火灾后剥落

4. 爆裂

在公路隧道火灾中，衬砌处于单面受火状态，混凝土的热惰性使得热量传导不均匀引起混凝土内部出现温度梯度，在混凝土中形成了内外温差进而产生特定的温度应力，最终导致爆裂，如图 5-19 所示。

(a)隧道衬砌表面剥落　　　　　　　　(b)盾构试件混凝土火灾试验爆裂

图 5-19　混凝土火灾后表面混凝土爆裂

5.2.2　衬砌损伤特征与形式

通过对试验以及国内外混凝土材料火灾损伤研究资料的进一步分析与调研，将公路隧道衬砌结构在火灾下的物理、力学和化学等各种损伤形式进行归类统计，如表 5-11 所示。

表 5-11　公路隧道衬砌火灾损伤形式归类

对象	表观形式	内部形式	对象	表观与内部形式	损伤后果
混凝土材料	高温爆裂 变色 烧酥 开裂 松弛剥落 蒸汽脱水 密度降低 体积增大	化学变化 晶体结构改变 胶凝材料改性 孔隙度增大 渗透性增大 强度降低 弹性模量降低	钢筋材料	高温软化 晶体结构变化 弹性模量降低 屈服强度降低 极限强度降低	力学性能劣化 承载力下降 耐久性降低
衬砌结构	剥落掉块 结构酥松 结构变形 结构开裂 结构失稳垮塌				

5.3　隧道衬砌损伤机理

5.3.1　变色

未受损混凝土在肉眼下呈青灰色，在显微尺度下，受损混凝土的颜色与原混凝土存在较明显的颜色差异。

根据马建秦[88]的研究，在单偏光下，水泥砂浆部分的颜色主要由水泥石胶结物和属于砂粒组分的暗色矿物的颜色及其变化决定，未受损水泥石胶结物颜色呈微晶质的暗色，达到中等损伤程度时变为微红色，遭受严重损伤时变为浅色或无色，其中，铁氧化物的析出是受损混凝土呈现微红色的主要原因。碳酸盐岩粗骨料有微晶和粗晶两种，在肉眼下分别呈暗灰色和浅灰色，在单偏光下，粗晶碳酸盐岩粗骨料呈无色，受损伤后，裂隙发育，但颜色变化不显著。在显微镜下，受损混凝土主要矿物颗粒的变化具有以下特征：铁氧化物的析出，导致混凝土呈微红、粉红色；暗色矿物的蚀变及变色。

5.3.2　开裂

高温导致混凝土内部产生的微裂缝，一般是由骨料与水泥砂浆体之间产生的细小裂缝，在围岩外荷载与水压力等外部因素的作用下进一步扩展成可见宏观裂缝。

用显微镜在放大 40～600 倍的显微尺度下进行观察，受损混凝土中发育的裂隙可以分为环状裂隙、放射状裂隙、顺层裂隙和网状裂隙四种。

（1）环状裂隙。裂隙沿水泥石胶结物和骨料的接触带发育，在切片下呈环带状。这种裂隙环的宽度是变化的，环绕一个砂粒或粗骨料的环状裂隙可能有数条，但一般仅有一条构成封闭的环带。

（2）放射状裂隙。放射状裂隙一般出现在砂粒或粗骨料周围的水泥石胶结物中，往往与环状裂隙共生。裂隙呈放射状环绕颗粒环带分布，放射状裂隙的宽度不等，且延伸不规则。

（3）顺层裂隙。裂隙总体与受火面平行，裂隙面不平顺，显示张性成因。裂隙切穿水泥石胶结物、粗骨料和砂粒。若切穿粗粒碳酸盐岩骨料，则往往沿解理面扩展。

（4）网状裂隙。网状裂隙出现在水泥石胶结物和粗骨料中。网状裂隙表现为两种：一种是网状裂隙总体上平行于受火面而延伸，表现为平行受火面方向裂隙比与受火面大角度相交方向的裂隙宽度大，由裂隙切割形成的颗粒呈边缘不规则的长柱状，且呈不等粒状；另一种则显示裂隙的发育在各个方向几乎是均等的，由裂隙切割出的颗粒呈不规则状，棱角显著，粒径大小相近。

5.3.3　烧酥剥落

混凝土烧酥剥落是指高温条件下，混凝土内部胶凝材料以及骨料失去胶结性能而导致整体结构酥松从而失去其外在形体与结构强度的物理现象。在烧酥情况下，混凝土基本不能保持其原有现状，是混凝土材料极限破坏的一种状态。

衬砌混凝土在火灾中的损伤是不均匀的，损伤程度在横向、纵向及局部损伤的程度上均存在差异。纵向上上游一侧较下游一侧严重；横向上北侧损伤较南侧严重。在损伤深度上，可以分为以下几种情形：未剥落处 3～5cm、剥落一层处 4～7cm、剥落两层处 8～12cm、剥落两层以上处 12～17cm 和最大损伤深度 25cm。衬砌表层混凝土发生剥落的范围约占衬砌内表面积的 70%。衬砌混凝土的差异性损伤还表现在北侧的墙部和拱墙部有剥落两层的情形。多层剥落区呈不规则状，剥落范围从表层向内理论研究依次减小[89]。

5.3.4　高温爆裂

火灾高温会导致混凝土发生爆裂，这一现象在前述的各次火灾案例中表现最为突出。混凝土爆裂是指在高温环境下，混凝土表面局部或整体发生剥落破坏的现象，爆裂现象可以分为四种类型：全部或毁灭性爆裂、局部爆裂、泥坑式爆裂和表面爆裂。

混凝土在火灾情况下，其表面温度可高达 800℃，一般也要达到 500～600℃。在这种高温下，混凝土构件一旦发生破坏，将使构件截面面积减小，承载力大大下降，尤其是当爆裂发生时，严重的爆裂会使钢筋完全失去保护层而暴露在高温下，由于钢筋在 300℃左右就会软化，再加上截面的缩小，构件的承载力将急剧降低。这种情况给高强混凝土结构的安全性带来了极大危害。

混凝土爆裂的机理包括蒸汽压理论及热应力理论。根据蒸汽压理论，混凝土高温爆裂的机理如下：混凝土表面受热后，表层混凝土内的水分形成蒸汽，并向温度较低的混凝土内层流动，进入内层孔隙。这种水分和蒸汽的迁移速度决定于内层混凝土孔隙结构和加热升温速率。一旦温度迅速升高，外层的饱和蒸汽不能及时地进入内层孔隙结构，就会使蒸汽压力急速增大，在混凝土内部产生拉应力，如果混凝土的抗拉强度不足以抵抗蒸汽产生的拉压力，混凝土表层的薄层就会突然脱落，形成爆裂，同时新裸露的混凝土又暴露于高温之中，从而引发进一步的爆裂[90]。爆裂一般发生在起火后的 20min 内[91]，同时，受升温速率、混凝土自身特性的影响，发生的温度大致在 250～420℃[82]。

爆裂是一个普遍现象，不论普通混凝土还是高强混凝土都可能发生，越密实的混凝土越容易发生爆裂[35]。大量的试验研究表明，影响混凝土爆裂的主要因素如下[35,82]：

①升温速率，特别是当升温速率大于 3℃/min 时，升温速率越快，越易爆裂；

②混凝土越密实，越容易发生爆裂；

③混凝土含水量越高，越容易发生爆裂；

④外加荷载是影响爆裂的一个重要因素，试验表明，预加 20%～30%抗压强度压应力的混凝土爆裂，其程度明显增加。

爆裂是火灾高温对隧道衬砌结构的主要损害形式，这是由于：①隧道火灾升温速度快，最高温度高，使得衬砌结构非常易于爆裂，且衬砌结构内的温度梯度非常大；②隧道衬砌结构混凝土一般等级较高、密实性好；③隧道衬砌结构往往主要承受压应力；④衬砌结构体系为超静定结构体系，火灾时会在衬砌结构内产生巨大的热应力。

此外，由于隧道火灾持续时间较长，不断发生的爆裂还会使内侧受力钢筋暴露于火灾高温中，严重降低衬砌结构的承载力和可靠性，甚至导致隧道衬砌结构坍塌。

5.3.5 高温后隧道衬砌混凝土的抗渗性能

混凝土材料的腐蚀主要是由侵蚀性介质的侵入而引起，渗透性决定了侵蚀性介质进入混凝土内部的速度，是影响混凝土耐久性最重要的因素。

在火灾高温的作用下，混凝土的孔隙结构将变得非常粗糙，孔隙率和孔隙尺寸变大，使得透气性明显增加。而透气性的增加，使得混凝土的抗渗耐久性急剧降低，特别是对于高性能混凝土，降低的程度更为严重。

图 5-20 给出了普通混凝土、钢纤维混凝土及聚丙烯纤维混凝土经历高温后（$T_{fmax} \leqslant$ 300℃），其相对渗透系数的变化。可以看到，随着温度的升高，三种混凝土的抗渗性能显著下降。同时，对比三种混凝土可以发现，经历不同高温后普通混凝土的相对渗透系数最小，钢纤维混凝土其次，而聚丙烯纤维混凝土的相对渗透系数最高。这表明，钢纤

维的掺入虽然可以提高混凝土的强度并增加韧性,但是会削弱混凝土高温后的耐久性能。而对于聚丙烯纤维,尽管可以有效地减轻甚至消除混凝土的高温爆裂现象,但是正是由于其抗爆裂的机理(聚丙烯纤维在 160℃ 熔融,在混凝土中形成大量连通的微小孔隙),导致了其相对渗透系数增大,抗渗性能急剧下降。

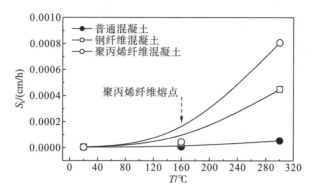

图 5-20　高温后三种混凝土相对渗透系数的变化($T_{fmax} \leqslant 300℃$)

混凝土高温后抗渗耐久性的降低对于隧道衬砌结构的影响非常大,因为衬砌结构处于岩土体中,在漫长的寿命期中要承受持续的水、土压力。特别是对于处在地下水丰富且水压较高地层中的隧道,保证衬砌结构的长期耐久性是一个关键问题,这也表明应将耐久性作为评价隧道衬砌结构耐火性能的一个重要方面。

5.3.6　隧道衬砌混凝土力学性能高温劣化

当混凝土的受火温度达到 300℃ 以上时,水泥凝胶开始脱水,水泥砂浆收缩而骨料受热膨胀,两者的变形不协调产生并扩展混凝土微裂缝,且随着温度的不断升高,这种不协调增加,使得水泥骨架破裂。当温度升高到 500℃ 以上时,混凝土骨料中的石英晶体晶型转变,体积膨胀,使得微裂缝迅速扩展并贯通[92]。由于火灾高温导致微裂缝的发展、水泥凝胶的劣化及骨料的破裂,混凝土高温时及高温后的力学性能会明显下降。

由于隧道火灾温度一般较高,且持续时间长(如勃朗峰隧道火灾持续 55h),在这样长时间的高温作用下,衬砌混凝土(包括钢筋)的力学性能的降低将非常严重。而混凝土、钢筋力学性能的降低,会导致衬砌结构的承载力降低,可能引起隧道衬砌结构体系的坍塌。

由火灾高温造成的隧道衬砌材料、构件和结构体系的不可恢复的物理力学性能的劣化称为高温损伤。其中隧道衬砌结构的高温损伤主要表现形式有强度下降、变形增大、承载力降低和表面特征的变化等。

1. 颜色等表面特征变化

通过肉眼,可以观察到经历不同温度的混凝土试块,其表面颜色、特征有着明显的变化。常温下(20℃),混凝土颜色为青灰色;100℃、300℃ 后,混凝土表面的颜色与常温下相比基本一致,有时颜色略变浅;500℃ 后,混凝土颜色为青灰略显浅粉色,有少量的微小裂缝出现，表面略有疏松；700℃后，混凝土表面颜色为灰白略显浅黄色，表面裂缝进一步增加，表面疏松；900℃后，混凝土颜色呈现浅黄色，表面裂缝宽度扩大，试块边角处有破损。从图 5-21 中可以看到经历不同温度的混凝土试块表面颜色特征的变化。

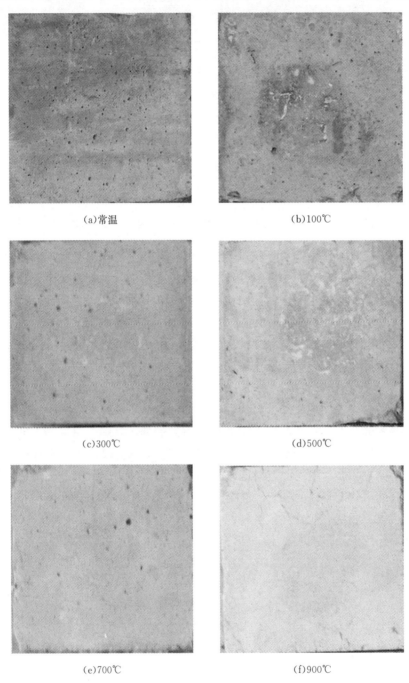

(a)常温　　　　　　　　　　　　　　(b)100℃

(c)300℃　　　　　　　　　　　　　　(d)500℃

(e)700℃　　　　　　　　　　　　　　(f)900℃

图 5-21　混凝土在经历不同受热温度后颜色特征的变化（见彩图）

2. 受压应力-应变关系随最高经历温度的变化规律

混凝土受压应力-应变关系曲线的形状和特征是混凝土内部结构发生变化的力学标

志。研究经历不同高温后衬砌混凝土受压应力-应变关系，可以综合评判混凝土高温后力学性能随不同经历温度的变化规律。图 5-22 给出了衬砌混凝土试块分别在经历 20℃、100℃、300℃、500℃、700℃ 和 900℃ 后的典型受压应力-应变曲线。

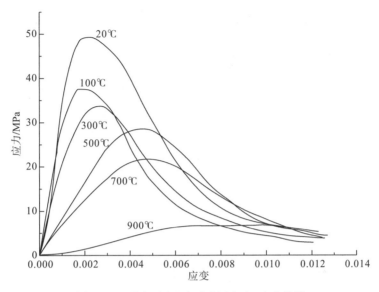

图 5-22　不同经历温度后受压应力-应变曲线

可以发现，随着经历温度的升高，受压应力-应变曲线上升段斜率减小，曲线逐步趋于平缓，900℃ 后曲线已没有明显的下降段；峰值点随温度升高逐步向右下方向移动，峰值应力减小，峰值应变增大。由此表明随着最高经历温度的增加，混凝土弹性模量减小，残余抗压强度减小，塑性变形增大，延性有所增强，承载能力下降。可见高温对混凝土材料有着明显的损伤作用。

将曲线图像横坐标重新定义为相对应变 $x = \varepsilon_T / \varepsilon_{pT}$；纵坐标为相对应力 $y = f_T / f_{cuT}$。ε_T 和 f_T 为经历 T 温度的混凝土试块受压应力-应变曲线上任一点的应变和应力，ε_{pT} 和 f_{cuT} 为经历 T 温度的混凝土试块受压应力-应变曲线上的峰值应力和峰值应变。经过这样无量纲处理后，相对峰值应力和相对峰值应变均为 1。

通过比较分析，发现各混凝土试块在经历不同温度后的受压应力-应变曲线经无量纲化处理后很接近。只是随着经历温度的升高，混凝土承载力损失较大，峰值点前已有较大的变形，无量纲化后曲线的下降段逐步变短而不明显。可以认为混凝土在经历不同高温后的受压应力-应变曲线采用同一方程是合理的。

根据非线性最小二乘法拟合试验数据，给出高温后衬砌混凝土受压应力-应变关系的数学模型如下：

$$\begin{cases} y = 1.14x + 0.62x^2 - 0.76x^3, & 0 \leqslant x \leqslant 1 \\ y = x e^{\frac{1-x^{1.35}}{1.35}}, & 1 \leqslant x \leqslant 3 \end{cases} \tag{5-1}$$

式中，$x = \varepsilon_T / \varepsilon_{pT}$；$y = f_T / f_{cuT}$ 各参数相关含义与前文内容所述一致。

3. 残余抗压强度劣化规律

衬砌混凝土高温后的残余抗压强度，是评判衬砌结构火灾后损伤程度的主要依据，对判定衬砌结构的安全性起着基础性的作用。残余抗压强度对应着受压应力-应变曲线的几何最高点的纵坐标，即峰值应力，反映了高温后混凝土所能承载的最大压应力。图5-23给出了衬砌混凝土残余抗压强度率与最高经历温度 T 的关系。这里定义残余抗压强度率为 f_{cuT}/f_{cu0}，其中，f_{cuT} 为 T 温度后混凝土试块的强度，f_{cu0} 为常温下混凝土试块的强度。

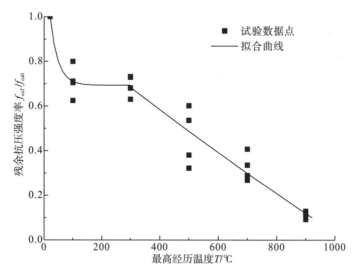

图 5-23　残余抗压强度率与最高经历温度的关系

高温对混凝土材料的损伤造成了混凝土强度的下降。当混凝土经历的温度达到900℃时，混凝土抗压强度下降了约 90％，已基本丧失承载能力。拟合试验数据，可得到衬砌混凝土高温后残余抗压强度率与最高经历温度 T 之间的近似数学表达式如下：

$$\begin{cases} f_{cuT}/f_{cu0} = 0.634e^{-T/27.6} + 0.693, & 0 \leqslant T \leqslant 300℃ \\ f_{cuT}/f_{cu0} = 1 - 1.07 \times 10^{-3}T + 1.1 \times 10^{-7}T^2, & 300℃ < T \leqslant 900℃ \end{cases} \quad (5\text{-}2)$$

式中，f_{cuT} 为 T 温度后混凝土试块的强度；f_{cu0} 为常温下混凝土试块的强度；T 为最高经历温度。

高温损伤造成残余抗压强度劣化的主要因素如下：升温使试块内的自由水逐渐蒸发，并由于混凝土内粗骨料与水泥浆体的温度膨胀系数不等，体积膨胀差使不同骨料界面上产生温度裂缝；500℃后，水泥水化产生的氢氧化钙等开始脱水，体积膨胀，促使裂缝扩展；700℃后，水泥中的未水化颗粒和骨料中的石英成分分解，形成晶体后产生巨大的膨胀，并且一些骨料内部出现裂缝，混凝土的峰值应力急剧下降；升温和降温时分别形成方向相反的温度梯度，这种不稳定温度场加剧了裂缝的扩展。

4. 峰值压应变随最高经历温度的变化规律

在受压应力-应变关系图上，峰值应力处对应的应变为峰值压应变。峰值压应变反映了混凝土受压时，在达到峰值应力前的塑性变形能力。图5-24给出了衬砌混凝土峰值压应变变化率与最高经历温度 T 的关系。这里定义峰值压应变变化率为 $\varepsilon_{pT}/\varepsilon_{p0}$，其中，$\varepsilon_{pT}$ 为 T 温度后混凝土试块的峰值压应变，ε_{p0} 为常温下混凝土试块的峰值压应变。

由于温度对混凝土的损伤，混凝土的受压应变出现"软化"现象。随着最高经历温度的增加，峰值应变也单调增加。当最高经历温度为 900℃时，峰值应变值约为常温下峰值应变值的 4 倍多。表明随着温度损伤程度的加重，虽然混凝土的承载能力下降，但同时混凝土结构的破坏延性提高，在破坏前会有较大的变形。将试验数据进行拟合，可将峰值压应变变化率与最高经历温度 T 的关系近似按式(5-3)表示。

$$\varepsilon_{pT}/\varepsilon_{p0} = 1 + 3 \times 10^{-5} T^{1.7} \tag{5-3}$$

式中，ε_{pT} 为 T 温度后混凝土试块的峰值压应变；ε_{p0} 为常温下混凝土试块的峰值压应变；T 为最高经历温度。

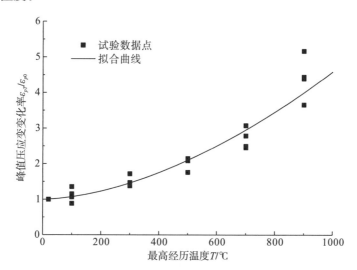

图 5-24　峰值压应变变化率与最高经历温度的关系

5. 变形模量随最高经历温度的变化规律

变形模量反映了混凝土结构的刚度，是结构计算的重要参数。混凝土结构的刚度包括弯曲刚度 EI、抗压刚度 EA 和抗剪刚度 GA。对于实际中主要承受压弯荷载作用的衬砌结构而言，弯曲刚度和抗压刚度无疑显得更加重要，而变形模量 E 是这两个刚度中的重要变量。

变形模量在数值上等于混凝土受压应力-应变曲线上的任一点的应力与应变之比。混凝土的受压应力-应变关系是一条曲线，在不同的应力阶段，变形模量是一个变量。本书近似取受压应力-应变曲线上应力值等于 $0.4f_{cuT}$ 的点与原点的连线的斜率为变形模量 E_{cT}^{l}。

图 5-25 给出了衬砌混凝土变形模量变化率与最高经历温度 T 的关系。这里定义变形模量变化率为 E_{cT}^{l}/E_{c0}^{l}，其中，E_{cT}^{l} 为 T 温度后混凝土试块的变形模量，E_{c0}^{l} 为常温下混凝土试块的变形模量。

随着最高经历温度的增加，变形模量单调递减。表明由于温度对混凝土的损伤，相同的应力会使火损混凝土产生更大的应变。将试验数据进行拟合，可将变形模量变化率与最高经历温度 T 的关系近似按下式表示。

$$E_{cT}^{l}/E_{c0}^{l} = 1.034\mathrm{e}^{-T/175.78} + 0.052 \tag{5-4}$$

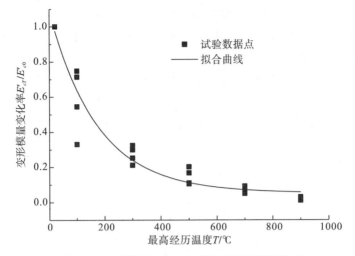

图 5-25　变形模量变化率与最高经历温度的关系

式中，E_{cT}^l 为 T 温度后混凝土试块的变形模量；E_{c0}^l 为常温下混凝土试块的变形模量；T 为最高经历温度。

5.3.7　火灾高温导致衬砌结构体系内力变化及变形

火灾高温对衬砌结构体系内力分布的影响表现如下：

①火灾时，高温导致衬砌结构体系产生不均匀的热应力；

②火灾时，由于混凝土为热惰性材料，导致衬砌结构内温度分布不均匀，引起各点材料的劣化程度不同，从而引起内力重分布；

③衬砌结构体系为超静定体系，遭受高温的混凝土的变形会受到周围地层及相邻构件的约束，产生激烈的内力重分布，最终导致出现与常温时不同的破坏形态。

此外，火灾高温还会导致衬砌结构体系发生显著的变形，主要表现如下：

①火灾高温引起的衬砌结构体系的变形，引起内力重分布；

②火灾高温导致的衬砌结构体系的残余变形，会改变隧道原有的内部空间形式，可能影响隧道内部的正常运行环境；

③隧道衬砌结构在火灾高温下的变形会影响到地面建筑物及临近地层中其他建筑物的安全，特别是在城区修建的隧道，典型的案例是 2001 年美国霍华德城市隧道火灾中，大火造成隧道上部地层中直径 1m 的铸铁水管破裂。

5.4　本 章 小 结

本章的主要工作与成果如下：

①从公路隧道衬砌结构实际火灾损伤案例分析出发，分析了典型公路隧道火灾下的损伤破坏特征与表观现象；

②为普遍揭示隧道内各种温度条件与火灾持续条件下的混凝土烧蚀特征，精心设计与实施了大批量衬砌混凝土试块高温烧蚀试验；

③通过试验，系统研究与分析了覆盖国内公路隧道常用混凝土标号区间(C20~C35)的混凝土材料火灾损伤，按照 300℃、600℃、750℃和 900℃四个温度等级以及 1h、2h和 4h 三个时间等级对其损伤现象进行了研究，给出了各种工况下的损伤规律与表现特征；

④根据试验结果，提出了衬砌混凝土常用混凝土标号的损伤等级；

⑤对公路隧道衬砌结构温度损伤形式进行了划分；

⑥对变色、开裂与高温爆裂等表观损伤的内在机理、混凝土材料的火灾后抗渗透与力学性能进行了归纳分析。

第6章 衬砌结构火灾高温力学行为

6.1 计算方法与模型

6.1.1 公路隧道火灾场景

公路隧道火灾场景即指火灾发生时，隧道内可能的温度分布情况。火灾场景在结构防火研究中处于基础性地位，火灾场景决定了火灾发生时对结构破坏的一种能量输入，不同的火灾场景决定了隧道内不同的温度分布形式，选择合适的火灾场景对隧道防火研究至关重要。

对于火灾时隧道内温度随时间、空间的变化，国内外开展了大量的研究，根据国内外的研究成果以及足尺寸火灾实验，建立了一系列火灾温度随时间变化的温度曲线。

1. ISO834 曲线

ISO834 曲线为标准建筑火灾曲线，曲线由普通建筑火灾实验得到，火灾的燃料主要为纤维质材料(木材、纸和织物等)，该火灾曲线被广泛地用于建筑结构火灾场景分析中，在隧道火灾方面，可以用来描述一次小型隧道火灾。该火灾曲线的表达式为

$$T = 345\lg(8t + 1) + 20 \tag{6-1}$$

2. RWS 曲线及其修正曲线

RWS 曲线由荷兰 Ministry of Public Works、the Rijswaterstaat(RWS)及 TNO 火灾研究中心于 1979 年共同建立。它假设在最不利的火灾情况下，潜热值为 300MW 燃油或油罐车持续燃烧 120min，并假设 120min 后消防人员已经将火势控制，接近火源并开始熄灭火源。RWS 曲线的建立主要用于模拟油罐车在隧道中燃烧的情况，油罐车火灾具有热释放率大、升温速度快的特点，该曲线可以较好地模拟油罐车火灾的这些特点，同时曲线还考虑了当油料减少最高温度逐渐下降的降温过程。

3. HC 曲线及 HC$_{inc}$ 曲线

HC 曲线起初用于石化工程和海洋工程，后被应用到隧道工程中。HC 曲线用来描述发生小型石油火灾(如汽油箱、汽油罐以及某些化学品运输罐)的燃烧特征。HC$_{inc}$ 曲线用于模拟比较严重的火灾情况，在 HC 曲线的基础上，乘以系数 $\alpha = 1300/1100$ 得到，HC 曲线的表达式为

$$T = 20 + 1080(1 - 0.325\mathrm{e}^{-0.167t} - 0.675\mathrm{e}^{-2.5t}) \tag{6-2}$$

4. Runehamer 曲线

Runehamer 曲线是挪威在 Runehamer 隧道中进行了 4 次重型卡车火灾实验后得到的，曲线可以认为是将 HC 和 RWS 曲线组合而成的一种标准曲线。

$$T = 20 + \sum_1^N n_i r_i (1 - e^{-k_i t})^{n_i - 1} e^{-k_i t} \tag{6-3}$$

5. RABT 曲线

RABT 曲线是德国通过一系列实验的研究结果发展而来的，如尤里卡(EUREKA)项目。该曲线假设火场温度在 5min 内快速升高到 1200℃，并在持续较短时间后冷却 110min，该曲线模拟一场简单的卡车火灾升温状况。但针对一些特殊的火灾类型，最高温度的持续时间也可延长到 60min 或更长的时间，然后冷却 110min。

6.1.2　隧道衬砌结构内温度场分布的计算方法

隧道衬砌结构的温度分布与时间有着密切的关系，因此属于瞬态传热分析，同时由于混凝土材料的热工性质随温度呈现非线性变化，在进行温度场计算时，需要考虑材料的非线性性质。衬砌内温度的变化会引起结构受力情况的变化，内部的温度应力、爆裂等情况会使得衬砌内部的应力发生重分布，爆裂会使得衬砌厚度减少，从而影响结构温度的分布。因此，温度场又是与结构内力变形相互影响的一种耦合作用，在分析结构温度分布时，需要将各种因素综合考虑。衬砌结构热传导涉及的内容是十分复杂的。

1. 衬砌结构导热微分方程

热量的传递有三种方式，即对流、传导和热辐射，在隧道火灾分析中，热辐射可以忽略，涉及的温度热量传递主要是对流和热传导，隧道衬砌结构内部的热量来源于隧道内火灾产生的高温烟气流，高温烟气流与隧道衬砌之间的热对流使隧道结构的温度逐渐升高。在衬砌内部，热量通过衬砌结构内部的热传导来将热量由内向外进行传递，衬砌结构内部温度分布的计算建立在两个传热学的基础上。

热烟气流与衬砌结构表面的热量传递需要满足牛顿对流方程

$$q = \alpha(T_w - T_f) \tag{6-4}$$

式中，q 为法线方向上对流密度，定义为单位面积上传递的热能；T_w、T_f 为壁面温度与流体温度，℃；α 为表面的对流换热系数，W/(m²·K)。

温度在衬砌中的传递需要满足傅里叶导热定律

$$q_n = -\lambda \frac{\partial T}{\partial n} \tag{6-5}$$

式中，q_n 为法线方向上的热流密度，定义为单位时间通过单位面积的热能；λ 为热导率，又称导热系数，它反映了物质的导热能力的大小，W/(m²·K)。

根据以上的基本方程可以得到衬砌结构内部的热传导微分方程为

$$\frac{\partial T}{\partial t} = \frac{\lambda}{\rho c}\left(\frac{\partial^2 T}{\partial x^2} + \frac{\partial^2 T}{\partial y^2} + \frac{\partial^2 T}{\partial z^2}\right) \tag{6-6}$$

式中，t 为时间；x、y 和 z 为空间坐标；$T = T(x, y, z, t)$ 为表示构件内部的温度场；ρ、c 和 λ 为构件的容重、比热容和热传导系数。

对于边界条件，在不考虑衬砌混凝土与岩土体间的接触热阻的情况下，边界条件可以表达为

$$-\lambda \frac{\partial T}{\partial n} = h_T (T_f - T_s) \tag{6-7}$$

式中，T_f 为火灾时隧道内热烟气流温度，K；T_s 为衬砌温度，K；h_T 为衬砌结构与热烟气流间的对流换热系数，W/(m² · K)；λ 为衬砌混凝土的热传导系数，W/(m² · K)；ρ 为衬砌混凝土的密度，kg/m³；c 为衬砌混凝土的比热容，J/(kg · K)。

2. 爆裂对温度分布的影响

混凝土爆裂是造成衬砌结构破坏的一个重要因素，衬砌结构的爆裂会使构件的截面面积减小，从而对衬砌结构的温度分布产生影响，根据实验得出的爆裂对温度的影响曲线如图 6-1 所示。可以看出，衬砌结构在考虑爆裂时温度曲线的大致形状与不考虑爆裂情况相似，温度的分布大致为向内部延伸了爆裂的深度。在简单考虑爆裂对温度分布影响时，可以近似地认为爆裂后结构内温度向内部延伸爆裂深度。

当确定了衬砌混凝土、岩土体的热工参数后，根据上述微分方程和边界条件并适当地考虑爆裂条件即可求得衬砌结构内的温度分布，但衬砌混凝土结构的热工参数是随着温度变化的非线性关系，加之温度分布和结构的变形之间具有一定的耦合关系，在求解温度分布时可以借助于数值计算的方法来得到近似的解。

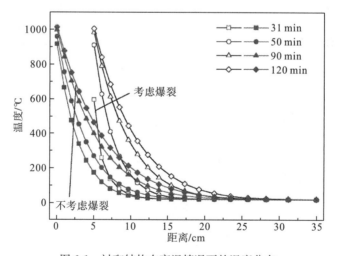

图 6-1　衬砌结构在高温情况下的温度分布

6.1.3　材料的热工参数取值

在衬砌结构温度场计算中，许多重要热工参数的值会随着温度和时间而改变，在进行结构的温度分布计算时，需要首先确定这些热工参数与温度时间的变化关系，这些参数包括混凝土随温度变化的导热系数 λ_c、比热容 c_c，以及岩土体和钢筋的导热系数等。

1. 混凝土的导热系数

衬砌混凝土的导热系数与骨料的种类、配合比、含水量和混凝土的强度等级有关系，由于影响因素较多，且不同的实验所用的实验条件也相差很大，所以导热系数也具有较大的离散性。不同的文献给出的结果也不尽相同，总体来说，混凝土的导热系数随温度的升高而降低，大致变化范围为 $0.5\sim2.0\mathrm{W/(m\cdot K)}$。陆洲导和朱伯龙[93]通过试验研究，给出了混凝土导热系数的计算式[式(6-8)]；路春森等[94]根据国外试验资料，给出了混凝土导热系数的计算式[式(6-9)]；Lie[95]给出了混凝土导热系数的计算式[式(6-10)]。

$$\lambda_c = 1.6 - \frac{0.6}{850}T \tag{6-8}$$

$$\lambda_c = 1.16(1.4 - 1.5\times10^{-3}T + 6\times10^{7}T^{2}) \tag{6-9}$$

$$\begin{cases} \lambda_c = 1.9 - 0.00085T, & 0^{\circ}\mathrm{C} \leqslant T \leqslant 800^{\circ}\mathrm{C} \\ \lambda_c = 1.22, & T > 800^{\circ}\mathrm{C} \end{cases} \tag{6-10}$$

2. 混凝土的比热容

与混凝土的导热系数相似，混凝土的比热容的影响因素也很多，比热容的变化范围大致为 $800\sim1400\mathrm{J/(kg\cdot K)}$，且随着温度的升高，比热容增大。欧洲设计规程 Eurocode 2 给出了不同温度下混凝土比热容的计算式[式(6-11)]。陆洲导和朱伯龙[93]通过试验研究，给出了混凝土比热容的计算式[式(6-12)]。

$$c_c = 900 + 80\left(\frac{T}{120}\right) - 4\left(\frac{T}{120}\right)^{2}, \quad 0^{\circ}\mathrm{C} \leqslant T \leqslant 1200^{\circ}\mathrm{C} \tag{6-11}$$

$$c_c = 836.8 + \frac{418.4}{850}T \tag{6-12}$$

3. 热烟气流与混凝土之间的对流换热系数

衬砌混凝土的对流换热系数与热烟气流之间的对流换热系数的影响因素主要有热烟气流的流动速度、热烟气流的温度、混凝土材料及表面形状等。

混凝土表面的对流换热系数的大致范围为 $20\sim180\mathrm{W/(m^2\cdot K)}$，计算公式为

$$h = 7.05\times e^{\left(\frac{T}{372.55}\right)} + 0.84 \tag{6-13}$$

4. 岩土体的热工参数

由于温度主要集中在混凝土结构之间，周围岩土体的温度变化幅度不大，可以近似地认为岩土体的热工参数不随时间变化，下面给出几种岩土体材料的热工参数，如表 6-1 所示。

表 6-1　岩土体材料(常温时)的热工参数

岩土体材料	密度 ρ/(kg/m³)	比热容 c/[J/(kg·K)]	导热系数 λ/[W/(m·K)]
黏土	1850	1840	1.41
砂土	1420	1510	0.59
黄土	880	1170	0.94
岩体	比热容×密度＝$c\rho$＝360MJ/(m²·K)		10

6.1.4　混凝土的热物理参数

1. 混凝土的弹性模量

高温下混凝土的弹性模量随着温度的升高而逐渐降低。主要原因是随着温度的升高，混凝土内部出现裂缝，组织松弛，加之空隙失水失去吸附力，从而造成变形增大，弹性模量降低。此外，混凝土弹性模量的降低幅度要大于抗压强度的降低幅度。

对于混凝土的高温弹性模量，由于实验条件的不同及混凝土种类的不同，不同文献给出的拟合值都不太相同，混凝土高温弹性模量可近似按下面公式计算。

$$E_c(T) = (0.83 - 1.1 \times 10^{-3} T) E_c, \quad 60℃ \leqslant T \leqslant 700℃ \tag{6-14}$$

$E_c(T)/E_c$ 的取值也可按照表 6-2 来进行线性取值。

表 6-2　混凝土高温弹性模量取值

$T/℃$	100	200	300	400	500	600	700
$E_c(T)/E_c$	1.00	0.80	0.70	0.60	0.50	0.40	0.30

2. 混凝土的强度

高温下混凝土的抗压强度随着温度的升高而逐渐降低，但在 300℃ 范围内变化不大。高温下混凝土强度降低的主要原因如下：高温下混凝土中的游离水急剧蒸发并引起骨料膨胀和水泥石收缩，形成界面裂缝并不断开展和延伸，当温度达到某一值时水泥石中的氢氧化钙开始分解导致水泥石结构被破坏，从而使混凝土的强度降低。

骨料类型、混凝土的强度等级等对混凝土在高温下的强度都有着很大的影响，并且不同的实验和不同国家的研究给出的相应关系也有很大的区别。欧洲混凝土协会总结各国的试验结果，推荐高温下混凝土的抗压强度可按下式计算。

$$\begin{cases} f_{cu}(T) = f_{cu}, T \leqslant 250℃ \\ f_{cu}(T) = [1.0 - 0.00157(T-250)]f_{cu}, 250℃ \leqslant T \leqslant 600℃ \\ f_{cu}(T) = [0.45 - 0.00112(T-600)]f_{cu}, T > 600℃ \end{cases} \tag{6-15}$$

6.1.5　断面尺寸与形式

为了对比不同隧道断面尺寸及形式对隧道衬砌结构体系火灾高温性能的影响，本书选取了两种具有代表性的公路隧道截面：一种为两车道的行车道隧道断面，一种为三车道紧急停车带隧道断面。断面的尺寸是根据公路隧道设计规范计算出的标准隧道断面尺寸。断面尺寸示意图如图 6-2 和图 6-3 所示。

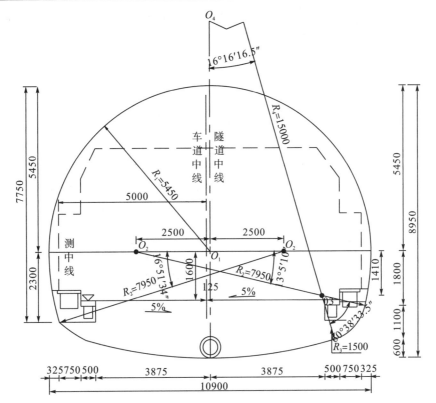

图 6-2　两车道隧道尺寸示意图(单位：mm)

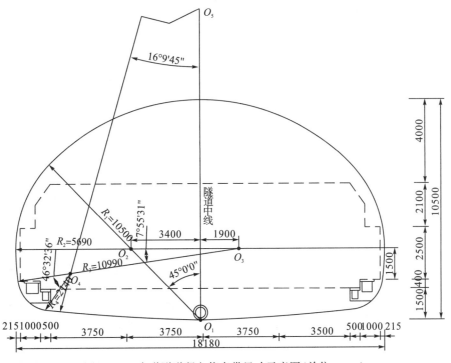

图 6-3　三车道隧道紧急停车带尺寸示意图(单位：mm)

衬砌结构的形式为公路隧道常用的复合衬砌：喷射混凝土加二次衬砌的形式。其中，喷射混凝土厚度为 25mm，混凝土强度等级为 C25；二次衬砌的计算厚度为 40mm，混凝土强度等级为 C35；围岩按Ⅳ级围岩考虑。

6.1.6　火灾工况

火灾场景选择 HC 升温曲线作为基准进行公路隧道衬砌结构火灾高温力学性能的分析，火灾持续时间为 2h。

隧道中，由于高温烟气主要分布在隧道截面上半部分，此外，隧道地面有很厚的路面及结构层，隧道底部衬砌结构的温度接近常温，所以热烟气流在隧道衬砌表面的分布主要是在结构拱顶及两侧，热烟气流的分布如图 6-4 和图 6-5 所示。

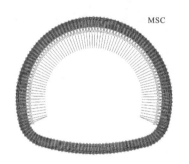
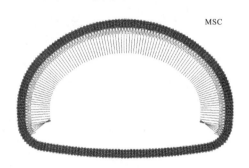

图 6-4　两车道隧道热边界条件(见彩图)　　　图 6-5　三车道隧道热边界条件(见彩图)

衬砌结构的导热系数选择线性分布公式如下：$\lambda_c = 1.6 - \dfrac{0.6}{850}T$；混凝土的比热容选择线性分布公式如下：$c_c = 836.8 + \dfrac{418.4}{850}T$；衬砌结构与高温烟气流之间的对流换热系数选择公式如下：$h = 7.05 \times e^{\left(\frac{T}{372.55}\right)} + 0.84$。

考虑以下 3 种爆裂情况：爆裂深度为 50mm、100mm、150mm。爆裂起始时间为开始升温 15min，结束时间为开始升温 45min。

Ⅳ级围岩参数如下：围岩的弹性模量 E 为 3.7×10^9 Pa，泊松比为 0.33，密度为 2200kg/m³。混凝土参数如下：初衬密度为 2400kg/m³，弹性模量 E 为 2.8×10^4 N/mm²，泊松比为 0.2；二衬密度为 2400kg/m³，弹性模量 E 为 3.15×10^4 N/mm²，泊松比为 0.2。

隧道的网格计算模型如图 6-6 和图 6-7 所示。

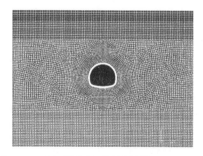
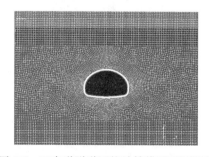

图 6-7　两车道隧道网格计算模型(见彩图)　　　图 6-8　三车道隧道网格计算模型(见彩图)

6.2　火灾下衬砌结构的温度

两车道的隧道与三车道的隧道在温度场计算中所采用的温度曲线相同，热工参数及材料性质也相同，故温度沿衬砌厚度方向的分布相同。

1. 隧道在不同的升温曲线下的温度分布

计算选取了 5 种隧道结构火灾中常用的升温曲线（HC 曲线、HC_{inc} 曲线、ISO834 曲线、RWS 曲线和 RABT 曲线）来对隧道衬砌结构的温度场进行模拟，选取的火灾时间为 2h，隧道衬砌结构在不同的升温曲线下的温度分布如图 6-9 所示。

从图 6-8 中可以看出，在受火面 5cm 内，温度分布形式近似于升温曲线，且温度变化曲线区别比较明显，在距受火面 5～10cm 内，温度的变化趋势趋近于统一，最终状态下的温度差别越来越小，在受火面 10～15cm 内，温度较低，温度的变化幅度不大，各种曲线所呈现出来的变化趋势较为相近。

各种不同的升温曲线对隧道衬砌结构造成的影响主要集中在距受火面 5cm 的高温区段。在此区段内，温度分布在不同的曲线下呈现出不同的规律；在 ISO834 曲线下，温度上升比较缓慢；在 RABT 曲线下，在冷却阶段温度会有所下降；在 HC_{inc} 曲线和 RWS 曲线下，衬砌达到的最高温度超过 1200℃。在距离受火面较远的区段，由于温度传递存在一定的延迟，各种升温曲线下的温度影响渐渐降低，HC_{inc} 曲线、RWS 曲线与 ISO834 曲线在该区段造成的温度差别降低，最终状态下的温度差别只有 150℃左右，RABT 曲线的冷却过程在此范围内表现不明显。在距离受火面超过 10cm 的范围内，温度较低，最高温度在 100℃左右，各种曲线的变化趋势及达到的最高温度很相似，各种不同的曲线在低温区所产生的区别不大。

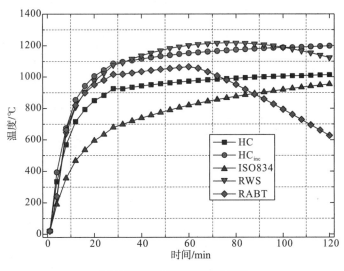

(a)衬砌表面温度随时间变化情况

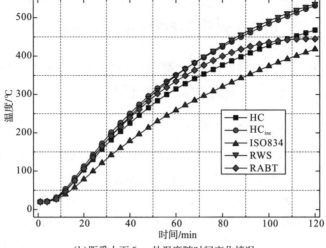

(b)距受火面 5cm 处温度随时间变化情况

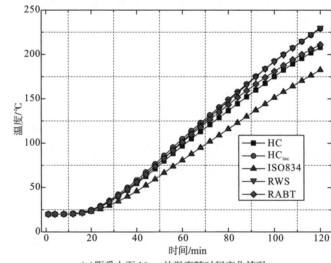

(c)距受火面 10cm 处温度随时间变化情况

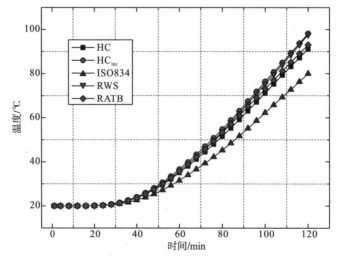

(d)距受火面 15cm 处温度随时间变化情况

图 6-8　隧道衬砌结构不同深度处在不同的升温曲线下的温度分布

2. 考虑爆裂情况隧道衬砌结构内的温度分布

计算分析 3 种不同的爆裂深度对温度分布的影响，考虑爆裂深度后的温度分布如图 6-9 所示，计算所选用的升温曲线为 HC 曲线。

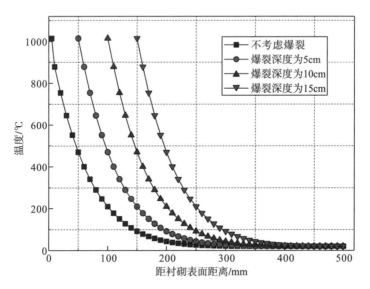

图 6-9　最后状态不同爆裂深度情况下的温度分布

爆裂是造成衬砌结构损坏的一个重要因素，同时也是在温度场分析中起重要作用的一个因素。在不考虑爆裂的情况下，高温主要集中在衬砌结构表面 10cm 左右的厚度上面，衬砌结构的主体处于正常的温度范围，这与实际的火灾场景有很大的差距。当考虑爆裂发生时，衬砌的爆裂会导致温度向更深的部分发展，使深部的衬砌结构受到高温影响，这与实际的火灾场景比较接近，是造成隧道因高温被破坏的重要原因。

3. HC 曲线下温度随衬砌深度和时间的变化

为了分析衬砌结构在高温时的影响深度和温度随时间的变化规律，计算了在 HC 曲线下温度沿衬砌厚度方向变化规律和随时间的变化规律，结果如图 6-10 和图 6-11 所示。

由图可以看出，由于混凝土结构属于导热性较差的材料，并且随着温度的升高，导热系数有下降的趋势，这意味着当混凝土表面的温度升高到一定程度时，热量向混凝土内部的传递速度变得更加缓慢，因此，衬砌结构仅在距离高温边界较近的地方升温比较快，在远离温度边界的地方温度始终接近于初始温度。

衬砌结构的高温区域主要集中在结构受火面 10cm 左右范围内，随着时间的变化，高温区域延伸速度缓慢。在不考虑爆裂的情况下，燃烧 2h 时，10cm 厚度范围内，温度由 1000℃ 衰减到 200℃。衬砌结构越厚，受温度影响的区域所占的百分比就越低，受到的温度影响也就越小。

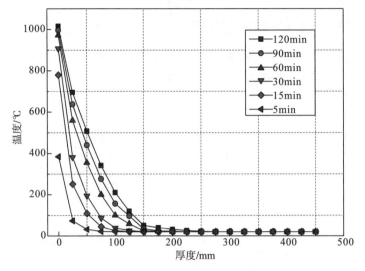

图 6-10　不同厚度情况下衬砌温度分布

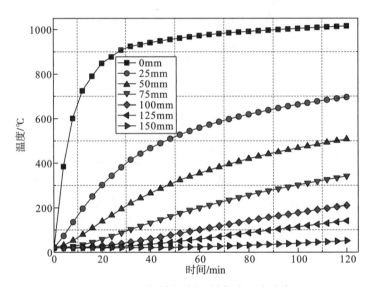

图 6-11　不同时刻下衬砌结构内温度分布

　　在接近高温边界的衬砌处，温度随时间变化曲线接近于 HC 曲线，随着与受火点距离的增大，衬砌内的温度变化趋于平缓，并且随着深度的增加，温度的上升速率和达到的最高温度都下降很快，在距离衬砌表面 15cm 处，温度变化微小。

6.3　火灾下衬砌结构的变形

　　两车道隧道与三车道隧道在变形趋势上相似。根据计算结果可以得到两车道隧道不同位置的变形规律，主要选取隧道拱顶、隧道水平侧墙和仰拱底部三个位置对隧道的变形规律进行分析，从隧道衬砌内部向外选择不同深度三个主要位置的截面进行了变形分析，分析位置如图 6-12 所示。

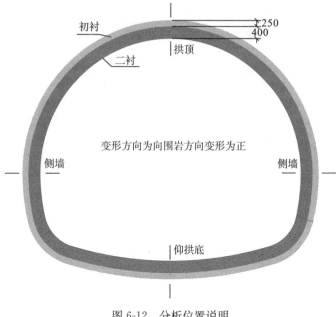

图 6-12　分析位置说明

1. 隧道位移随时间变化情况

隧道衬砌位移随时间变化情况如图 6-13～图 6-15 所示。

由于在计算中考虑了混凝土的热膨胀效应，在高温时，热膨胀使得混凝土内部的应力和变形状态发生变化。从图中可以看出，拱顶处的衬砌结构变形为向着围岩方向变化，且在开始时处于温度上升阶段，结构的位移在开始时出现一定的波动，当温度达到稳定时，位移开始稳定增加。还可以看出，不同深度的变形大小有很大的差别，高温区的变形和常温区的变形相差近 2 倍，这是由于高温区的热膨胀比较大，向外变形较小。

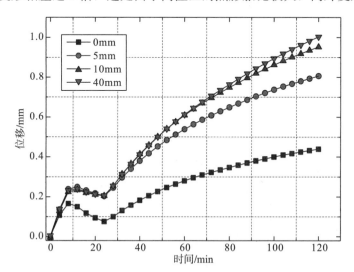

图 6-13　拱顶不同厚度竖向位移随时间变化(向围岩方向变形为正)

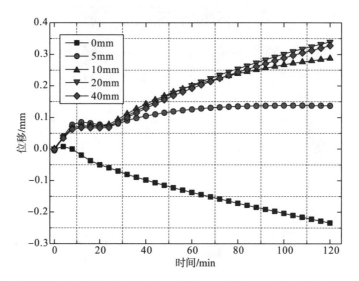

图 6-14　侧墙不同厚度竖向位移随时间变化(向围岩方向变形为正)

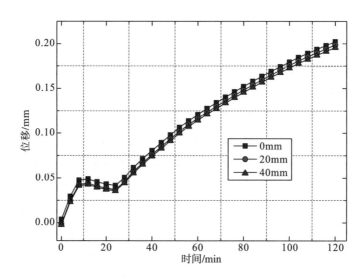

图 6-15　仰拱底部不同厚度竖向位移随时间变化(向围岩方向变形为正)

　　侧墙的变形主要考虑侧墙在水平方向的变形,从图中可以看出,在高温区的变形方向为向隧道内部方向,衬砌外缘的变形则是向着隧道围岩方向,侧墙处的变形规律与拱顶处的变形规律相差很大。仰拱底部没有温度场作用,其变形主要是由于隧道其他部位的火灾情况引起的,所以其变形较小,且在厚度方向上变形大小相近。

2. 爆裂对隧道位移的影响

　　爆裂的发生会对隧道的变形产生一定的影响,在计算中,考虑了三种不同的爆裂深度对隧道变形的影响,计算结果如图 6-16～图 6-18 所示。

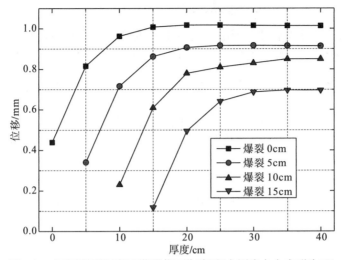

图 6-16　不同爆裂深度下拱顶截面位移图（向围岩方向变形为正）

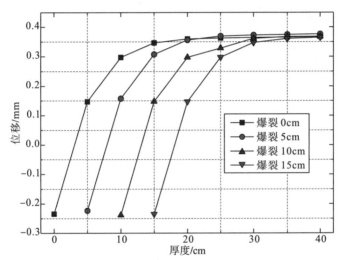

图 6-17　不同爆裂深度下侧墙截面位移图（向围岩方向变形为正）

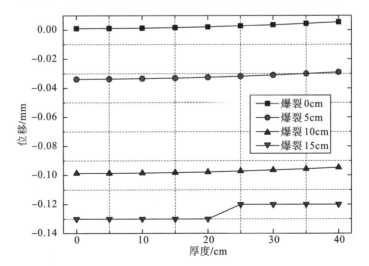

图 6-18　不同爆裂深度下仰拱底部截面位移图（向围岩方向变形为正）

　　图 6-16～图 6-18 所示的计算分为四种情况，爆裂深度为 0cm、5cm、10cm 和 15cm。从结果中可以看出，爆裂使得衬砌结构的变形向内延伸一段距离。在拱顶处，爆裂使得隧道向外部的变形减小；在侧墙处，爆裂使得高温区衬砌向外的变形减小，在二衬 40cm 处的常温区，变化不大；爆裂在仰拱底部使得仰拱向上拱起变形。

6.4　火灾下衬砌结构的内力

1. 拱顶应力变化

　　以两车道隧道的计算结果为例，衬砌结构拱顶的内力变化如图 6-19 所示。

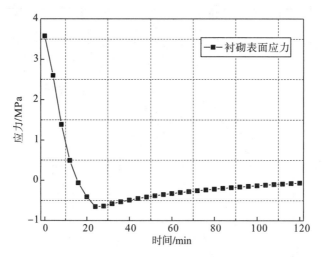

(a)衬砌结构受火面处的应力变化

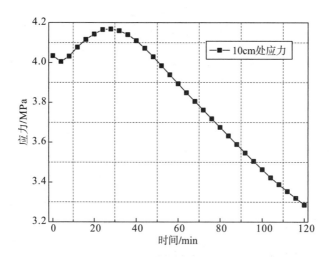

(b)距衬砌表面 10cm 处

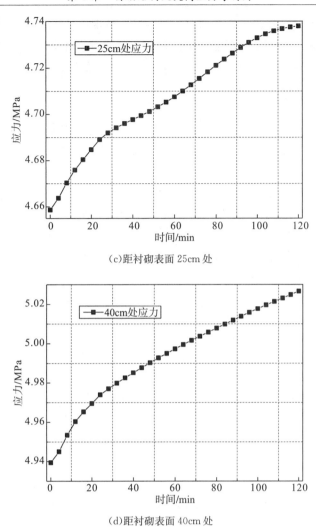

(c)距衬砌表面 25cm 处

(d)距衬砌表面 40cm 处

图 6-19　衬砌结构拱顶处内力变化图(压正拉负)

从图 6-19(a)中可以看出，衬砌结构受火表面温度增加非常快，混凝土强度和弹性模量下降非常迅速，衬砌结构中距离受火面较近的一层混凝土的应力值迅速下降。当火势随着温度曲线达到最大时，应力值下降达到最大，之后随着火势的不断发展，该层混凝土的温度变化不大，混凝土中应力保持较低值，相当于该层混凝土失去作用。

距离衬砌表面 10cm 处的混凝土应力变化如图 6-19(b)所示。可以看出，由于温度的传导需要一定时间，在火灾初始的 25min 左右，该区域的混凝土温度较低，需要分担由于表面混凝土强度降低造成的影响。在 25min 后，混凝土中应力呈上升趋势，随着火势的增加和时间的增长，温度逐渐延伸到混凝土内部，该区域的混凝土随着温度的增加，弹性模量和极限强度都开始下降，内部应力值也开始慢慢下降，由于距离结构 10cm 处最终温度在 400℃左右，所以混凝土的强度降低有限，不会出现像衬砌结构表面处内力下降到几乎为 0 的情况。

高温区混凝土应力不断下降引起了衬砌结构内部的应力重分布，结构深部混凝土要承担高温区强度衰减带来的影响，如图 6-19(c)和图 6-19(d)所示。随着时间的变化，衬砌中部和深部的应力值都呈增长趋势，在 25cm 处，火灾 2h 时应力增长 0.12MPa，在 40cm 处，应力增长约 0.08MPa，说明随着深度的增加，应力变化幅度相应减少。在受火面附近的高温区，衬砌结构内部应力变化情况显著，在远离受火面的部位，应力变化较小。

2. 衬砌不同位置应力变化

如图 6-20～图 6-22 所示，在拱顶位置处，拱顶内部靠近受火面一侧，应力变化非常明显。随着时间的变化，衬砌结构中的压应力不断减小，在 2h 左右后，靠近受火面的地方应力接近于 0，在衬砌远离受火面一侧，结构的压应力不断增大，以平衡内侧由于强度减少带来的应力损失。在衬砌结构侧墙位置，初始应力较小，且随着火势的变化，整个侧墙沿厚度方向的应力都在减小，并没有出现拱顶位置处内侧减小外侧增大的现象。在衬砌结构底部，没有温度作用，其应力的变化主要是由其他位置火灾情况引起的重分布，从图中可以看出，底部的应力随着时间的变化有所增加，但是增大的幅度不大。

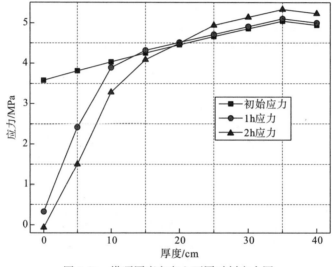

图 6-20　拱顶厚度方向上不同时刻应力图

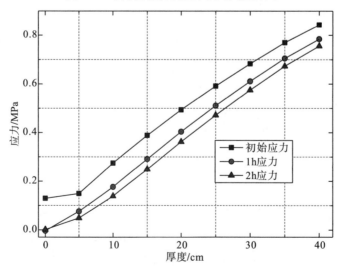

图 6-21　侧墙厚度方向上应力变化

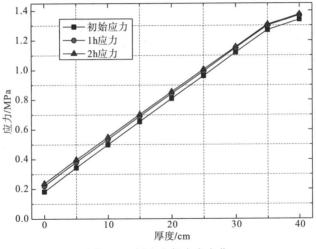

图 6-22　衬砌底部应力变化

由此可见，衬砌结构在火灾高温情况下的内力变化是一个整体效应，不同的位置应力变化出现不同的表现。

6.5　隧道截面尺寸的影响

1. 拱顶竖向位移

如图 6-23 所示，两车道隧道与三车道隧道在火灾情况下的变形趋势是相似的，从实际计算结果来看，三车道隧道的变形量要比两车道大 30% 左右。

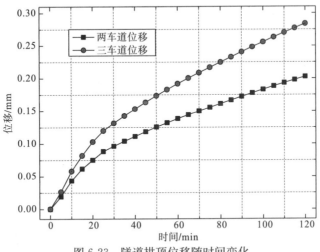

图 6-23　隧道拱顶位移随时间变化

2. 衬砌结构内力

两车道和三车道隧道衬砌结构的内力变化如图 6-24～图 6-26 所示。从中可以看出，两者在结构受力情况方面相似，在拱顶和侧墙，衬砌结构内力的变化规律相似，内力的大小也相似，在仰拱底部，三车道的内力要大于两车道的内力。

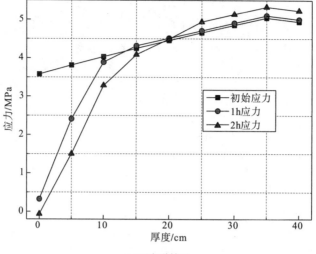

(a)两车道情况

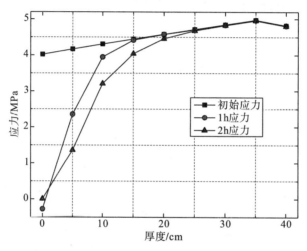

(b)三车道情况

图 6-24　衬砌结构拱顶内力变化

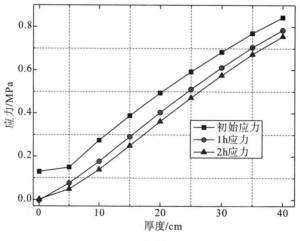

(a)两车道情况

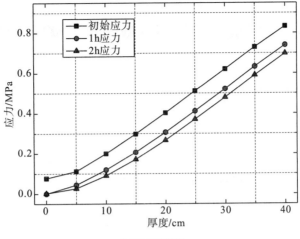

（b）三车道情况

图 6-25　衬砌侧墙内力变化

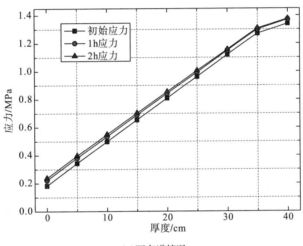

（a）两车道情况

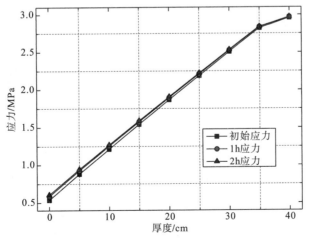

（b）三车道情况

图 6-26　衬砌拱底内力变化

6.4　火灾下衬砌的承载力及整体安全性

以拱顶截面为例，图 6-27 给出了火灾高温下隧道衬砌截面沿衬砌厚度混凝土抗压强度随火灾延续时间的变化规律。

在火灾高温的作用下，由于下列原因，衬砌混凝土抗压强度发生显著的劣化：①升温使试块内的自由水逐渐蒸发，并且由于混凝土内粗骨料与水泥浆体的温度膨胀系数不等，体积膨胀差使不同骨料界面上产生温度裂缝；②500℃后，水泥水化产生的氢氧化钙等开始脱水，体积膨胀，使裂缝扩展；③700℃后，水泥中的未水化颗粒和骨料中的石英成分分解，形成晶体后产生巨大的膨胀，并且一些骨料内部出现裂缝，混凝土的峰值应力急剧下降；④升温时，温升速率越大，混凝土边界面温度上升速度也越快，并且由于混凝土是一种热惰性材料，混凝土内不稳定温度场的初期瞬态温度梯度也越大，而温度梯度是造成温度裂缝、降低混凝土强度的主要原因之一。

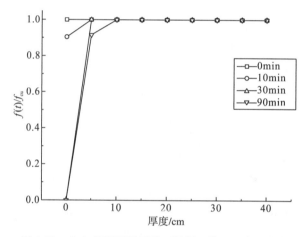

图 6-27　火灾高温下拱顶截面混凝土抗压强度的分布

由此可以发现，随着火荷载加载时间的增加，由于高温的影响，靠近受火侧的衬砌混凝土的抗压强度不断劣化；且越靠近受火侧温度越高，混凝土抗压强度的劣化程度也越大。最后在距离受火面最近处由于温度达到近 1200℃ 的高温，混凝土失去强度。从图中也可以发现，在火荷载的作用下，强度损失区域占整个衬砌截面的范围较小，约 10cm 范围，可以认为在模拟的火灾场景（HC 曲线，2h）下，隧道衬砌截面的强度损失不大，截面承载力降低幅度有限。

尽管在短时间的火灾高温作用下，隧道衬砌截面承载力的降低幅度有限，但是由火灾高温引起的衬砌混凝土热膨胀和内力重分布，隧道衬砌结构内力发生显著的增加（对应于截面实际应力状态发生显著的变化），使得衬砌结构各截面的安全系数显著降低，严重降低了衬砌结构的整体安全性。

图 6-28 给出了经受不同时间历程的火荷载作用后，隧道衬砌截面沿衬砌厚度混凝土残余抗压强度的变化规律。

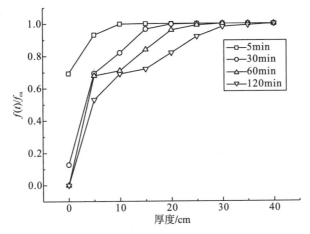

图 6-28　经历火灾高温后隧道衬砌拱顶截面残余强度的分布

从图中可以发现，随着受火时间的增加，在隧道衬砌截面同一高度处，其残余抗压强度逐渐减小，经历相同的受火时间后，衬砌混凝土残余强度由内侧向围岩侧逐渐增大。当火荷载延续时间为 120min 时，在距离受火面约 30cm 范围内混凝土的强度受到了高温的影响而降低，在距离受火面约 5cm 范围内混凝土的强度损失最为严重，残余强度为原抗压强度的 0～0.5 倍。由此可见，隧道衬砌结构经历火灾后，由于衬砌内表面经历的温度最高，其残余强度最低。此外，比较火灾时和火灾后沿隧道衬砌截面厚度混凝土的抗压强度的变化规律，可以发现，火灾高温之后衬砌结构混凝土的残余抗压强度进一步下降，这使得经历火灾高温后衬砌结构的承载力进一步降低。

第7章 衬砌结构火灾高温承载力计算方法

7.1 结构高温承载力的计算理论

7.1.1 基本假设

根据既有的试验研究成果和理论分析可知，钢筋混凝土构件在高温时（后）的破坏形态、截面应变等都与常温构件相类似，故常温下钢筋混凝土构件的计算原则和方法都适用于高温构件。

①平截面假设如图 7-1 所示，截面的应变沿截面高度保持线性分布。

②钢筋和混凝土之间没有相对滑移。

③不考虑混凝土的抗拉强度。

④钢筋的截面小，热传导系数大，可假设受力钢筋的温度沿其截面分布均匀，并与周围混凝土平均温度相同[96]。

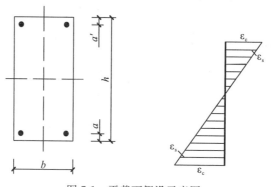

图 7-1 平截面假设示意图

7.1.2 高温极限 N_{uT}-M_{uT} 相关曲线

将衬砌结构截面的高温受压承载力记为 N_{uT}，高温受弯承载力记为 M_{uT}。试验研究表明，对于给定截面尺寸、配筋和材料强度计算模型的钢筋混凝土构件，可以在无数组不同的 N_{uT} 和 M_{uT} 的组合下达到承载力极限状态。在承载力极限状态时，给定 M_{uT} 时就有唯一的 N_{uT}。因而，一般采用 N_{uT}-M_{uT} 相关曲线来描述偏压构件截面的极限承载力。

已有的研究表明，当偏心受压的钢筋混凝土构件承受单面受火高温作用时，其极限 N_{uT}-M_{uT} 相关曲线与纵坐标 N 轴不对称，如图 7-2 所示。其不对称的主要原因如下：当偏心受压构件承受单面受火这种不对称高温作用后，极大受压承载力作用点未与截面形心重合，而是在偏向低温区的位置。此时的偏心距 e_A 称为极强偏心距，胡海涛等[96]在压弯构件高温试验研究中验证了这种现象。图 7-2 中，N_{uT} 以受压为正，M_{uT} 以拉区高温、压区低温时弯矩为正，反之为负。

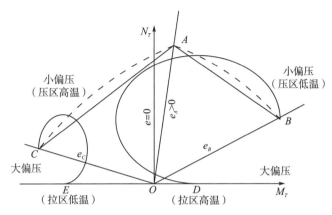

图 7-2　高温偏心受压构件极限 N_{uT}-M_{uT} 相关曲线

在图 7-2 中，相关曲线上有 5 个不对称特征点。A 点对应着截面的极大轴向承载力；B、C 点分别对应着轴向合力偏向低温侧和高温侧时，各有的一个大、小偏心受压界限点(偏心受压界限破坏状态如图 7-4 所示)，此时对应的偏心距 e_B、e_C 称为界限偏心距；D、E 点分别对应着轴向合力为 0、纯弯曲状态时，拉区高温和压区高温的极限弯矩值。各特征点对应的承载力状态简图如图 7-3 所示。

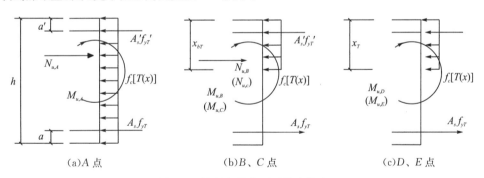

（a）A 点　　　　　　　　（b）B、C 点　　　　　　　　（c）D、E 点

图 7-3　特征点的截面承载力状态

根据力的平衡条件及力矩平衡条件可得各承载力状态的平衡方程。

(1)极大轴向承载力状态 A 点的方程如下：

$$\begin{cases} N_{uT,A} = f_{yT}A_s + f'_{yT}A'_s + f_c[T(x)]bh \\ M_{uT,A} = f_c[T(x)]bh\left[x(f_{cT}) - \dfrac{h}{2}\right] \mp A_s f'_{yT}\left(\dfrac{h}{2} - a\right) \pm A'_s f'_{yT}\left(\dfrac{h}{2} - a'\right) \end{cases} \tag{7-1}$$

(2)偏心受压界限状态 B 点(C 点)的方程如下：

$$\begin{cases} N_{uT,B(C)} = f_c[T(x)]bx_{bT} + A'_s f'_{yT} - A_s f_{yT} \\ M_{uT,B(C)} = f_c[T(x)]bx_T[x(f_{cT}) - a] + A'_s f'_{yT}(h - a - a') \end{cases} \tag{7-2}$$

(3)纯弯曲状态 D 点(E 点)的方程如下：

$$\begin{cases} N_{uT,D(E)} = f_c[T(x)]bx_T + A'_s f'_{yT} - A_s f_{yT} = 0 \\ M_{uT,D(E)} = f_c[T(x)]bx_T[x(f_{cT} - a] + A'_s f'_{yT}(h - a - a') \end{cases} \quad (7\text{-}3)$$

式中，N_{uT} 为高温受压承载力；M_{uT} 为高温受弯承载力；f_{yT} 为纵向钢筋的高温抗拉强度；f'_{yT} 为纵向钢筋的高温抗压强度；$f_c[T(x)]$ 为混凝土的高温抗压强度；x_{bT} 为界限破坏的压区高度；x_T 为纯弯曲状态时的压区高度；$x(f_{cT})$ 为混凝土受压合力点至截面受拉边缘的竖向距离；A_s 为纵向受拉钢筋截面积；A'_s 为纵向受压钢筋截面积；b 为构件截面宽度；h 为构件截面高度；a 为纵向受拉钢筋合力点至截面受拉边缘的竖向距离；a' 为纵向受压钢筋合力点至截面受压边缘的竖向距离。

此外，还应了解界限偏心距及高温界限压区高度。所谓界限破坏是指受弯构件在钢筋应力到达屈服强度的同时受压区边缘纤维也恰好到达混凝土受弯时的极限压应变值，如图 7-4 所示。此时的偏心距称为界限偏心距，混凝土受压区的高度称为界限压区高度。

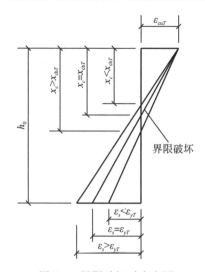

图 7-4　界限破坏时应变图

界限偏心距的定义如下：

$$e_{u,B(C)} = e_{B(C)} = M_{uT,B(C)}/N_{uT,B(C)} \quad (7\text{-}4)$$

设界限破坏时截面中和轴高度为 x_{cbT}，由图 7-4 所示关系，则有

$$\frac{x_{cbT}}{h_0} = \frac{\varepsilon_{cuT}}{\varepsilon_{cuT} + \varepsilon_{yT}}$$

把 $x_{bT} = \beta_1 \cdot x_{cbT}$ 代入上式，则可得高温界限压区高度 x_{bT} 为

$$x_{bT} = \frac{\beta_1 \cdot \varepsilon_{cuT}}{\varepsilon_{cuT} + \varepsilon_{yT}} \cdot h_0 = \xi_{bT} h_0 \quad (7\text{-}5)$$

式中，β_1 为混凝土受压区等效矩形应力图系数，为矩形应力图高度 x_T 与中和轴高度 x_{cT} 的比值，按规范 GB50010—2002 取值；ε_{cuT} 为混凝土高温极限压应变，可由高温试验获得；ε_{yt} 为钢筋的高温屈服应变，可由高温试验获得；h_0 为截面有效高度；ξ_{bT} 为混凝土高温界限相对受压区高度，$\xi_{bT} = x_{bT}/h_0$。

7.1.3 大偏心受压时极限承载力

当拉区高温偏心距 $e > e_B$、拉区低温偏心距 $e < e_C$ 时，截面上受拉钢筋首先屈服，之后受压区的混凝土和钢筋才到达各自的抗压强度，从而发生大偏心受压破坏状态。大偏心受压破坏的截面计算简图如图 7-5 所示。

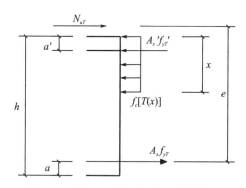

图 7-5 大偏心受压破坏截面计算简图

由力的平衡及各点对受拉钢筋合力点取矩的力矩平衡条件，得截面平衡方程如下：

$$
\begin{cases}
N_{uT} = f_c[T(x)]bx + f'_{yT}A'_s - f_{yT}A_s \\
N_{uT}e = N_{uT}\left(\eta e_i + \dfrac{h}{2} - a\right) \\
\qquad = M_{uT}N_{uT}\left(\dfrac{h}{2} - a\right) \\
\qquad = f_c[T(x)]bx\left(h - a' - \dfrac{x}{2}\right) + f'_{yT}A'_s(h - a - a')
\end{cases}
\tag{7-6}
$$

通过上面两个平衡方程即可求解大偏心受压时的极限承载力，两个平衡方程联立描述了图 7-2 中 BD 曲线段和 CE 曲线段。

7.1.4 小偏心受压时极限承载力

当偏心距 $e_B < e < e_C$ 时，截面上受压区混凝土首先达到抗压强度，受压钢筋的应力达到屈服强度，而远侧的钢筋可能受拉也可能受压，但都不屈服，这种状态称为小偏心受压破坏状态。此时，截面上大部分面积的混凝土和钢筋的应力值未知，很难利用截面的平衡方程求解准确的极限承载力。

如图 7-2 所示，在小偏心破坏范围内，AB 曲线段和 AC 曲线段都是外凸线，且弧度很小。过镇海等[92]建议以直线 $\overline{AB}$ 和 $\overline{AC}$ 代替实际的 N_{uT}-M_{uT} 相关曲线。这样做既使评估计算结果偏于合理，误差不大，又简化了计算方法。根据图 7-2 所示几何关系，可以得到直线 $\overline{AB}$ 和 $\overline{AC}$ 的方程式，分别如下。

$$
(M_{uT,B} - M_{uT,A})N_{uT} + (N_{uT,A} - N_{uT,B})M_{uT} + M_{uT,A}N_{uT,B} - M_{uT,B}N_{uT,A} = 0
\tag{7-7}
$$

$$(M_{uT,C} - M_{uT,A})N_{uT} + (N_{uT,A} - N_{uT,C})M_{uT} + M_{uT,A}N_{uT,C} - M_{uT,C}N_{uT,A} = 0$$

$$(7-8)$$

若已知破坏状态时的偏心距 e_u，即 $M_{uT} = n_{uT}e_u$，即可由式(7-7)或式(7-8)计算小偏心受压的极限承载力。

7.2 结构高温承载力的计算方法

火灾高温时(后)，构件截面温度场发生改变，材料的力学性能随经历温度发生不可逆的变化。要想获得不同状态下截面的高温承载力，需研究混凝土、钢筋等材料的高温承载力对截面承载能力的贡献。由于钢筋的截面面积相对较小，在截面承载力计算中钢筋的作用面积一般简化为点计算，处理起来比较方便。对于占据截面面积绝大部分的混凝土材料，在计算截面承载力时就必须考虑混凝土高温强度沿截面分布的影响。

前面给出的各计算式中的混凝土高温抗压强度 $f_c[T(x)]$ 以及对应的混凝土受压合力点至截面受拉边缘的竖向距离 $x(f_{cT})$ 等参数均受混凝土高温强度截面分布的影响。如何在计算中考虑混凝土高温强度分布，关系到截面高温承载力计算的可行性和准确性，是高温承载力计算中的重要环节。

以钢筋混凝土衬砌为例说明混凝土高温强度截面分布。如图 7-6 所示，当衬砌结构承受火灾高温后，衬砌截面温度场发生改变，混凝土强度随温度的增高而下降。

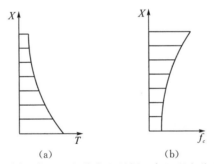

(a)　　　　　　　　(b)

图 7-6　衬砌截面温度分布和混凝土高温强度分布简图

7.2.1　积分法

假设构件截面宽度为 b，高度为 h，沿截面高度 x 方向的温度分布表示为 $T(x)$，混凝土高温强度与温度的计算模型为 $f_c(T)$，则可以得到混凝土强度沿 x 的分布为 $f_c[T(x)]$，即 $f_c = f_c[T(x)]$ 是以 x 为自变量的函数，定义域为 $[0, h]$，如图 7-7 所示。

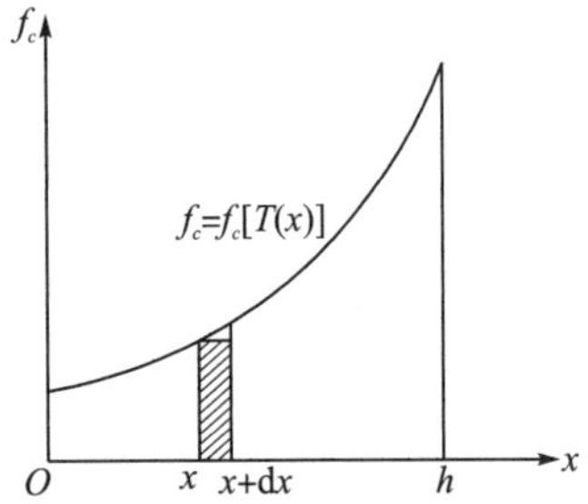

图 7-7　积分法示意图

基于定积分的原理，可以得到全截面受压时的构件混凝土受压承载力、受压承载力与 O 点的力矩分别为

$$N_{u,T} = \int_0^h b \cdot f_c[T(x)]\mathrm{d}x$$

$$M_{o,T} = \int_0^h b \cdot f_c[T(x)] \cdot x \, \mathrm{d}x$$

这样，基于积分法的极限 N_{uT}-M_{uT} 相关曲线上特征点承载力状态的平衡方程可表述如下。

(1)极大轴向承载力状态 A 点为

$$\begin{cases} N_{uT,A} = f_y[T(x=a)]A_s + f_y'[T(x=h-a')]A_s' + \int_0^h b \cdot f_c[T(x)]\mathrm{d}x \\[2mm] M_{uT,A} = \int_a^h \cdot f_c[T(x)] \cdot \left(x - \dfrac{h}{2}\right)\mathrm{d}x \\[2mm] \qquad\qquad \mp f_y'[T(x=a)]A_s\left(\dfrac{h}{2} - \dfrac{a}{2}\right) \pm f_y'[T(x=h-a')]A_s'\left(\dfrac{h}{2} - \dfrac{a'}{2}\right) \end{cases} \quad (7\text{-}9)$$

(2)偏心受压界限状态 B 点(C 点)为

$$\begin{cases} N_{uT,B(C)} = \int_{h-x_{bT}}^h b \cdot f_c[T(x)]\mathrm{d}x + f_y'[T(x=h-a')]A_s' - f_y[T(x=a)]A_s \\[2mm] M_{uT,B(C)} = \int_{h-x_{bT}}^h b \cdot f_c[T(x)] \cdot (x-a)\mathrm{d}x + f_y'[T(x=h-a')]A'(h-a-a') \end{cases}$$

$$(7\text{-}10)$$

(3)纯弯曲状态 D 点(E 点)为

$$\begin{cases} N_{uT,D(E)} = \int_{h-x_T}^h b \cdot f_c[T(x)]\mathrm{d}x + f_y'[T(x=h-a')]A_s' - f_y[T(x=a)]A_s = 0 \\[2mm] M_{uT,D(E)} = \int_{h-x_T}^h b \cdot f_c[T(x)] \cdot (x-a)\mathrm{d}x + f_y'[T(x=h-a')]A_s'(h-a-a') \end{cases}$$

$$(7\text{-}11)$$

积分法的优点是保证了数学计算上的精度。但是需要注意，被积函数描述的混凝土高温强度 $f_c[T(x)]$，是由温度分布函数 $T(x)$ 与混凝土高温强度-温度函数 $f_c(T)$ 复合而成的。$T(x)$ 受火灾热流最高温度 T_{fmax}、火灾延烧时间 t 等多种因素影响。由试验获得的 $f_c(T)$ 影响因素也较为复杂，描述 $f_c(T)$ 的模型多为分段式函数。因而，在实际计算中，$f_c[T(x)]$ 往往为不可积函数或者积分计算过程非常复杂。

7.2.2　条分法

条分法是沿截面高度 x 划分 n 个高为 Δx、面积相等的条形区域，并假设各个条形区域内温度均匀，从而简化高温承载力计算的一种方法。如图 7-8 所示，在 $x_i \sim x_{i+1}$ 区域内，强度按 $\dfrac{1}{2}\{f_c[T(x=x_i)] + f_c[T(x=x_{i+1})]\}$ 取值。使用条分法可以方便地得到全截面受压时的构件混凝土受压承载力，受压承载力与 O 点的力矩为

$$N_{u,T} = \sum_{i=0}^{n-1} \frac{1}{2}\{f_c[T(x=x_i)] + f_c[T(x=x_{i+1})]\} \cdot b \cdot \Delta x$$

$$M_{o,T} = \sum_{i=0}^{n-1} \frac{1}{2}\{f_c[T(x=x_i)] + f_c[T(x=x_{i+1})]\} \cdot b \cdot \Delta x \cdot \left(i + \frac{1}{2}\right)\Delta x$$

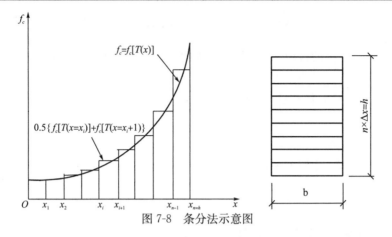

图 7-8　条分法示意图

采用条分法，极限 N_{uT}-M_{uT} 曲线上特征点承载力状态的平衡方程可表述如下。

（1）极大轴向承载力状态 A 点为

$$\begin{cases} N_{uT,A} = f_y[T(x = a)]A_s + f'_y[T(x = h - a')]A'_s \\ \qquad + \sum_{i=0}^{n-1} \frac{1}{2}\{f_c[T(x = x_i)] + f_c[T(x = x_{i+1})]\} \cdot b \cdot \Delta x \\ M_{uT,A} = \sum_{i=0}^{n-1} \frac{1}{2}\{f_c[T(x = x_i)] + f_c[T(x = x_{i+1})]\} \cdot b \cdot \Delta x \cdot \left[\left(i + \frac{1}{2}\right)\Delta x - \frac{h}{2}\right] \\ \qquad \mp f'_y[T(x = a)]A_s\left(\frac{h}{2} - \frac{a}{2}\right) \pm f'_y[T(x = h - a')]A'_s\left(\frac{h}{2} - \frac{a'}{2}\right) \end{cases} \tag{7-12}$$

（2）偏心受压界限状态 B 点（C 点）为

$$\begin{cases} N_{uT,B(C)} = \sum_{i=(h-x_{bT})/\Delta x}^{n-1} \frac{1}{2}\{f_c[T(x = x_i)] + f_c[T(x = x_{i+1})]\} \cdot b \cdot \Delta x \\ \qquad + f'_y[T(x = h - a')]A'_s - f_y[T(x = a)]A_s \\ M_{uT,B(C)} = \sum_{i=(h-x_{bT})/\Delta x}^{n-1} \frac{1}{2}\{f_c[T(x = x_i)] + f_c[T(x = x_{i+1})]\} \cdot b \cdot \Delta x \cdot \\ \qquad \left[\left(i + \frac{1}{2}\right)\Delta x - a\right] + f'_y[T(x = h - a')]A'(h - a - a') \end{cases} \tag{7-13}$$

（3）纯弯曲状态 D 点（E 点）为

$$\begin{cases} N_{uT,D(E)} = \sum_{i=(h-x_T)/\Delta x}^{n-1} \frac{1}{2}\{f_c[T(x = x_i)] + f_c[T(x = x_{i+1})]\} \cdot b \cdot \Delta x \\ \qquad + f'_y[T(x = h - a')]A'_s - f_y[T(x = a)]A_s = 0 \\ M_{uT,D(E)} = \sum_{i=(h-x_T)/\Delta x}^{n-1} \frac{1}{2}\{f_c[T(x = x_i)] + f_c[T(x = x_{i+1})]\} \cdot b \cdot \Delta x \cdot \\ \qquad \left[\left(i + \frac{1}{2}\Delta x - a\right)\right] + f'_y[(x = h - a')]A'_s(h - a - a') \end{cases} \tag{7-14}$$

当条形区域数 $n \to \infty$ 时，条分法即为积分法。相比积分法而言，条分法避免了积分法烦琐的积分计算。n 越大，条分法的计算在数学上越精确，计算量也越大；反之亦然。

而且，确定 n 或 Δx 时，需要考虑与 x_{bT}、x_T、h、a 和 a' 等数值间的关系，尽量使混凝土受压区边界与某个条形区域边界重合。采用条分法计算高温承载力时确定合理的 n 或 Δx 是非常重要的。

7.2.3　等效截面法

等效截面法是将强度损失转换为截面宽度损失的高温承载力简化计算方法。沿构件截面高度 x 划分 n 个高为 Δx、面积相等的条形区域；条形区域内温度均匀，在 $x_i \sim x_{i+1}$ 区域内，强度按 $\dfrac{1}{2} \{f_c[T(x=x_i)] + f_c[T(x=x_{i+1})]\}$ 取值；在每个区域内计算高温承载力，然后按照等量承载力原则，将强度损失转化为截面宽度损失，如图 7-9 所示。

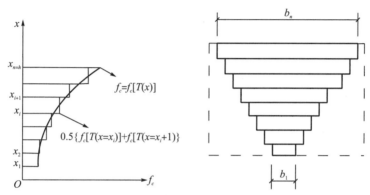

图 7-9　等效截面法示意图

在 $x_i \sim x_{i+1}$ 区域内，受压承载力为

$$N_{iT} = \frac{1}{2}\{f_c[T(x=x_i)] + f_c[T(x=x_{i+1})]\} \cdot b \cdot \Delta x$$

设 f_c 为混凝土常温强度，则 $x_i \sim x_{i+1}$ 区域的折算宽度 b_i 为

$$b_i = \frac{\{f_c[T(x=x_i)] + f_c[T(x=x_{i+1})]\} \cdot b \cdot \Delta x}{2f_c \cdot \Delta x}$$

$$= \frac{\{f_c[T(x=x_i)] + f_c[T(x=x_{i+1})]\}}{2f_c} b = K_i b$$

式中，$K_i = \dfrac{\{f_c[T(x=x_i)] + f_c[T(x=x_{i+1})]\}}{2f_c}$。上式中的 K_i 称为截面等效折减系数。使用等效截面法则有全截面受压时的构件混凝土受压承载力、受压承载力与 O 点的力矩为

$$N_{u,T} = \sum_{i=0}^{n-1} f_c \cdot K_i b \cdot \Delta x$$

$$M_{o,T} = \sum_{i=0}^{n-1} f_c \cdot K_i b \cdot \Delta x \cdot \left(i + \frac{1}{2}\right)\Delta x$$

采用等效截面法时，极限 N_{uT}-M_{uT} 相关曲线上特征点承载力状态的平衡方程可表述如下。

(1)极大轴向承载力状态 A 点为

$$\begin{cases} N_{uT,A} = f_y[T(x=a)]A_s + f_y'[T(x=h-a')]A_s' + \sum_{i=0}^{n-1} f_c \cdot K_i b \cdot \Delta x \\ M_{uT,A} = \sum_{i=0}^{n-1} f_c \cdot K_i b \cdot \Delta x \cdot \left[\left(i+\dfrac{1}{2}\right)\Delta x - \dfrac{h}{2}\right] \\ \qquad \mp f_y'[T(x=a)]A_s\left(\dfrac{h}{2}-\dfrac{a}{2}\right) \pm f_y'[T(x=h-a')]A_s'\left(\dfrac{h}{2}-\dfrac{a'}{2}\right) \end{cases} \quad (7\text{-}15)$$

（2）偏心受压界限状态 B 点（C 点）为

$$\begin{cases} N_{uT,B(C)} = \sum_{i=(h-x_{bT})/\Delta x}^{n-1} f_c \cdot K_i b \cdot \Delta x + f_y'[T(x=h-a')]A_s' - f_y[T(x=a)]A_s \\ M_{uT,B(C)} = \sum_{i=(h-x_{bT})/\Delta x}^{n-1} f_c \cdot K_i b \cdot \Delta x \cdot \left[\left(i+\dfrac{1}{2}\right)\Delta x - a\right] \\ \qquad + f_y'[T(x=h-a')]A'(h-a-a') \end{cases} \quad (7\text{-}16)$$

（3）纯弯曲状态 D 点（E 点）为

$$\begin{cases} N_{uT,D(E)} = \sum_{i=(h-x_T)/\Delta x}^{n-1} f_c \cdot K_i b \cdot \Delta x + f_y'[T(x=h-a')]A_s' \\ \qquad - f_y[T(x=a)]A_s = 0 \\ M_{uT,D(E)} = \sum_{i=(h-x_T)/\Delta x}^{n-1} f_c \cdot K_i b \cdot \Delta x \cdot \left[\left(i+\dfrac{1}{2}\right)\Delta x - a\right] \\ \qquad + f_y'[T(x=h-a')]A'(h-a-a') \end{cases} \quad (7\text{-}17)$$

等效截面法的原理与条分法的原理有相通之处，可以看到，将 K_i 的表达式代入等效截面法平衡方程，即得到条分法平衡方程。国内外研究人员在进行混凝土构件的高温承载力简化计算时，多采用等效截面法。同样，采用等效截面法时，n 越大，Δx 越小，计算越精确，也越烦琐。

第8章 衬砌结构火灾损伤检测评价

8.1 检测方法综合评价

火灾后混凝土结构的检测评估是一门新兴学科。国内与普通混凝土结构有关的规范中规定了一些常规的结构检测方法，但它们大多不适用于火灾作用后的结构检测。国内外学者在火灾高温后混凝土结构的检测评估方面进行了大量的研究工作，得出了一些行之有效的检测评估方法，这些方法一般均属于无损检测或半无损检测，如表8-1所示。

表8-1 混凝土灾后检测评估方法

序号	方法名称	测试量	可检测内容		
			强度损失	受火温度	损伤程度和深度
1	回弹法	回弹值	√	√	—
2	超声法	超声波速	√	√	√
3	超声回弹综合法	回弹值、超声波速	√	√	—
4	表面特征观测法	敲击、观察	√	√	—
5	钻芯取(小)样法	芯样抗压强度	√	—	—
6	冲击钻入检测法	钻入时间、深度及阻力	√	—	—
7	时间－温度曲线计算法	火灾情况、燃烧时间		√	
8	电镜分析法	电镜下显微特征	—	√	—
9	烧损厚度检测法	烧疏层厚度		√	
10	红外热像法	热像温升	√	√	
11	电化学法	混凝土内钢筋表面电势	—	—	√
12	射钉法	钢钉射入长度	√	—	—
13	拔出法	拔出力	√	—	—
14	热释光法	混凝土矿物热释光强度	√	√	—
15	碳化试验法	碳化深度	—	√	√
16	残留物烧损特征推定法	残留物特征		√	
17	钢筋强度变化推定法	混凝土内钢筋强度变化		√	
18	热分析法	受热表现特征		√	
19	化学分析法	结合水和氯化物分析	—	√	
20	混凝土烧失量推定法	烧失量		√	
21	实耗可燃物理论计算法	火灾载荷		√	
22	色差分析法	混凝土表面色差分析	—	√	
23	地质雷达法	雷达波形图	—	—	√
24	振动波法	波速	—	—	√
25	钻芯切片法	吸水率和张拉应力	—	—	√

上述各种检测方法在混凝土火灾损伤的科学研究及火灾评估实践等方面均有应用，但效果与难易程度均有所不同。

①表观特征观测法较为粗糙，适用于初步判断。

②电镜、电化学和红外热成像等方法较为精确，但要求检测人员具备较深的专业能力，适用范围窄，不能在工程实践中推广应用。

③钻芯取样法较为精确，但大批次取样困难，取样时易造成衬砌破损。

④回弹法与超声法属于无损检测技术，对使用人员的业务素质要求不高，只需具备一定的操作技能即可，可进行大批次无损检测，适用范围广泛。

《回弹法检测混凝土强度技术规程》(JGJ/T 23 — 2001)、《超声回弹综合法检测混凝土强度技术规范》(CECS02 — 2005)两部行业标准对于回弹值、超声值在常温下与混凝土强度的关系进行了规定，但由于混凝土材料在高温条件下发生了结构变异与强度弱化，相关公式不能用于高温损伤混凝土试块。国内虽然对于高温后混凝土试块的强度进行了回弹值与超声值的相关性研究，但研究对象主要是高标号混凝土(C40 以上)或低标号混凝土(C20 及以下)，而对于国内公路隧道普遍采用的中等标号混凝土(C20~C35)缺少系统研究。

本章拟对本书第 4 章中的大批次 C20~C35 混凝土烧蚀试块进行回弹法、超声法试验，推求高温后自然冷却混凝土试块强度与回弹值、超声值的相关关系。

8.2　高温损伤混凝土检测方法研究

本节主要研究公路隧道衬砌常用混凝土高温烧蚀试块在自然冷却条件下的回弹与超声检测技术。

首先采用回弹法与超声波法分别测得本书第 5 章中各温度等级、各时间等级情况下混凝土试块的回弹值与声波值，然后将这些试块进行抗压强度测试，通过公式拟合，建立回弹值、声波值与抗压强度的对应函数表达式。

抗压强度测试采用 SANS 微机控制电液伺服万能试验机，回弹值测试采用 JGT - A 型回弹仪。声波仪为中国科学院武汉岩土力学研究所研制的 RSM - SY5 型非金属声波探测仪。系统触发方式有内触发(INT)、外触发(EXT)和信号触发(CH1)，脉冲宽度 $0.2~6553.5\mu s$，记录长度 16K，双通道，可实时读取声时、声速和声幅等参数，参数调节、数据传输等全部由笔记本微机通过串行口对主机实施控制。

TT100 超声波测厚仪采用四位液晶数字显示，根据超声波脉冲反射原理来进行厚度测量，当探头发射的超声波脉冲通过被测物体到达材料分界面时，脉冲被反射回探头，通过精确测量超声波在材料中传播的时间来确定被测材料的厚度。测量频率为 5MHz，测量精度为 $\pm(0.5\%H+0.1)$mm，声速范围为 $1000~9999$m/s。

8.2.1　C20 混凝土

1. 抗压强度试验

试验采用 SANS 微机控制电液伺服万能试验机进行标准混凝土试块高温后强度 f_{cT}

值的测定，每组至少 3 个试块，取算术平均值（舍去差异超过中间值 15% 的强度），然后列表表示混凝土试块在各个烧蚀试验条件下抗压强度试验结果的统计平均值。

用残余强度系数 η 表示火损试块的抗压强度与试块常温抗压强度之比，即

$$\eta = \frac{\overline{\sigma_s}}{\overline{\sigma_0}} \tag{8-1}$$

$\Delta\eta_T$ 表示下一温度量级与上一温度量级在相同恒温时间时的强度折减系数差值；$\Delta\eta_t$ 则表示同一温度量级在两种恒温时间下的强度折减系数差值，即

$$\Delta\eta_{T_i} = \left[\eta_{(T_i)} - \eta_{(T_{i-1})}\right] \times 100\% \tag{8-2}$$

$$\Delta\eta_{t_i} = \left[\eta_{(t_i)} - \eta_{(t_{i-1})}\right] \times 100\% \tag{8-3}$$

式中，T_i 取值为 300℃、600℃、750℃ 和 900℃；i 取值为 1、2 和 4。

C20 混凝土试块总体试验结果如表 8-2 所示，而 $f_{cT}-T$（温度）、$f_{cT}-t$（时间）的关系曲线如图 8-1 和图 8-2 所示。

表 8-2　C20 混凝土标准试块烧蚀后抗压强度

温度/℃	恒温时间/h	常温强度 $\overline{\sigma_0}$/MPa	残余强度 $\overline{\sigma_s}$/MPa	强度折减系数 η	$\Delta\eta_T$/%	$\Delta\eta_t$/%
300	1	23.6	23.2	0.983	1.7	—
	2	23.6	22.4	0.948	5.2	3.5
	4	23.6	19.9	0.845	15.5	10.3
600	1	23.6	12.0	0.509	47.4	—
	2	23.6	11.7	0.497	45.1	1.2
	4	23.6	10.5	0.443	40.2	5.4
750	1	23.6	5.3	0.223	28.6	—
	2	23.6	5.1	0.214	28.3	0.9
	4	23.6	4.5	0.189	25.4	2.5
900	1	23.6	1.7	0.072	15.1	—
	2	23.6	1.4	0.061	15.3	1.1
	4	23.6	0.6	0.025	16.4	3.6

注：表中数据为同批次均值。

如表 8-2 所示，300℃ 时，持续时间 1～2h，混凝土抗压强度基本保持不变，降幅为 2%～5.2%；持续时间 4h，混凝土抗压强度损失率较大，达到 15.5%。600℃ 时，持续时间 1～4h，混凝土抗压强度损失较大，约 1/2，降幅为 44%～50%；与 300℃ 相比，强度下降 40%～47%。750℃ 时，持续时间 1～4h，混凝土抗压强度损失很大，约 4/5，仅为原标准的 19%～22%；与 600℃ 相比，强度下降 25%～29%。900℃ 时，持续时间 1～4h，混凝土抗压强度基本丧失。

温度和时间对混凝土强度都有影响，但温度对混凝土强度的影响远大于时间的影响。总体来看，试验的 300℃、600℃、750℃ 和 900℃ 四个温度等级基本划分出 C20 混凝土试块各强度损失温度区间，依次判定为基本不影响、强影响、严重影响和破坏影响四个等级。

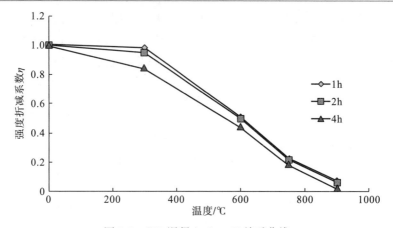

图 8-1　C20 混凝土 f_{cT}-T 关系曲线

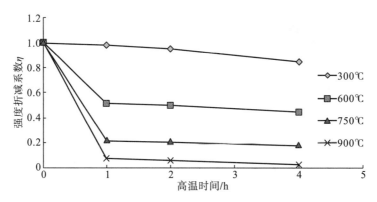

图 8-2　C20 混凝土 f_{cT}-t 关系曲线

图 8-1 所示的 f_{cT}-T（温度）曲线按照多项式拟合，C20 混凝土高温损伤规律如下：随温度升高，强度不断下降，300℃内下降缓慢，300℃以上下降显著；f_{cT}-T 曲线随受火时间区分不明显，表明超过 1h 时，C20 混凝土强度衰减对火灾时间不敏感。

C20 混凝土 f_{cT}-T 曲线可采用一元二次多项式表示：

$$f_{cT}/f_c = -1.0e^{-6}T^2 + 1.029, \qquad R^2 = 0.976(t \leqslant 2h) \tag{8-4}$$

$$f_{cT}/f_c = -0.7e^{-6}T^2 + 1.017, \qquad R^2 = 0.990(t = 4h) \tag{8-5}$$

两式差距不大，实际使用时，如对火灾时间难估计，可按式(8-4)计算强度。

根据如图 8-5 所示的 f_{cT}-t（时间）曲线，C20 混凝土高温损伤规律如下：300℃时，随受火时间增长，强度有一定下降，但降幅微小；300℃以上，随受火时间延长，存在两个显著的强度下降区间，0~1h 为强度急剧下降段，1~4h 为强度下降平缓段。

2. 回弹法试验

试验测得的 C20、C25、C30 和 C35 混凝土标准试块常温下的回弹值分别为 22.5、25.3、28.6 和 33.8。对 C20 混凝土在各温度与时间等级下的大批量回弹值资料经过整理后，如图 8-6 所示。总体来看，与强度规律一致，C20 混凝土的回弹值随温度与时间下降，但对温度更敏感，对时间不敏感。

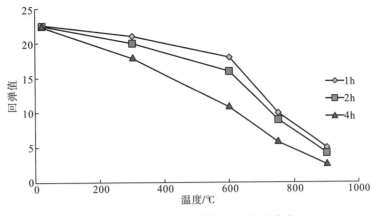

图 8-3　C20 混凝土回弹值-温度关系曲线

3. 超声法试验

C20～C35 混凝土标准试块常温下的超声波速值如表 8-3 所示。

表 8-3　C20～C35 混凝土标准试块常温超声波速值（均值）

混凝土等级	常温	平均波速值/(m/s)
C20	25℃	3267
C25	25℃	3347
C30	25℃	3438
C35	25℃	3675

　　对 C20 混凝土在各温度与时间等级下的声波值资料经过整理后，如表 8-4 所示，声波值-时间关系曲线如图 8-4 所示。分析表明，C20 混凝土超声波速值随温度升高而降低，随受火时间增长而降低，与时间的关系约为二次函数关系；受火时间 1h 时的超声波速值与 2h 和 4h 有显著区别，而 2h 与 4h 的超声波速值相差不大。

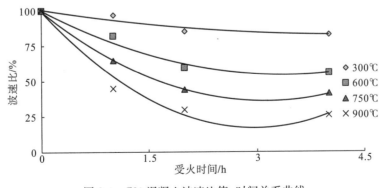

图 8-4　C20 混凝土波速比值-时间关系曲线

表 8-4　C20 混凝土标准试块波速比　　　　　　　　（单位:%）

温度/℃	受火时间/h			
	0	1	2	4
300	100	96.7	85.3	83.2
600	100	82.1	59.4	56.2
750	100	64.7	44.2	41.6
900	100	45.2	30.1	26.3

8.2.2　C25 混凝土

1. 抗压强度试验

C25 混凝土试块总体试验结果如表 8-5 所示，而 $f_{cT}-T$（温度）、$f_{cT}-t$（时间）的关系曲线如图 8-5 和图 8-6 所示。

表 8-5　C25 混凝土标准试块烧蚀后抗压强度

温度/℃	恒温时间/h	试块常温强度 $\bar{\sigma_0}$/MPa	残余强度 $\bar{\sigma_s}$/MPa	试块强度折减系数 η	$\Delta\eta_T$/%	$\Delta\eta_t$/%
300	1	26.8	26.4	0.985	1.5	—
	2	26.8	26.2	0.968	3.2	1.7
	4	26.8	24.3	0.907	9.3	6.1
600	1	26.8	13.9	0.519	46.6	—
	2	26.8	13.6	0.507	46.1	1.2
	4	26.8	12.4	0.463	44.4	4.4
750	1	26.8	6.1	0.228	29.1	—
	2	26.8	6	0.224	28.3	0.4
	4	26.8	5.6	0.209	25.4	1.5
900	1	26.8	2.2	0.082	14.6	—
	2	26.8	1.9	0.071	15.3	1.1
	4	26.8	1.2	0.045	16.4	2.6

注：表中数据为同批次均值。

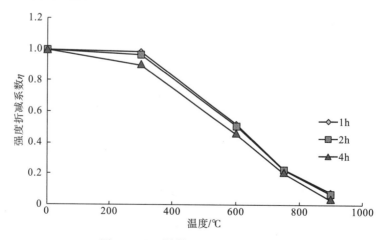

图 8-5　C25 混凝土 $f_{cT}-T$ 关系曲线

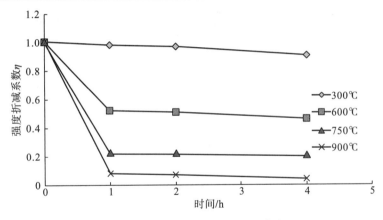

图 8-6　C25 混凝土 f_{cT}-t 关系曲线

如表 8-5 所示，温度和时间对混凝土强度都有影响，但温度对 C25 混凝土强度的影响远大于时间的影响；与 C20 混凝土一样，300℃、600℃、750℃和 900℃四个温度等级可判定为 C25 混凝土的基本不影响、强影响、严重影响和破坏影响四个等级。

如图 8-5 所示，C25 混凝土 f_{cT}-T 曲线可采用一元二次多项式表示：

$$f_{cT}/f_c = -1.0\mathrm{e}^{-6}T^2 + 1.031, \qquad R^2 = 0.973(t \in (1 \sim 4\mathrm{h})) \qquad (8\text{-}6)$$

根据图 8-6 所示的 f_{cT}-t（时间）曲线，C25 混凝土高温损伤规律如下：300℃时，随受火时间延长，强度有一定下降，但降幅微小；300℃以上，随受火时间延长，存在两个显著的强度下降区间，0~1h 为强度急剧下降段，1~4h 为强度下降平缓段。

2. 回弹法试验

经整理，C25 混凝土大批量回弹值如图 8-7 所示，总体来看，与强度规律一致，C25 混凝土的回弹值随温度与时间下降，但对温度更敏感，对时间不敏感。

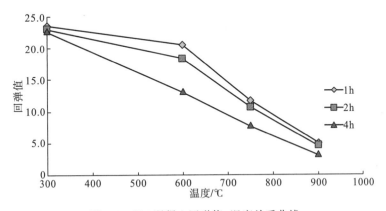

图 8-7　C25 混凝土回弹值-温度关系曲线

3. 超声法试验

对 C25 混凝土在各温度与时间等级下的声波值资料经过整理后，如表 8-6 所示，声波值-时间关系曲线如图 8-8 所示。分析表明，C25 混凝土超声波速值随温度升高而降低，随受火时间增长而降低，与时间的关系约为二次函数关系；1h 与 2h 和 4h 的超声波速值有显著区别，而 2h 与 4h 的超声波速值相差不大。

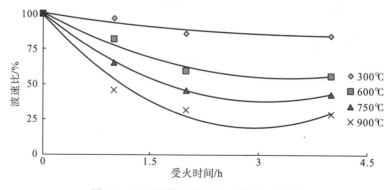

图 8-8　C25 混凝土波速比-时间关系曲线

表 8-6　C25 混凝土标准试块波速比　　　　　　　　　　（单位：%）

温度/℃	受火时间/h			
	0	1	2	4
300	100	96.8	86.4	84.5
600	100	81.8	60.2	57.0
750	100	65.3	45.7	43.2
900	100	46.1	31.5	28.9

8.2.3　C30 混凝土

1. 抗压强度试验

C30 混凝土试块总体试验结果如表 8-7 所示，而 $f_{cT}-T$（温度）、$f_{cT}-t$（时间）的关系曲线如图 8-9 和图 8-10 所示。

表 8-7　C30 混凝土标准试块烧蚀后抗压强度

温度/℃	恒温时间/h	试块常温强度 $\overline{\sigma_0}$/MPa	残余强度 $\overline{\sigma_s}$/MPa	试块强度折减系数 η	$\Delta\eta_T$/%	$\Delta\eta_t$/%
	1	32.3	31.9	0.987	1.3	——
300	2	32.3	31.8	0.984	1.6	0.3
	4	32.3	31.0	0.960	4.0	2.4
	1	32.3	17.2	0.532	45.5	——
600	2	32.3	16.8	0.521	46.3	1.1
	4	32.3	15.9	0.493	46.7	2.8

温度/℃	恒温时间/h)	试块常温强度 $\overline{\sigma_0}$/MPa	残余强度 $\overline{\sigma_s}$/MPa	试块强度折减系数 η	$\Delta\eta_T$/%	$\Delta\eta_t$/%
	1	32.3	7.5	0.231	30.1	——
750	2	32.3	7.2	0.223	29.8	0.8
	4	32.3	6.8	0.210	28.3	1.3
	1	32.3	2.6	0.081	15.0	——
900	2	32.3	2.5	0.076	14.7	0.5
	4	32.3	1.7	0.053	15.7	2.3

注：表中数据为同批次均值。

如表 8-7 所示，温度和时间对混凝土强度都有影响，但温度对 C30 混凝土强度的影响远大于时间的影响；与 C20 混凝土一样，300℃、600℃、750℃和 900℃四个温度等级可判定为 C30 混凝土高温的基本不影响、强影响、严重影响和破坏影响四个等级。

根据图 8-9，C30 混凝土的 $f_{cT}-T$ 曲线可采用一元二次多项式表示

$$f_{cT}/f_c = -1.0e^{-6}T^2 + 1.032, \qquad R^2 = 0.970(t \in (1 \sim 4h)) \qquad (8-7)$$

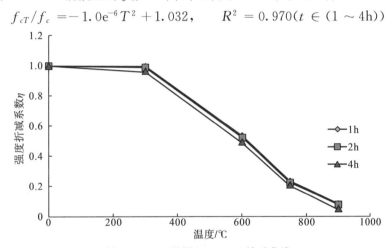

图 8-9　C30 混凝土 $f_{cT}-T$ 关系曲线

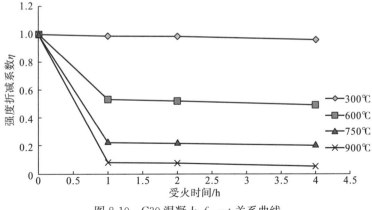

图 8-10　C30 混凝土 $f_{cT}-t$ 关系曲线

根据图 8-10 所示的 $f_{cT}-t$（时间）曲线，C30 混凝土高温损伤在 300℃以上时，随受火

时间延长，存在两个显著的强度下降区间，0～1h 为强度急剧下降段，1～4h 为强度下降平缓段。

2. 回弹法试验

经整理，C30 混凝土大批量回弹值如图 8-11 所示，总体来看，与强度规律一致，C30 混凝土的回弹值随温度与时间下降，但对温度更敏感，对时间不敏感。

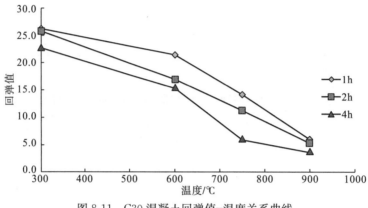

图 8-11 C30 混凝土回弹值-温度关系曲线

3. 超声法试验

C30 混凝土在各温度与时间等级下的声波值资料经过整理后，声波值-时间关系曲线如图 8-12 所示。分析表明，C30 混凝土超声波速值随温度升高而降低，随受火时间增长而降低，与时间的关系约为二次函数关系；1h 与 2h 和 4h 的超声波速值有显著区别，而 2h 与 4h 的超声波速值相差不大。

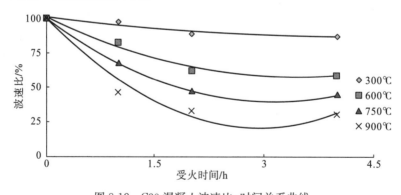

图 8-12 C30 混凝土波速比-时间关系曲线

8.2.4 C35 混凝土

1. 抗压强度试验

C35 混凝土试块总体试验结果如表 8-8 所示，而 $f_{cT}-T$（温度）、$f_{cT}-t$（时间）的关系曲线如图 8-13 和图 8-14 所示。

表 8-8　C35 混凝土标准试块烧蚀后抗压强度

温度/℃	恒温时间/h)	试块常温强度 $\overline{\sigma_0}$/MPa	残余强度 $\overline{\sigma_s}$/MPa	试块强度折减系数 η	$\Delta\eta_T$/%	$\Delta\eta_t$/%
	1	37.5	37.1	0.989	1.1	——
300	2	37.5	37.0	0.987	1.3	0.2
	4	37.5	36.6	0.975	2.5	1.2
	1	37.5	20.1	0.536	45.3	——
600	2	37.5	19.8	0.527	46.0	0.9
	4	37.5	18.8	0.502	47.3	2.5
	1	37.5	8.6	0.230	30.6	——
750	2	37.5	8.4	0.224	30.3	0.6
	4	37.5	7.8	0.209	29.3	1.5
	1	37.5	3.2	0.084	14.6	——
900	2	37.5	3.0	0.079	14.5	0.5
	4	37.5	2.4	0.065	14.4	1.4

注：表中数据为同批次均值。

如表 8-8 所示，温度和时间对混凝土强度都有影响，但温度对 C35 混凝土强度的影响远大于时间的影响；与 C20 混凝土一样，300℃、600℃、750℃和 900℃四个温度等级可判定为 C35 混凝土高温的基本不影响、强影响、严重影响和破坏影响四个等级。

根据图 8-13，C35 混凝土 f_{cT}-T 曲线可采用一元二次多项式表示：

$$f_{cT}/f_c = -1.0e^{-6}T^2 + 1.032, \qquad R^2 = 0.969(t \in (1 \sim 4\text{h})) \qquad (8\text{-}8)$$

根据图 8-14 所示的 f_{cT}-t（时间）曲线，C35 混凝土 300℃时，随受火时间增长，强度有一定下降，但降幅微小；300℃以上，随受火时间延长，存在两个显著的强度下降区间，0~1h 为强度急剧下降段，1~4h 为强度下降平缓段。

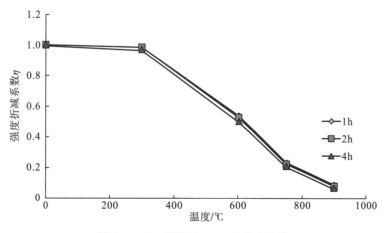

图 8-13　C35 混凝土 f_{cT}-T 关系曲线

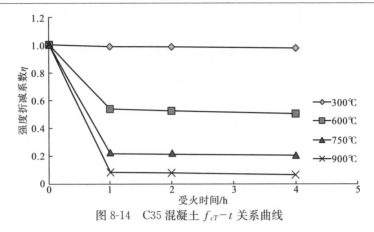

图 8-14　C35 混凝土 $f_{cT} - t$ 关系曲线

2. 回弹法试验

经整理，C35 混凝土大批量回弹值如图 8-15 所示，总体来看，与强度规律一致，C35 混凝土的回弹值随温度与时间下降，但对温度更敏感，对时间不敏感。

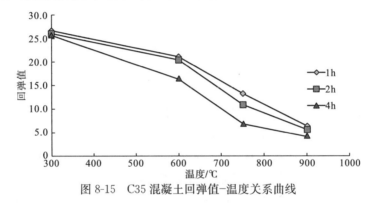

图 8-15　C35 混凝土回弹值-温度关系曲线

3. 超声法试验

对 C35 混凝土在各温度与时间等级下的声波值资料经过整理后，如表 8-9 所示，声波值-时间关系曲线如图 8-16 所示。分析表明，C35 混凝土超声波速值随温度升高而降低，随受火时间增长而降低，与时间的关系约为二次函数关系；1h 与 2h 和 4h 的超声波速值有显著区别，而 2h 与 4h 的超声波速值相差不大。

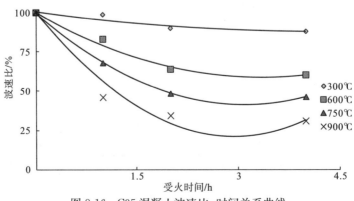

图 8-16　C35 混凝土波速比-时间关系曲线

表 8-9　C35 混凝土标准试块波速比　　　　　　　　（单位:%）

温度/℃	受火时间/h			
	0	1	2	4
300	100	98.2	89.6	87.7
600	100	82.4	63.5	60.2
750	100	67.9	48.7	46.3
900	100	45.7	34.3	30.6

8.2.5　回弹法专用检测曲线

以试验测得的标准抗压强度与回弹值(均以常温为标准,取相对值)作为纵、横坐标,得到图 8-17~图 8-20 所示的关系曲线,即为回弹法专用检测曲线。

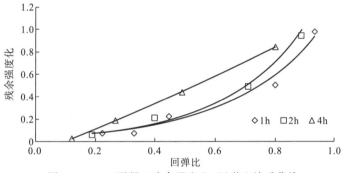

图 8-17　C20 混凝土残余强度比-回弹比关系曲线

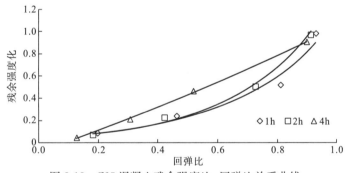

图 8-18　C25 混凝土残余强度比-回弹比关系曲线

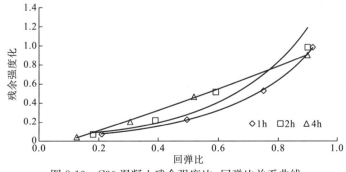

图 8-19　C30 混凝土残余强度比-回弹比关系曲线

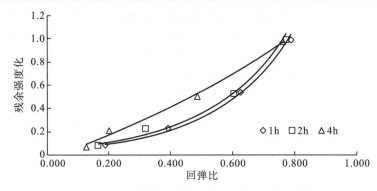

图 8-20　C35 混凝土残余强度比-回弹比关系曲线

对这些关系曲线拟合，即可建立各温度等级、受火时间等级条件下标准抗压强度与回弹值的函数表达式，如表 8-10 所示。

表 8-10　公路隧道常用混凝土强度-回弹值拟合公式

标号	受火时间	拟合公式	
C20	1~2h	$f_{cT}/f_c = 0.0385 e^{3.4168\left(\frac{k}{22.5}\right)}$	$R^2 = 0.9727$
	4h	$f_{cT}/f_c = 1.206\left(\frac{k}{22.5}\right) - 0.129$	$R^2 = 0.9980$
C25	1~2h	$f_{cT}/f_c = 0.0457 e^{3.2025\left(\frac{k}{25.3}\right)}$	$R^2 = 0.9847$
	4h	$f_{cT}/f_c = 1.129\left(\frac{k}{25.3}\right) - 0.116$	$R^2 = 0.9970$
C30	1~2h	$f_{cT}/f_c = 0.0394 e^{3.5002\left(\frac{k}{28.6}\right)}$	$R^2 = 0.9545$
	4h	$f_{cT}/f_c = 1.129\left(\frac{k}{28.6}\right) - 0.116$	$R^2 = 0.9970$
C35	1~2h	$f_{cT}/f_c = 0.0492 e^{3.9538\left(\frac{k}{33.8}\right)}$	$R^2 = 0.9728$
	4h	$f_{cT}/f_c = 1.378\left(\frac{k}{33.8}\right) - 0.105$	$R^2 = 0.9870$

8.2.6　超声波法专用检测曲线

以试验测得的标准抗压强度与波速值（均以常温为标准，取相对值）作为纵、横坐标，得到图 8-21～图 8-24 所示的关系曲线，即为超声波法专用检测曲线。

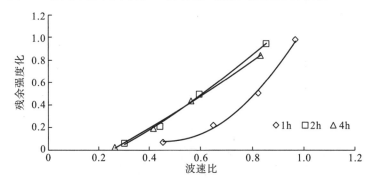

图 8-21　C20 混凝土残余强度比-波速比关系曲线

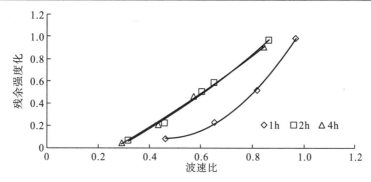

图 8-22　C25 混凝土残余强度比-波速比关系曲线

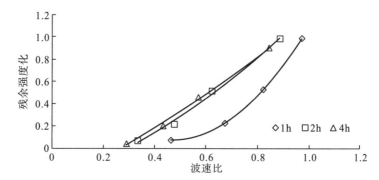

图 8-23　C30 混凝土残余强度比-波速比关系曲线

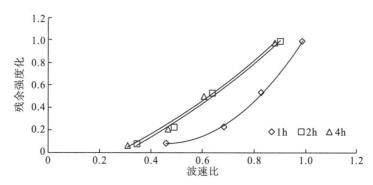

图 8-24　C35 混凝土残余强度比-波速比关系曲线

对这些关系曲线拟合，即可建立各温度等级、受火时间等级条件下标准抗压强度与波速值的函数表达式，如表 8-11 所示。

表 8-11　公路隧道常用混凝土强度-波速值拟合公式

标号	受火时间	拟合公式	
C20	1~2h	$f_{cT}/f_c = 3.4309 \left(\dfrac{V_t}{3267} \right)^2 - 3.1373 \left(\dfrac{V_t}{3267} \right) + 0.8024$	$R^2 = 0.9975$
	4h	$f_{cT}/f_c = 1.47 \left(\dfrac{V_t}{3267} \right) - 0.386$	$R^2 = 0.9968$

标号	受火时间	拟合公式	
C25	1～2h	$f_{cT}/f_c = 3.4309\left(\dfrac{V_t}{3347}\right)^2 - 3.1373\left(\dfrac{V_t}{3347}\right) + 0.8024$	$R^2 = 0.9993$
	4h	$f_{cT}/f_c = 1.581\left(\dfrac{V_t}{3347}\right) - 0.438$	$R^2 = 0.994$
C30	1～2h	$f_{cT}/f_c = 3.4309\left(\dfrac{V_t}{3438}\right)^2 - 3.1373\left(\dfrac{V_t}{3438}\right) + 0.8024$	$R^2 = 0.9964$
	4h	$f_{cT}/f_c = 1.693\left(\dfrac{V_t}{3438}\right) - 0.53$	$R^2 = 0.9953$
C35	1～2h	$f_{cT}/f_c = 3.4309\left(\dfrac{V_t}{3675}\right)^2 - 3.1373\left(\dfrac{V_t}{3675}\right) + 0.8024$	$R^2 = 0.9994$
	4h	$f_{cT}/f_c = 1.69\left(\dfrac{V_t}{3675}\right) - 0.543$	$R^2 = 0.9928$

8.3 公路隧道衬砌结构火灾损伤评价方法研究

前面研究了混凝土试块的火灾损伤特性与检测技术方法，但公路隧道衬砌结构是一个无限多次超静定宏观结构，试块的损伤不能直接用于评价大尺度的衬砌结构体系的损伤与破坏，也不能回答衬砌结构在各种可能的温度场条件下是否损坏、损坏程度、如何评价和能否继续使用或需要维修等诸多关键问题。

为解决上述实际问题，本节将公路隧道衬砌结构的火灾损伤评定方法分为两个研究层次：第一层次，基于有限元技术和热传导理论，研究建立一种广义荷载-结构法高温承载力评价模型，采用该模型对使用量最大的两车道公路隧道进行各种工况下的承载能力评价，并给出评价分级；第二层次，基于公路隧道火灾的特性、检测技术方法与评价模型，研究建立火灾后公路隧道衬砌结构损伤评价技术方法与评估程序。

8.3.1 广义荷载-结构法高温承载力评价模型

广义荷载-结构法评价模型是传统荷载-结构法的一种变体，其基本思想在于将传统荷载-结构法所采用的弹簧-梁单元系统改进为弹簧-实体单元系统，保持力边界与位移边界不变，同时按照热传导理论对其热力学边界进行调整，并根据混凝土的热损伤试验技术成果对热-衬砌表面、衬砌内部物理力学参数进行若干计算规定。该计算模型可称为公路隧道衬砌结构高温承载力评价计算模型。该模型可根据实际衬砌损坏检测情况进行衬砌结构的设定与计算，包括爆裂与损伤深度、考虑强度下降区等，可广泛用于各种高温条件下衬砌结构承载力评估计算。

当前，隧道衬砌结构的设计与计算主要采用荷载-结构法(弹簧-梁单元系统)。而在火灾工况下，衬砌截面上温度分布不均，随着深度增大而降低，使得材料物理参数和力学参数(弹性模量、泊松比和密度等)也随着温度的变化而发生变化，计算参数的定义在常规荷载-结构算法中很难实现。本节根据温度与物理参数之间的关系，改进了荷载-结构法，建立了一种广义荷载-结构法（弹簧-平面应变单元耦合模型），可以根据火灾场景，确定火灾工况，通过定义混凝土衬砌模型中衬砌火损残余厚度、残余弹性模量等计算参数，进行火损衬砌承载能力的计算与评价。

8.3.2　广义荷载-结构法评价模型基本原理

下面给出在火灾工况下荷载-结构模型计算方法的几个步骤：①建立弹簧-平面单元耦合体系（也可修正为弹簧-实体等参元耦合体系）；②衬砌混凝土为热的不良导体，可按常温下的荷载-结构法设定围岩外荷载静力边界和围岩约束条件，其中，围岩约束条件可按局部温克尔定义，以弹簧代替，取值按公路隧道设计规范各级别围岩参数进行选取；③选取适当的火灾场景，确定各截面空气温度分布，包括峰值最高温度、持续时间以及热烟气与衬砌壁面的换热系数，确定衬砌内壁峰值温度；④计算衬砌沿厚度方向的温度梯度分布；⑤对衬砌厚度进行分层单元划分，在每一层上按照温度定义弹性模量等物理力学参数；⑥计算平面单元节点力；⑦有限元迭代求解；⑧进行破坏与承载力评估。

1. 弹簧-平面应变单元耦合体系

由于弯矩和轴力对衬砌结构影响较大，可把衬砌沿横向和轴向离散化为承受弯矩和轴力的梁单元，单元连接点为节点。利用围岩的弹性特性用仅受压不受拉的弹性连杆实现，定义弹性连杆的弹性特性，用刚度系数 K 表示。弹性连杆服从局部变形的假定：节点处的弹性连杆对隧道衬砌结构的反作用与该弹性连杆的压缩变形值成正比；而弹性连杆的弹性常数可由围岩的弹性抗力系数 k 和围岩与隧道支护结构单元的面积的乘积取得，即

$$K = kbh \tag{8-9}$$

式中，K 为弹性连杆的弹性抗力系数；k 为围岩弹性抗力系数；b 为隧道支护结构的计算宽度；h 为两相邻衬砌单元的长度之半的和。

在数值计算中，地层弹簧采用 Link10 单元，其只受压，不受拉；混凝土衬砌采用 Plane42 单元，在与围岩接触的衬砌表面节点上施加地弹簧，并将另一端进行约束，其两者的耦合体系见图 8-25。

图 8-25　弹簧-平面应变单元耦合体系

2. 火灾工况的选取原则

本节主要对隧道内火源处最高温度断面的受损情况进行分析，最高温度断面是最危险部位。其余断面计算方法与此类似，但需按本书第 3 章研究得出的火灾场景确定隧道内温度随空间、时间的变化规律，为衬砌结构各计算断面受火后的数值计算提供火灾损伤指标参数取值，计算残余承载能力，评价其稳定性。

1）公路隧道火灾场景关键参数的确定（本书 3.3 节）

隧道火灾场景的关键参数包括火灾升温速率、最高温度、持续时间、降温模式、温度横向分布及温度纵向分布等。通过这些关键参数的选取，可以获得隧道内最危险断面的温度场分布。下面给出广义荷载-结构法中最危险断面温度场参数的确定与选取方法。

（1）火灾升温速率。由于隧道自身结构具有一定封闭性，空间较小，初始升温速率相当大，一般只需几分钟的时间可高达 1000℃以上，并且，一般在 2～15min 可达到最高温度，升温速率一般为 75～300℃/min。

（2）受火最高温度。隧道衬砌结构受火最高温度对衬砌材料力学性能参数影响较大，决定了衬砌材料力学性能劣化的影响程度。根据大量试验结果与火灾案例的调研，小汽车燃烧时，隧道内空气最高受火温度为 500～600℃；公交车（客车）燃烧时，隧道内空气最高受火温度为 800～900℃；重型货车燃烧时，隧道内空气最高受火温度为 1200℃；燃烧时，隧道内空气最高受火温度为 1300～1400℃。最高温度随时间的变化规律（包括降温阶段）可用式（8-10）描述。

$$
\begin{cases}
T_f = T_{0f} + K_1 K_2 K_3 A(1 - 0.325\mathrm{e}^{\alpha t} - 0.675\mathrm{e}^{\beta t}), & 0 \leqslant t \leqslant t_d \\
\dfrac{T - T_0}{T_{\max} - T_0} - 0.573\mathrm{e}^{-9.846\frac{x}{L_{\mathrm{tot}}}} + 0.518\mathrm{e}^{-1.672\frac{x}{L_{\mathrm{tot}}}} - 0.089, & t_d \leqslant t \leqslant t_{\max}
\end{cases}
\tag{8-10}
$$

（3）受火持续时间。受火持续时间主要受参与燃烧的车辆种类和数量、主动消防措施和隧道类型等因素影响。根据大量试验结果与火灾案例的调研，可以将公路隧道火灾的基准持续时间设定为 2h。实际设计中，应根据具体情况对受火持续时间进行相应调整。火灾持续时间的确定可参照式（8-11）进行计算。

$$
t_d = \psi_1 \psi_2 \psi_3 t_{\mathrm{standard}} \tag{8-11}
$$

（4）温度横向分布。发生火灾时隧道内温度的横向分布是进行隧道衬砌结构整体力学性能分析的关键参数之一。其主要受隧道断面尺寸形状、火灾规模和隧道内通风等因素影响。

一般情况下，在自然通风状态下，隧道发生火灾时，断面的上部，高温气流向外流出，断面的下部，外界空气向内流入。由于高温热流上升较轻、隧道底部相对有较冷的空气补充和壁面、路面的吸热，在隧道横断面方向，温度场的分布规律如下：拱顶位置温度最高，拱腰较低，边墙次之，仰拱最低。可见，随着距拱顶距离的增大，受火温度逐渐降低，可按线性变化考虑。

线性分布相关公式如下。

$$
\begin{cases}
T_y = T_R + \dfrac{y}{H}(T_H - T_R) \\
T_R = 0.2T_H
\end{cases}
\tag{8-12}
$$

式中，H 为隧道断面高度，m；y 为断面上任意一点距路面的距离，m；T_y 为断面上距路面 y 处的温度，℃；T_H 为断面路面附近的温度，℃。

根据火灾案例可知，对于重型货车、公交（客车）和油罐车而言，由于车辆与隧道断面相比较大，隧道断面上的温度分布较均匀，并且一般情况下会导致多辆车辆的连环燃烧，此时拱顶和路面附近的温度比较接近，大致可按均匀分布考虑。

均匀分布相关公式如下。

$$T_y = T_H \tag{8-13}$$

（5）温度纵向分布。火灾发生时隧道内温度的纵向分布，可体现高温烟气的影响范围和蔓延情况。离火源的距离越大，火源的热辐射越小，并且由于隧道壁面的吸热作用，受火温度迅速降低。大量的试验结果表明，在纵断面方向温度场的变化规律可以用式（8-14）表述。

$$\frac{T - T_0}{T_{\max} - T_0} = 0.573\mathrm{e}^{-9.846\frac{x}{L_{\mathrm{tot}}}} + 0.518\mathrm{e}^{-1.672\frac{x}{L_{\mathrm{tot}}}} - 0.089 \tag{8-14}$$

式中，T 为离火源 x 处的温度，℃；T_0 为常温，20℃；$T_{\max}$ 为火源处的温度，℃；x 为与火源的距离，m；L_{tot} 为温度降低到常温，距火源的距离，m。

表 8-12　基准曲线公式参数

隧道类型	交通类型	A	α	β①	t_{standard}
公路隧道	小汽车	$500\sim600$	-0.167	-2.5	2
	公交车（客车）	$800\sim900$	-0.167	-2.5	2
	重型货车	1200	-0.167	-2.5	2
	油罐车	$1300\sim1400$	-0.167	-2.5	2

注：①考虑到隧道火灾快速升温的特点，从安全角度出发，本书统一取升温速率的上限。

表 8-2　通风影响系数 K_1 的取值

隧道类型	交通类型	通风状况	
		无火灾通风	有效火灾通风
公路隧道	小汽车	1.0	$0.9598 - 0.0988V$①
	公交车（客车）	1.0	
	重型货车	1.0	$1.053 + 0.091V$②
	油罐车	1.0	

注：①为安全起见可以不考虑通风对最高温度的影响，将通风影响系数为 1.0。

②计算值超过 1.2 后取 1.2。

表 8-14　隧道地层影响系数 K_2 的取值

地层情况	稳定地层（无地下水）	稳定地层（地下水丰富）	不稳定地层
K_2	1.0	1.0	1.2

表 8-15　隧道地层影响系数 K_3 的取值

隧道类型	越江、跨海隧道	高速公路、一级公路隧道	二、三、四级公路隧道
K_3	1.2	1.1	1.0

表 8-16　隧道结构重要系数 ψ_1 的取值

隧道类型	隧道长度	
公路隧道	$L<10000\text{m}$	$L\geqslant10000\text{m}$
	1.0	$(0.7421+0.00103L^{①})/t_{\text{standard}}$

注：①由于目前 10km 以上公路隧道火灾案例较少，所以表中隧道长度与火灾持续时间的关系式不够完善，当计算出的 ψ_1 偏大时，需酌情下调。

表 8-17　主动消防措施影响系数 ψ_2 的取值

隧道类型	主动消防措施状况	
	城市隧道	山区隧道
公路隧道	1.0	$(0.7421+0.00103L^{1})/t_{\text{standard}}$

表 8-18　隧道结构影响系数 ψ_3 的取值

隧道类型	越江、跨海隧道	高速公路、一级公路隧道	二、三、四级公路隧道
ψ_3	1.2	1.1	1.0

2）火灾工况选取

在广义-荷载结构法中，根据本书第 3 章的研究，可根据文献调查和实际火灾场景的情况主要选择小汽车、公交车（客车）、重型货车和油罐车燃烧时的公路隧道火灾场景。

8.3.3　截面温度分布计算方法

1. 截面温度计算方法

计算衬砌截面的温度采用下式（按均匀分布考虑）：

$$T_y = T_H \tag{8-15}$$

横向温度分布模式采用下式：

$$T_f = T_{0f} + K_1 K_2 K_3 A(1-0.325\mathrm{e}^{\alpha t}-0.675\mathrm{e}^{\beta t}), 0 \leqslant t \leqslant t_d \tag{8-16}$$

$$t_d' = \frac{\int_0^{t_d}\left[T_{0f}+k_1 k_2 k_3 A(1-0.325\mathrm{e}^{\alpha t}-0.675\mathrm{e}^{\beta t})\right]\mathrm{d}t}{T_{0f}+k_1 k_2 k_3 A} \tag{8-17}$$

式中各参数含义见本书第 3 章相关部分。

任意时刻衬砌截面内的温度分布为

$$
\begin{aligned}
T(x,t) &= T_w - (T_w-T_0)\mathrm{erf}\left(\frac{x}{2\sqrt{\lambda t/\rho c}}\right)\\
&= T_w - (T_w-T_0)\frac{2}{\sqrt{\pi}}\int_0^{\frac{x}{2\sqrt{\lambda t/\rho c}}}\mathrm{e}^{-\left(\frac{x}{2\sqrt{\lambda t/\rho c}}\right)^2}\mathrm{d}\left(\frac{x}{2\sqrt{\lambda t/\rho c}}\right)
\end{aligned}
\tag{8-18}
$$

式中，$\mathrm{erf}\left(\dfrac{x}{2\sqrt{\lambda t/\rho c}}\right)$ 为高斯误差函数；T_0 为衬砌初始温度，取 20℃；T_w 为衬砌受火表面的温度；λ/ρ_c 为衬砌混凝土导温系数。

2. 火灾工况下材料参数取值方法

衬砌结构混凝土材料参数设置的合理性直接影响数值计算结果的合理性，正确合理地取值尤为重要，其主要包括弹性模量、材料残余强度和泊松比等。

1)混凝土的导热系数 λ_c

混凝土的导热系数随着受火温度的升高逐渐减小，骨料的品种对其有明显影响。硅质骨料混凝土的 λ_c 由下式计算：

$$\lambda_c = 2 - 0.24(T/120) + 0.012(T/120)^2 \tag{8-19}$$

钙质骨料混凝土的 λ_c 由下式计算：

$$\lambda_c = 1.6 - 0.16(T/120) + 0.008(T/120)^2 \tag{8-20}$$

式中，λ_c 为混凝土的导热系数，$W/(m \cdot ℃)$；T 为受火温度，℃。

2)混凝土的热膨胀系数 α_c

硅质骨料混凝土热膨胀系数由下式计算

$$\alpha_c = (-1.8 \times 10^{-4}) + (9 \times 10^{-6}T) + (2.3 \times 10^{-11}T^3), 20℃ \leqslant T \leqslant 700℃ \tag{8-21}$$

$$\alpha_c = 1.4 \times 10^{-3}, 700℃ \leqslant T \leqslant 1200℃ \tag{8-22}$$

钙质骨料混凝土热膨胀系数由下式计算

$$\alpha_c = (1.2 \times 10^{-4}) + (6 \times 10^{-6}T) + (1.4 \times 10^{-11}T^3), 20℃ \leqslant T \leqslant 805℃ \tag{8-23}$$

$$\alpha_c = 12 \times 10^{-3}, 805℃ \leqslant T \leqslant 1200℃ \tag{8-24}$$

式中，α_c 为混凝土的热膨胀系数，mm/m；T 为受火温度，℃。

3)混凝土的比热容 C_P

随温度升高，混凝土的比热容缓慢增加，骨料品种对此特性影响很小；混凝土比热容随骨料的比热容、混凝土密度和含水率的增大而增大。其变化规律如式(8-25)所示：

$$C_P = 900 + 80(T/120) - 4(T/120)^2, 20℃ \leqslant T \leqslant 805℃ \tag{8-25}$$

式中，C_P 为混凝土的比热容，$kcal/(kg \cdot ℃)$；T 为受火温度，℃。

4)弹性模量 E_c^T

弹性模量 E_c^T 的变化规律如式(8-26)所示。

$$E_c^T = \frac{E_c}{1 + 2.60 \cdot (T - 20)^{2.60} \times 10^{-7}}, 20℃ \leqslant T \leqslant 1000℃ \tag{8-26}$$

5)混凝土容重 $\rho(T)$

随着温度升高，混凝土的容重略有减少，这主要由于自由水蒸发和混凝土自由膨胀造成体积增大而引起的。其随温度的变化规律如式(8-27)所示：

$$\rho(T) = 2400 - 0.56T \tag{8-27}$$

式中，$\rho(T)$ 为受火后混凝土容重，kg/m^3，T 为受火温度，℃。

6)混凝土导温系数 λ/ρ_c

法国的相关规范针对混凝土导温系数随温度的变化，推荐了其计算公式如式(8-28)所示：

$$\frac{\lambda}{\rho c} = \frac{1.4 - 1.5 \times 10^{-3}T + 6 \times 10^{-7}T^2}{528 - 0.1232T} \times \frac{1}{3600} \tag{8-28}$$

式中，λ/ρ_c 为混凝土导温系数，m^2/s，T 为受火温度，℃。

7)剥落厚度

根据火灾场景对计算模型中衬砌热爆裂或剥落的厚度进行设定，如表 8-19 所示。

表 8-19　二衬混凝土爆裂与剥落厚度

受火条件	常温	小汽车	公交车	重型货车	油罐车		
耐火时间		1～4h	1～4h	1～4h	1h	2h	4h
剥落厚度/cm	0	0	5	5	5～10	5～10	5～10

3. 节点力荷载计算方法

将围岩的应力作为等效荷载加在开挖后衬砌的周边上，并将其转化为等效节点力。衬砌边界上应力等效节点计算图见图 8-26～图 8-28。

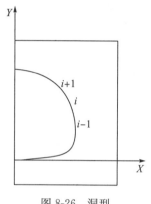

图 8-26　洞型

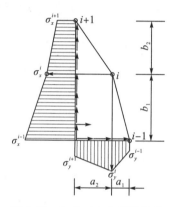

图 8-27　初始正应力等效荷载

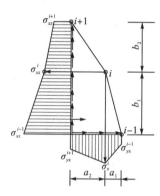

图 8-28　剪应力等效荷载

设沿设计开挖面上各点的初始应力场为 $\{\sigma_0\}$，通过计算，在离散情况下，指定沿开挖面上两相邻节点之间的初始应力呈线性变化，如图 8-27 所示。当开挖边界点按逆时针次序排列时，对任一开挖边界点 i，围岩压力荷载(等效节点力)为 σ_{xi}、σ_{yi}。

等效节点力计算公式如下：

$$\left.\begin{array}{l} p_x^i = \dfrac{1}{6}\left[2\sigma_x^i(b_1 + b_2) + \sigma_x^{i+1}b_2 + \sigma_x^{i-1}b_1 + 2\tau_{xy}^i(a_1 + a_2) + \tau_{xy}^ia_2 + \tau_{xy}^{i-1}a_1\right] \\ p_y^i = \dfrac{1}{6}\left[2\sigma_y^i(b_1 + b_2) + \sigma_y^{i+1}b_2 + \sigma_y^{i-1}b_1 + 2\tau_{xy}^i(b_1 + b_2) + \tau_{xy}^ib_2 + \tau_{xy}^{i-1}b_1\right] \end{array}\right\} \quad (8\text{-}29)$$

若初始应力场为均匀应力场，则有

$$\sigma_x^i = \sigma_x^{i-1} = \sigma_x^{i+1} = \sigma_x \quad (8\text{-}30)$$

$$\sigma_z^i = \sigma_z^{i-1} = \sigma_z^{i+1} = \sigma_z \quad (8\text{-}31)$$

$$\tau_{xz}^i = \tau_{xz}^{i-1} = \tau_{xz}^{i+1} = \tau_{xz} \quad (8\text{-}32)$$

此时，式(8-29)可简化为

$$\left.\begin{array}{l} p_x^i = \dfrac{1}{2}\left[\sigma_x(b_1 + b_2) + \tau_{xy}(a_1 + a_2)\right] \\ p_y^i = \dfrac{1}{2}\left[\sigma_y(b_1 + b_2) + \tau_{xy}(a_1 + a_2)\right] \end{array}\right\} \quad (8\text{-}33)$$

若初始应力场方向与坐标轴重合，式(8-33)可简化为

$$p_x^i = \frac{1}{2}\sigma_x(b_1 + b_2) \left.\vphantom{\frac{1}{2}}\right\}$$

$$p_y^i = \frac{1}{2}\tau_{xy}(a_1 + a_2) \left.\vphantom{\frac{1}{2}}\right\} \tag{8-34}$$

利用计算衬砌结构的水平压力、侧向压力（如图 8-29 所示）和上述介绍的求解原理计算等效节点力，通过 ANSYS 软件实现效果如图 8-30 所示。

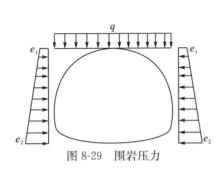

图 8-29　围岩压力

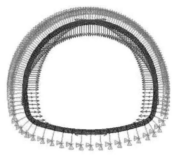

图 8-30　节点等效荷载（见彩图）

8.4　两车道公路隧道衬砌结构火灾损伤等级

本节研究两车道公路隧道衬砌结构的损伤评价与损伤等级评估，目标是考虑在实际可能的火灾场景下，两车道隧道衬砌结构在火灾时以及火灾后的力学特性和残余承载能力，评价其安全性，并针对存在的薄弱环节提出有效的补强措施。

8.4.1　隧道设计概况

采用国内常用的两车道隧道结构形式，净宽为 10.50m、净高为 5m 的建筑界限；设计净跨度为 11.37m、净高为 9.58m 的多心圆。

对于下面若干分析，做如下规定。

（1）隧道断面危险点监测部位如图 8-31 所示，其中，"①"表示"拱顶中部"，"②"表示"拱顶端部"，"③"表示"边墙"，"④"表示"仰拱端部"，"⑤"表示"仰拱中部"。

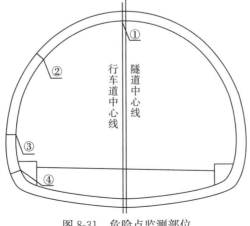

图 8-31　危险点监测部位

（2）在下面分析结果中所有图中的正值表示压应力，负值表示拉应力。

（3）衬砌厚度为45cm，以5cm为一层，共分为9层。下面各分析图中横坐标（1、2、3、4、5、6、7、8、9）分别对应图8-37的X坐标中的$x_0 \sim x_1$、$x_1 \sim x_2$、$x_2 \sim x_3$、$x_3 \sim x_4$、$x_4 \sim x_5$、$x_5 \sim x_6$、$x_6 \sim x_7$、$x_7 \sim x_8$、$x_8 \sim x_9$，共9层。

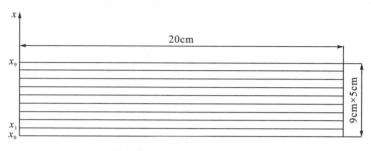

图 8-31　衬砌截面内节点编号

8.4.2　火灾场景选取

在广义-荷载结构法中，可根据文献调查和实际火灾场景的情况，主要选择小汽车、公交（客车）、重型货车和油罐车燃烧时的公路隧道火灾场景。

为进行各种火灾场景下两车道公路隧道损伤等级研究，按照本书8.3节火灾场景进行计算。其中，小汽车、公交车（客车）、重型货车和油罐车燃烧时的最高空气温度分别取600℃、900℃、1200℃和1300℃，如表8-20所示，截面温度如图8-32所示。

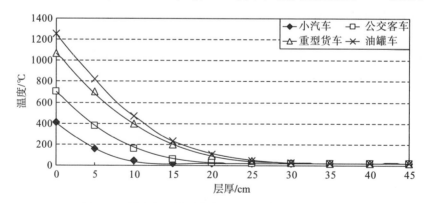

图 8-32　衬砌断面沿厚度方向的混凝土温度分布情况

表 8-20　火灾场景值计算

火灾场景/（空气温度 T_{max}/℃）	衬砌内表面 T_{max}/℃	受火时间/h
小汽车/600	390	1
	448	2
公交车（客车）/900	598	1
	666	2
	751	4

火灾场景/(空气温度 T_{max}/℃)	衬砌内表面 T_{max}/℃	受火时间/h
重型货车/1200	807	1
	923	2
	1010	4
油罐车/1300	945	1
	1082	2
	1183	4

8.4.3　计算工况

两车道公路隧道的结构设计中，Ⅳ～Ⅴ级围岩衬砌为承载结构，Ⅲ及以下为安全保护与储备，基本不承载。因此，研究主要针对Ⅳ～Ⅴ级围岩衬砌结构的耐火承载性能，Ⅲ及以下因围岩自稳性较好，衬砌拆换也较为灵活，可不予考虑。

在此需强调一点，对于Ⅳ～Ⅴ级围岩带仰拱的衬砌，路面以下（即仰拱底部）有较厚的混凝土填充层，其下部衬砌温度可按 300℃ 以下考虑，物理力学参数保持不变；路面以上按实际火灾温度选取相应参数取值。由于隧道衬砌的构筑特性，上述规定是合理且科学的。

计算工况如表 8-21 所示。

表 8-21　两车道公路隧道火灾工况

围岩级别	埋深	火灾场景（规模）	空气温度 T_{max}/℃	受火时间/h
Ⅳ	浅埋	小汽车	600	1、2
		公交车（客车）	900	1、2、4
		重型货车	1200	1、2、4
		油罐车	1300	1、2、4
Ⅳ	深埋	小汽车	600	1、2
		公交车（客车）	900	1、2、4
		重型货车	1200	1、2、4
		油罐车	1300	1、2、4
Ⅴ	浅埋	小汽车	600	1、2
		公交车（客车）	900	1、2、4
		重型货车	1200	1、2、4
		油罐车	1300	1、2、4
Ⅴ	深埋	小汽车	600	1、2
		公交车（客车）	900	1、2、4
		重型货车	1200	1、2、4
		油罐车	1300	1、2、4

8.4.4　Ⅳ～Ⅴ级衬砌损伤评价分级

1. Ⅳ级衬砌损伤

按照表 8-21 对Ⅳ级围岩条件下进行衬砌损伤计算，并对关键点位进行逐层破坏判断，得到整环衬砌的破损分布，进而得到衬砌总体破坏程度，给出其破损评价。

研究表明，火灾 1～4h 下，Ⅳ级深埋与浅埋两种条件下的衬砌的内力变化相差不大，其破坏计算结果与损伤等级评价汇总如表 8-22 所示。

表 8-22　Ⅳ级深埋段衬砌破坏汇总

受火时间	火灾规模	拱顶	拱脚	边墙	墙角	仰拱中	损坏评价
1h	小汽车	×	×	×	×	×	轻微
	公交车(客车)	×	×	×	×	×	轻微
	重型货车	拉破坏(0～5cm)	×	×	×	×	一般
	油罐车	爆裂(0～5cm) 拉破坏(5～10cm)	爆裂(0～5cm)	爆裂(0～5cm)	×	×	较严重
2h	小汽车	×	×	×	×	×	轻微
	公交车(客车)	×	×	×	×	×	轻微
	重型货车	爆裂(0～5cm)	爆裂(0～5cm)	爆裂(0～5cm)	×	×	一般
	油罐车	爆裂(0～5cm) 拉破坏(5～10cm)	爆裂(0～5cm)	爆裂(0～5cm)	×	×	较严重
4h	小汽车	×	×	×	×	×	轻微
	公交车(客车)	爆裂(0～5cm)	爆裂(0～5cm)	爆裂(0～5cm)	×	×	一般
	重型货车	爆裂(0～5cm) 拉破坏(5～10cm)	爆裂(0～5cm)	爆裂(0～5cm)	×	×	严重
	油罐车	爆裂(0～10cm) 拉破坏(10～15cm)	爆裂(0～5cm)	爆裂(0～5cm)	×	×	严重

注："×"表示"未破坏"，以下各表与此同。

2. Ⅴ级衬砌损伤

研究表明，火灾 1～4h 下，Ⅴ级深埋与浅埋两种条件下的衬砌的内力变化相差不大，其破坏计算结果与损伤等级评价汇总如表 8-23 所示。

表 8-23　Ⅴ级浅埋段衬砌破坏汇总

受火时间	火灾规模	拱顶	拱脚	边墙	墙角	仰拱中	损坏评价
1h	小汽车	×	×	×	×	×	轻微
	公交车(客车)	×	×	×	×	×	轻微
	重型货车	爆裂(0～5cm) 拉破坏(5～10cm)	×	×	×	×	较严重
	油罐车	爆裂(0～5cm) 拉破坏(5～10cm)	爆裂(0～5cm)	爆裂(0～5cm)	×	×	较严重

续表

受火时间	火灾规模	拱顶	拱脚	边墙	墙角	仰拱中	损坏评价
2h	小汽车	×	×	×	×	×	轻微
	公交车(客车)	×	×	×	×	×	轻微
	重型货车	爆裂(0~5cm) 拉破坏(5~10cm)	爆裂(0~5cm)	爆裂(0~5cm)	×	×	较严重
	油罐车	爆裂(0~5cm) 拉破坏(5~15cm)	爆裂(0~5cm)	爆裂(0~5cm)	×	×	严重
4h	小汽车	×	×	×	×	×	轻微
	公交车(客车)	爆裂(0~5cm)	爆裂(0~5cm) 压溃(5~10cm)	爆裂(0~5cm)	×	×	较严重
	重型货车	爆裂(0~5cm) 拉破坏(5~15cm)	爆裂(0~5cm) 压溃(5~15cm)	爆裂(0~5cm) 压溃(5~10cm)	×	×	严重
	油罐车	爆裂(0~10cm) 拉破坏(10~20cm)	爆裂(0~5cm) 压溃(5~20cm)	爆裂(0~5cm) 压溃(5~15cm)	×	×	很严重

8.5　公路隧道高温损伤评估方法与程序

本节研究目的是：针对实际发生的火灾，以本章前述研究成果为依托，建立一种现场的衬砌高温损伤评估方法与程序流程。

8.5.1　衬砌灾后检测评估方法和判据

公路隧道衬砌结构作为一种地下建筑，发生火灾时与地上结构物的主要区别如下：地下建筑内火灾达到的最高温度更高，延续时间更长；地下衬砌结构主要受火形式为单面受火，而地上结构构件有单面、双面、三面和四面等多种受火形式；周围介质不同，地下建筑处于岩土体中，地上结构则处于大气中。因而，可以认为，如果公路隧道内发生火灾，灾后衬砌混凝土结构的检测评估可以采用修正的一般混凝土结构火灾后的检测评估方法。

基于本章中对各种灾后混凝土检测评估方法的调研分析，各种方法的共性在于都是通过试验或实践建立起检测值和检测目标之间的关系，这也是检测评估方法研究的主要方向和成果表现形式。但是，很多研究成果都是建立在试验的基础上，试验对象往往只是某种具体形式的混凝土。火灾后混凝土的物理力学性能受很多复杂因素的影响，如强度等级、骨料类型、外加剂、配合比、湿含量、火灾场景和加热冷却制度等。显然通过试验得出的成果在应用时有一定的局限性，在实践中不能照搬照套，也不能以偏概全。

国内相关规程中(如《超声法检测混凝土缺陷技术规程 CECS21：2000》、《回弹法检测混凝土强度技术规程 JGJ/T 23 — 2001》)给出了常温下混凝土检测技术中的成熟做法，如检测混凝土强度的回弹法采用的测强曲线就分为全国统一测强曲线、地区测强曲线和专用测强曲线，这样在应用时就可以根据具体情况采用不同的检测曲线。

　　本书通过大批次混凝土高温试验研究，建立了公路隧道常用四种标号为 C20、C25、C30 和 C35 的混凝土的回弹、声波检测值与高温后残余抗压强度的性能关系（本书 8.2 节）。这种检测值与检测目标的关系可以作为公路隧道衬砌结构灾后评估检测的专用判据（专用检测曲线见 8.2.5 节和 8.2.6 节）。

　　在此，建议对现场采样的混凝土进行如下技术指标检测。

　　①进行现场采样，对试块进行密度、回弹和超声波测试并记录试块外观特征。

　　②密度测量采用质量/体积的方法，假定加热前后试块的形状均为规则的立方体，用高精度电子天平测得质量，用游标卡尺对试块三边边长进行测量，通过计算得到试块的体积和密度。

　　③回弹试验采用回弹仪[图 8-33(b)]测量回弹值。回弹试验测试面取垂直于试块浇筑方向的四个侧面，每个侧面上取 4 个测点。在试块的两相对侧面上各测 8 个回弹值，剔除 3 个最大值和 3 个最小值，余下的 10 个值取平均值作为该试块的回弹值。

　　④超声波试验采用超声波纵波波速测试仪[图 8-33(a)]，其换能器标称频率为 50kHz，计时精度为 $0.1\mu s$，耦合剂为黄油。超声波试验采用对测法来测定：从试块的 3 个轴向分别进行测量，从显示器上读得超声波在试块中传播的时间 t，那么超声波在试块中传播的平均速度为 $v=l/t$。算得的平均声速作为测量结果，计算式为 $v=3l/(t_1+t_2+t_3)$。

(a)超声波纵波波速测试仪　　　　　　　　(b)HT－225 型回弹仪

图 8-33　试块高温后检测试验仪器

　　通过试验或实践建立的检测值与检测目标的关系一般分为两类：一类是直接检测值，直接将检测值的异常值剔除后经平均得出，这种直接获得的检测值比较直观，但容易受多种其他因素影响，如强度等级、材料组成、成型工艺、养护方法、龄期、碳化、含水率、加热冷却制度（火灾场景）、试块的尺寸效应和振捣密实度等；另一类是检测值之比，即高温后直接检测值与常温检测值的比值，这种比值虽不太直观，但因其反映的是相对值而不易受其他因素影响或影响较小。

　　公路隧道一般较长，对于单位隧道工程而言，衬砌结构一般采用同一种混凝土，发生火灾后，很容易找到可作为对比的原型混凝土。所以本书在研究公路隧道衬砌结构检测评估方法时，着重考虑用检测值之比建立其与检测目标的关系。

1. 受火温度评估方法和判据

　　准确地评估受火温度在衬砌结构灾后评估中占据着重要的地位。受火温度、火灾持续时间是火灾场景（火灾温度-时间关系）的关键参数。如果能获得反映实际火灾状况的火灾场景，就能采用抗火计算方法评价衬砌结构的残余承载力和残余刚度，为衬砌结构的安全鉴定和加固修复提供基础性数据。

1）表面特征观测法

公路隧道发生火灾后，可以根据火损隧道衬砌结构表面特征的变化迅速评估火灾温度。这种可以快速得出的初步评估结果无疑对灾后扑救等方面有着重要的意义。本书通过试验研究，得出了表 5-3～表 5-6 所示的低标号混凝土在不同温度等级下的表观损伤特征。此外，还归纳总结了公路隧道衬砌混凝土试块在高温试验后表现出的颜色、裂纹等外观特征，可作为灾后衬砌混凝土受火温度的判据，具体如表 8-24 所示。此外，国内还有一些相关类似的研究，也给出了根据火损混凝土表面特征判断受火温度的方法。

表 8-24　试块外观特征与受火温度的关系

温度/℃	颜色描述	裂纹、裂缝	爆裂、疏松情况	金属棒敲击情况
300	与常温下颜色（青灰色）基本一致，有时颜色略变浅	无	无	轻敲试块，发声清晰，与未加热的试块近似
500	青灰略显浅粉色或微红色	少数的微小裂缝	略有疏松	轻敲试块，发声较为短促
700	灰白略显浅黄色	裂缝进一步增加，相互连通形成网络状	表面疏松	轻敲时，声音沉闷
900	呈浅黄色	表面裂缝宽度再次扩大，边角多处破损	表面非常疏松，用手指就可轻易抠下	轻敲时，声音很低沉

隧道发生火灾时，燃烧物种类、灭火方式等都将不同程度影响混凝土火灾后表面特征的变化，因而采用表面特征观测法评估受火温度是粗略的。并且需要注意到这种方法不能推广到已经剥落的混凝土上。

2）回弹法

回弹法是通过测定火损混凝土的表面硬度来推定受火温度的，具体表现为基于回弹值与受火温度、回弹比和受火温度之间的关系，通过测定回弹值、计算回弹比来确定衬砌混凝土的受火温度。通过对试块高温试验数据进行处理，可得到回弹值与混凝土受火温度、回弹比与混凝土受火温度之间的关系。

采用回弹法评估混凝土受火温度的类似研究成果较少，可参照本书 8.2 节相应的曲线测定。不同研究成果定量后的曲线方程函数图像有一定差异，表明回弹法检测结果容易受到其他因素影响。作为一种方便快捷的无损检测方法，在公路隧道发生火灾后，可以采用前面给出的关系方程，用回弹法进行衬砌混凝土受火温度的评估。

3）钻芯取（小）样法

钻芯取（小）样法是通过钻取芯样的平均强度推断芯样钻取部位混凝土层的平均受火温度的方法。通过抗压强度试验得到芯样试块的高温后残余抗压强度后，可根据衬砌混凝土残余强度与受火温度的关系，评价衬砌上各芯样钻取点处的火灾时受火温度。根据各芯样钻取点处的受火温度，由点及面，可初步得出火灾温度场分布，为其他检测方法的温度场评估结论提供参考。对钻芯试块高温试验的数据进行处理，可得到衬砌混凝土残余抗压强度与受火温度、强度比与受火温度之间的关系。

残余抗压强度与受火温度的关系如下：

$$T = 997.373 - 19.971 f_{cuT} \tag{8-37}$$

强度比与受火温度的关系如下：

$$T = 1035.376 - 1195.215 f_{cuT}/f_{cu0} + 146.282 (f_{cuT}/f_{cu0})^2 \tag{8-38}$$

4）超声法

用超声法评估衬砌混凝土受火温度，是利用由试验归纳建立的超声波速或波速比与受火温度之间的关系，通过量测计算波速或波速比来评价混凝土的受火温度。其原理与检测混凝土强度损失的原理相同，是将超声波速和强度、强度与受火温度这两种关系综合简化，通过试验结果分析直接建立超声波速（比）与混凝土受火温度之间的关系。

在公路隧道灾后评估中，超声法检测可以采用以下具体的操作方法。

①可采取钻孔法，即在衬砌壁上以10cm的间距平行地钻两个孔，将超声波仪的小号测试探头置于孔内进行对测法量测。

②可利用钻芯法钻取芯样后留下的小孔进行对测法检测，这需要在确定钻取点分布图时考虑超声对测法的使用方便。

③可对钻芯法取出的芯样进行超声对测法检测，作为钻芯取样法的检测结果的参考和比较。

④可在衬砌管片螺栓手孔混凝土角处用斜测法检测，或选取相距较近的两手孔用对测法检测。在检测时选取的位置应注意避开管片内钢筋位置，以避免混凝土内钢筋对超声波速的影响。

基于对衬砌混凝土试块高温试验的数据分析，可得到采用对测法时超声波速值与受火温度、波速比与受火温度之间的关系。

采用超声法评估混凝土受火温度的类似研究成果较少，可参照本书8.2节相应的曲线进行测定。通过比较分析，得出受火温度随超声波速、波速比的减少单调增大的规律性。同样，不同研究成果定量后的曲线方程函数图像有一定差异，表明超声对测法检测结果容易受到其他因素影响。

5）混凝土烧失量推定法

混凝土烧失量试验是推定混凝土受火温度的较精确方法之一。该试验原理如下：高温下水泥水化物及其衍生物分解失去结晶水，同时混凝土中的 $CaCO_3$ 分解产生 CO_2，从而减轻其重量。测定不同温度所对应的烧失量，得到相应的回归关系，由实际过火混凝土的烧失量大小来推断该混凝土的最高受火温度。

在公路隧道火灾后检测中，搜集检测区域的混凝土剥落块或在受火混凝土表面凿取小块疏松混凝土（可利用钻芯取样法取出的芯样试块）进行密度测量试验，根据试块高温后密度试验得出的质量损失和温度的回归关系推定衬砌混凝土的受火温度。也可在未受火灾高温区域凿取小块原状混凝土，测试其密度并与火损后的混凝土密度对比，将这种密度比与温度的回归关系作为推定衬砌受火温度的基准。

通过对衬砌混凝土试块高温试验的质量、体积和相应最高受火温度等数据进行处理，可得到密度、密度比与受火温度之间的关系。

(1)混凝土密度与受火温度的关系如下:

$$T = 85261.912 - 44638.345\rho_T^{0.083} \tag{8-39}$$

(2)密度比与受火温度的关系如下:

$$T = 42235.409 - 81099.018\rho_T/\rho_0 + 38869.851(\rho_T/\rho_0)^2 \tag{8-40}$$

2. 强度损失检测方法和判据

确定灾后混凝土强度损失的方法主要有两类:一类是现场检测法,通过检测数值与混凝土残余强度的关系确定强度损失;另一类是通过检测数值与受火温度的关系确定火灾场景(受火温度)后,进行理论计算的方法。对于检测混凝土强度损失而言,无疑第一类方法更直接,一定程度上也更加准确;第二类方法通过检测数值推算受火温度,最后还要通过温度对算强度,这个中间过程对于检测的误差控制是不利的。但衬砌结构的高温损伤具有深度的变化性及空间平面上的随机性,在实际检测中,即使取相当多的检测点也不一定能说明其余位置的损伤情况。要进行整个范围内的评估,只能通过已知部分温度进行构件热传导的分析,最后得出整个受火区域内的温度分布状况。从这个角度而言,建立检测数值同受火温度的关系又是必不可少的。前面已经介绍受火温度的评估方法,本节主要探讨混凝土强度损失的现场检测方法。

1)回弹法

回弹法检测火灾后衬砌混凝土的强度损失,是通过测定混凝土的表面硬度来推定火灾后混凝土的残余强度来实现的。具体表现为基于回弹值与强度、回弹比和强度比之间的关系,通过测定回弹值、计算回弹比来确定衬砌混凝土的强度。通过对试块高温试验的数据进行处理,可得到回弹比与混凝土强度比之间的关系,具体见表8-10。

基于不同试验对象、不同试验条件的研究成果具有一定的共性,也表现出差异性。其共性表现在:残余强度均随回弹值的减少单调下降。这种共性反映了残余强度与回弹值之间的规律性。其差异表现在不同研究成果定量后的曲线方程函数图像上,表明这种规律性受不同试验对象和不同试验条件的影响较为显著。

综上述可以认为,回弹法试验检测出的数据分析结果可以反映混凝土的强度损失水平。但其结果易受组成材料、火灾场景(升降温制度)等多因素的影响而波动,因而不够精确。此外,回弹法是一种无损检测方法,其突出的特点是方便快捷,而且在检测过程中不会对结构造成二次破坏。

2)钻芯取(小)样法

钻芯取(小)样法是将常温混凝土的钻芯取样法修正后应用于混凝土灾后检测的方法。芯样直接取于需检测的结构构件,能提供该构件混凝土内部的详细资料,判断被检区域的混凝土实际平均强度值,其检测结果可以作为其他检测结果的校核基准。但取样比较费时而且成本较高,并且芯样需具备一定的数量才能具有代表性。

钻芯法检测混凝土强度技术规程 CECS 03:88 是以芯样直径 100mn 或 150mm,高径比为 1.0 作为基准芯样进行强度评定。火灾后混凝土构件的受损层一般为 25~60mm,公路隧道的衬砌混凝土厚度一般大于 300mm。考虑到灾后评估检测的对象是一定范围和程度的构件受损层,并应尽量减少钻取芯样时对衬砌结构的二次破坏作用,采用小芯样检测无疑更加恰当。

　　衬砌结构主要承受的是压弯组合应力(图 8-34)。拱顶内层承受压应力和反向的弯曲正应力，可相互抵消，故拱顶位置内层所受应力在整个体系中为最小。在拱顶、拱腰等主要火损区域钻取适当数量的小芯样试块，对公路隧道衬砌结构的二次破坏作用影响不大。

　　为了使钻取的芯样具有代表性，芯样钻取应依据火灾损伤现场情况和衬砌结构体系受力特征，确定合理的、能反映一定统计规律的钻取点分布图。然后采用专门的钻芯机在混凝土衬砌上钻取圆柱形芯样，经适当加工后在压力试验机上直接测定其抗压强度。

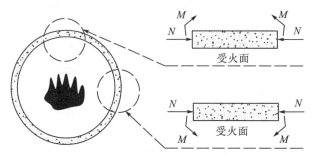

图 8-34　火灾时公路隧道受火形式图

　　钻芯法检测混凝土强度技术规程 CECS 03：88［S］给出了芯样试块的混凝土强度换算公式：

$$f_{cuT} = \alpha \frac{4F}{\pi d^2} \tag{8-41}$$

式中，f_{cuT} 为芯样试块混凝土强度换算值，MPa；F 为芯样试块抗压试验测得的最大压力，N；d 为芯样试块的平均直径，mm；α 为不同高径比的芯样试块强度换算系数，可参考规程 CECS 03：88 取值。

　　3）超声法

　　混凝土强度的超声检测是以强度与超声波在混凝土中的传播参数(声速等)之间的相关关系为基础。超声波实质上是高频机械振动在介质中的传播，当它穿过混凝土时，混凝土的每一个微区都产生拉伸压缩(纵波)或剪切(横波)等应力应变过程，而混凝土的强度与应力应变参数有着明确的理论关系。因此，从理论上来说，超声传播特性应是描述混凝土强度的理想参数。但是，混凝土强度是一项非常复杂的参数，它受许多因素的影响，要想建立强度和超声传播特性之间的简单关系是困难的。因此，用超声法检测混凝土强度主要是通过试验归纳建立强度与超声波速的关系方程。当然，如果能利用强度和声速比的关系则可以避免一些因素对检测结果的影响。超声法评估衬砌混凝土强度损失的具体操作方法同前面介绍的检测混凝土受火温度的方法。

　　通过对试块高温试验的数据进行处理，可得到采用对测法时超声波速与衬砌混凝土残余抗压强度、波速比与混凝土强度比之间的关系，具体见表 8-11。

8.5.2　损伤深度检测方法

　　损伤深度反映了火灾对衬砌结构的高温损伤区域。虽然实际上火灾高温损伤后，混凝土层的损伤程度是随受火面深度的变化而逐渐变化的，即在混凝土组织结构上没有明显的损伤层与未损伤层的分界线。如果火灾延烧时间不是很长（如 10h 内），则隧道衬砌截面上的温度梯度很大，虽然靠近受火面的部位达到的温度很高，仍有相当部分截面的温度上升很小。这样，可以认为衬砌混凝土结构存在明显的损伤层。

损伤深度的检测对于灾后评估工作而言有着积极的意义：一方面，通过损伤深度可以判断衬砌混凝土层的高温损伤区域；另一方面，损伤深度结合火灾最高温度和截面温度场计算结果可以估计火灾的持续延烧时间，为确定火灾场景提供进一步的依据。

公路隧道的衬砌结构构架是一个细长的管道。在公路隧道衬砌混凝土的灾后检测中，当采用完全无损检测方法时，衬砌结构只能提供一个检测面。综合分析各种检测评估方法，推荐以超声平测法[97]作为公路隧道衬砌结构火灾损伤深度的检测方法。

用超声平测法检测衬砌混凝土损伤深度（损伤层厚度），其前提假定条件如下：

①混凝土的损伤层与未损伤层之间有明确的分界线，将两层的混凝土按截然不同的两层材料来考虑；

②超声波通过损伤层和未损伤层时的声速分别按各层内的平均声速计算，即声速在各层内的大小为一常数。其假设状况示意图如图 8-35 所示。

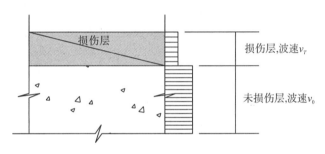

图 8-35　超声平测法假设状况示意图

选择有代表性的部位进行检测，保证施测部位自然干燥，且无接缝。将测试部位的表面打磨平整并清理干净，然后将 T 换能器通过耦合剂与被测混凝土表面耦合好并保持不动，再将 R 换能器沿隧道轴线方向耦合在 T 换能器旁边，依次以一定间距移动 R 换能器，逐点读取相应的声时值（t_1、t_2、t_3 等），同时测量每一点的 T、R 换能器内边缘之间的距离（l_1、l_2、l_3 等），如图 8-36 所示。一般地，R 换能器每次移动的距离为 30mm 或50mm。

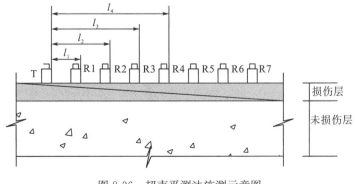

图 8-36　超声平测法施测示意图

如图 8-37 所示，设损伤层厚度为 d，混凝土损伤层内波速为 v_1，未损伤层内为 v_2。将超声波测试仪发射换能器 T 耦合在损伤混凝土表面保持不动，然后将接收换能器 R 依次耦合在如图所示的 R1、R2、R3 等位置，并分别读取声时值。当 T、R 换能器的间距接近时，可认为 T、R 间读取的声时值表示的是超声波在沿损伤混凝土传播的时间，由声时计算出的波速为超声波在混凝土损伤层的传播速度 v_1。随着 T、R 换能器的间距增大，超声波的传播路径可分为主要的两条路径，如图 8-43 中虚线所示，即除了 T 发射的部分超声波沿混凝土损伤层传播外，还有部分超声波穿过损伤层沿未损伤混凝土传播一段距离后，再穿过损伤层到达 T 换能器。

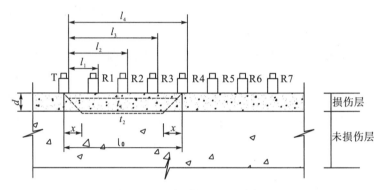

图 8-37 超声平测法原理分析图

当 T、R 换能器的间距达到某一测距 l_0 时，T 换能器发射的沿损伤层传播的脉冲波与经过两次角度沿未损伤混凝土传播的超声波同时到达接收换能器 R，则有

$$t_1 = t_2$$

根据图 8-43 中示意关系，可知

$$t_1 = l_0 / v_1$$

$$t_2 = \frac{2\sqrt{d^2 + x^2}}{v_1} + \frac{l_0 - 2x}{v_2}$$

则

$$t_1 = \frac{l_0}{v_1} = \frac{2\sqrt{d^2 + x^2}}{v_1} + \frac{l_0 - 2x}{v_2}$$

根据 T 换能器发射出的超声波的特性，上式中应使 $t_1(t_2)$ 值最小才最符合实际情况，可对上式取 t_1 对 x 的导数，并令其等于 0，则

$$\frac{\mathrm{d}t_1}{\mathrm{d}x} = \frac{2x}{v_1\sqrt{d^2 + x^2}} - \frac{2}{v_2} = 0$$

可得

$$x = \frac{d \cdot v_1}{\sqrt{v_2^2 - v_1^2}}$$

将上面 x 的表达式代入 $\dfrac{l_0}{v_1} = \dfrac{2\sqrt{d^2 + x^2}}{v_1} + \dfrac{l_0 - 2x}{v_2}$，整理后可得损伤深度(损伤层厚度) d 的表达式：

$$d = \frac{l_0}{2} \sqrt{\frac{v_2 - v_1}{v_2 + v_1}} \tag{8-42}$$

根据各测点的声时测值 t_i 相应的测距值 l_i 绘制"时-距"坐标图，如图 8-38 所示。两条直线的交点 B 所对应的测距为 l_0，直线 AB 的斜率，便是损伤层混凝土的声速 v_1，直线 BC 的斜率便是未损伤混凝土的声速 v_2。根据式(8-42)便可计算损伤层厚度 d。

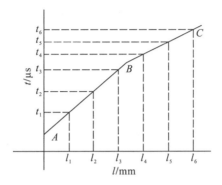

图 8-38　超声平测法"时-距"坐标图

彭立敏等[98]曾在其混凝土火损试验结果分析后指出了式(8-42)的使用条件：存在声速拐点；非损伤层声速大于损伤层声速。

8.5.3　衬砌火灾后损伤评估程序

公路隧道内发生火灾后，按照合理高效的评估程序对隧道衬砌结构高温损伤进行评价，对灾后的加固修复有着重要的意义。前面分别探讨了检测评估方法、温度场评估计算和高温承载性能等方面的内容，应合理地将这些内容体现到实际评估程序中。

1. 评估程序的两个阶段

公路隧道发生火灾后，应组织技术人员对火损衬砌结构进行初步定性评估，一方面对火灾原因、火损区域和结构损伤进行定性评价，为进一步的评估工作奠定基础；另一方面对火损结构的安全性作出初步鉴定，特别是对于火损严重的区域，应判别该处结构是否仍处于破坏发展阶段，作出是否暂时封闭现场以确保人员安全的判断。

将火灾后评估程序分为定性评估和定量评估两个阶段，如表 8-25 所示。

表 8-25　评估程序的两个阶段

评估阶段	目　的	内　容	实施者	方　法
定性评估	火灾概况、初步划分火损区域、初步安全鉴定	火损区域、火损状况总体情况的调查	一般技术人员	观察、问询
定量评估	损伤检测、温度场评估、鉴定火损结构的安全状态、提供加固修复的基础数据	不同损伤区域的强度损失检测、受火温度评估	专业技术人员	非(微)破损试验

(1)定性评估阶段。调查火灾概况、对火损衬砌结构的安全性作出初步鉴定，可使用简单分级表来说明混凝土衬砌的火灾损伤程度。观察记录内容包括混凝土颜色、裂纹裂

缝、爆裂、疏松、钢筋外露以及小金属棒敲击现象等。参考外观特征观察法、现场火损现象以及火损简单分级表，初步划分火损区域和进行安全鉴定。作为初步安全鉴定的火损简单分级表，由于缺乏公路隧道实际火灾案例的相关资料，暂无法制定隧道衬砌火损的初步安全鉴定标准。在应用中，可参考 H. W. Chung 在英国混凝土构件目测分级表的基础上给出的火灾损伤简单分级，如表 8-26 所示。

表 8-26　衬砌钢筋混凝土局部火灾损伤简单分级表[99]

等级	程度	粉饰层	表面颜色	裂缝	剥落	钢筋暴露
1	轻微	有些脱落	正常色	轻微	轻微	无
2	中度	部分脱落	浅红色	局部	局部	10%～25%，无挫曲
3	严重	全部脱落	浅黄色	扩大延伸	扩大延伸	25%～50%，至少一根挫曲
4	非常严重	全部脱落	浅黄色	扩大延伸	扩大延伸	50%以上，超过一根挫曲

注：主要针对地上结构制定，在隧道衬砌结构火损分级的应用中，需注意衬砌结构的受力特征(受压为主)和构造特征(一般无饰面层，钢筋保护层较厚)可能引起的判别误差。

(2)定量评估阶段。在不同损伤区域实施非(微)破损试验，根据各检测评估方法的定量结论，通过数学统计方法归纳出衬砌混凝土的强度损失和火灾温度场分布，确定可合理反映实际情况的火灾场景(受火温度、延烧时间)，修正衬砌结构温度场、残余承载力的理论计算结果，鉴定不同火损区域衬砌结构的安全状态，为加固修复提供基础数据。主要采用回弹法、钻芯取(小)样法、超声法、混凝土烧失量推定法和超声回弹综合法等。

对于两车道公路隧道，其损伤分级可视火灾规模与围岩级别，参考表 8-22 和表 8-23 进行损伤等级划分。

2. 灾后评估的具体步骤

建议公路隧道火灾后评估的具体步骤如下。

(1)建立评估检测组织。火灾发生后，相关单位和部门应在最短的时间内建立评估检测小组，确定合理的操作程序，从领导和组织上保证评估检测工作的顺利实施。

(2)火灾前隧道状况调查。这方面的调查应在评估检测人员进入火灾现场之前展开，应当收集隧道的存档资料和运营记录，包括调查隧道围岩的水文地质状况、详细的设计图纸、设备情况、设备运行记录、通风状况、车辆运行情况和位置等。

(3)火灾现场初步调查。主要包括：起火的时间、起火点位置、起火原因初步判断、火的走向、主要燃烧物、火灾持续时间、火灾的燃烧程度、灭火方式、灾后残留物状态、过火区域和火灾时通风状况等。

(4)火损区域划分。这一步骤应与火灾现场初步调查同时进行。观察记录衬砌结构表面的损坏状况，包括混凝土颜色、裂纹裂缝、爆裂剥落、疏松、钢筋外露、管片结构变形以及小锤敲击现象等。运用前述表面特征观测法、火损简单分级表，结合火损现象记录，划分火损区域。

(5)结构安全性初步鉴定。对火损严重区域的衬砌结构进行初步安全鉴定，判别其是否仍处于破坏变形阶段，初步估计火损结构抗力能否满足承载力要求，是否会发生大块混凝土掉落甚至结构坍塌，作出是否暂时封闭现场以确保人员安全的决定。如能确认现场人员的安全有保障后，可对灾后现场进行详细勘查。

(6)火灾场景初步判断。根据起火时间、起火位置、起火时隧道运营状况以及灾后残留物状态确定火灾原因、持续时间和蔓延机理等，根据燃烧物情况计算火灾载荷，判断初步的火灾场景(最高温度、持续时间)。

(7)检测分析未火损区域衬砌混凝土的数据。公路隧道一般较长且其结构一般采用同一类型的混凝土。发生火灾后，很容易找到与火损区域混凝土类型一致、工作状态相同的原型混凝土。对未火损区域的原型混凝土进行回弹、钻芯取样等试验，统计分析这些常温混凝土的检测数据，作为火损衬砌混凝土的相关检测试验的对比基础数据。这样，在进行火损区域的相关检测评估时，采用检测比值与检测目标的关系进行评估判断，可以避免或减少其他复杂因素对检测结果的影响。

(8)火灾现场详细勘查 1。利用表面特征观测法评估受火温度。根据衬砌混凝土表面颜色、裂纹、爆裂疏松和小锤敲击等观测手段快速推定火损区域受火温度，初步得到火灾温度场分布。

(9)火灾现场详细勘查 2。利用回弹法检测混凝土强度损失和评估受火温度。根据火损区域划分和火灾场景的初步判断，确定合理的回弹测试点，进行回弹法检测。根据试验归纳的火损混凝土表面硬度与回弹值的关系、回弹值(回弹比)与强度损失(强度比)的直接关系和回弹值(回弹比)与受火温度的间接关系，对检测数据进行分析，判断火损区域衬砌混凝土的强度损失，推定各部位最高受火温度。

(10)火灾现场详细勘查 3。利用钻芯取(小)样法检测混凝土强度损失和评估受火温度。根据火灾损伤现场情况和衬砌结构体系受力特征，确定合理的芯样钻取点，采用专门的钻芯机钻取圆柱形芯样，适当加工后在试验机上测定火损后残余抗压强度，并通过强度(强度比)与受火温度的关系，推断芯样钻取点处的最高受火温度。

(11)火灾现场详细勘查 4。利用超声法检测混凝土强度损失、火损深度和评估受火温度。选择能反映火损规律的测试点以及钻芯取样法钻取的芯样，根据试验归纳的超声波速(声速比)与强度(强度比)、受火温度的关系，采用对测法检测衬砌混凝土的强度损失和评估受火温度。利用超声法的损伤层检测原理，采用平测法检测代表部位的混凝土火损深度。

(12)火灾现场详细勘查 5。利用混凝土烧失量推定法评估受火温度。在火灾现场拣取合适的混凝土剥落块或在代表性部位钻取小块混凝土，进行体积、质量的测试，根据混凝土密度(密度比)与受火温度的关系，推定衬砌混凝土的受火温度。

(13)火灾现场详细勘查 6。利用超声回弹综合法检测混凝土强度损失和评估受火温度。采用超声对测法和回弹法在相同部位的检测数据，利用试验结果分析超声波速(声速比)、回弹值(回弹比)与强度损失(强度比)、受火温度的关系，进行衬砌混凝土强度、最高经历温度的判断。

(14)综合分析各方法的检测结果，给出火损衬砌混凝土的强度损失、损伤深度和受火温度的结论。

(15)根据检测结果修正火灾场景。

(16)利用修正后的火灾场景进行衬砌温度场数值模拟和高温残余承载力计算，给出衬砌结构火损情况的计算结果。

（14）根据强度检测和计算结果综合评定不同火损区域衬砌结构的受损程度。

（15）作出灾后检测评估报告。

3. 评估程序模型

评估程序模型如图 8-39 所示。

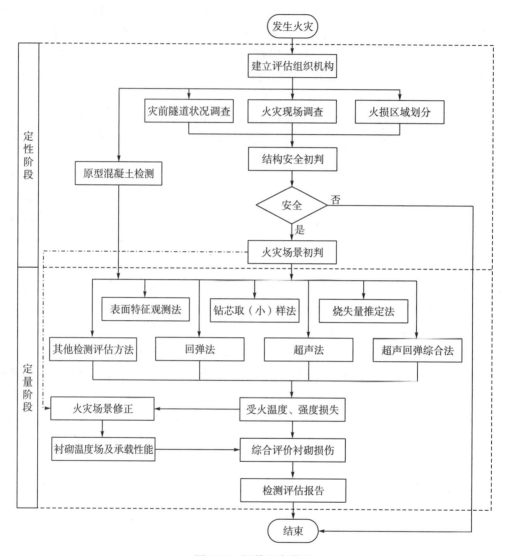

图 8-39　评估程序模型

第9章　火灾后衬砌修复加固技术

9.1　衬砌结构损害分类

一般情况下将衬砌结构的火灾损害按其程度分为以下四类。

（1）轻度损伤。只是表面装饰部分遭受破坏，或表面损伤轻微，结构本身完好。对轻度损伤修复只需将其表面粉刷或将表面污物清理干净，重新进行装修粉刷即可。

（2）中度损伤。损伤程度达到保护层，使保护层部分剥落，但受拉主筋未受伤，构件整体性好，变形不超过规范规定值。对中度损伤修复如下：①将烧松散的砼除掉，将存留的砼表面清理干净，然后填补同等级砼，做成完好表面，保证钢筋不受锈蚀，对砼表面的细小裂缝，可采用水泥素浆，或以环氧树脂为基本组分的胶结料来灌缝，水泥选用膨胀水泥或自应力水泥，灌缝方法的选择取决于裂缝宽度和深度，当裂缝深度≤5mm，宽度≤0.3mm，可采用平面式注浆机灌缝，当裂缝较深时，可将开口两侧凿成 V 形再灌缝，将裂缝、孔洞及缺损修补好后，外部应抹灰，使构件满足外观要求；②在外部装修之前，应验算剩余承载力，如与构件设计承载力相差 5% 以上者，应对构件进行补强设计。

（3）严重损伤。混凝土保护层大面积剥落，主筋外露，黏结力被破坏，构件明显变形。火灾后这类构件的承载力都有不同程度降低，应根据剩余承载力的计算结果，按照等强原则进行加固。根据结构部位的不同，采用喷射砼或安装模板进行施工。为保证质量，新旧砼之间必须有良好的结合。在此结合面上应涂刷环氧砂浆或水灰比为 0.4 的水泥浆。若需附加钢筋，则钢筋的保护层、锚固和搭接均应符合规范要求。

（4）严重破坏。衬砌混凝土构件表面大面积损伤剥落，严重开裂，结构变形很大，构件遭到严重破坏，已成为危险结构。一般来说，此类构件由于在火灾时已失去稳定性，且失去修复的可能性，应予以拆除，另行更换新的构件。拆换构件是一项较为困难而复杂的工作，必须对施工方案进行周密考虑，防止发生新的损坏。

9.2　公路隧道衬砌结构的修复原则

火灾后隧道衬砌结构的加固修复除了当前普遍采用的混凝土加固技术方法外，还有一些自身的特色。隧道的火灾加固修复应该符合这样的要求：将受损结构恢复到满足原结构的设计荷载的要求，并尽可能不加大原结构构件截面。

隧道遭受火灾后，绝大部分均可修复，需拆建、重建者只是极少部分，这种工程修复是很有意义的。从经济上讲，工程修复费用较低，一般不会超过重建费用的 50%，而且所消耗的时间比拆建、重建少得多(至少空间开挖的时间可以省去)，工程可以尽快修好并投入使用，可认为工程修复比工程重建具有较高的效费比。特别是由于有些隧道的位置是不允许或不容易变更的，所以一旦发生火灾除了积极进行修复外，别无更好的选择。

在策划、实施工程修复时，以下几点应作为考虑的基本原则。

①工程修复应在分析致火原因的基础上有针对性地做好设计与施工。

②工程修复应不影响或尽量少影响被烧隧道的原有使用功能，并且还应根据既往使用中的经验教训尽可能予以改善。

③工程修复必须安全可靠，简单可行，经济实用；并且要尽量缩短工期，以达到较高的综合技术经济指标。

④工程修复选用的材料首先考虑施工时无毒、不产生有害气体，同时，应充分考虑其耐燃性能，多用非燃或难燃材料，不用或少用燃烧材料。凡尚有使用价值的原有材料与构件应尽量保留使用。

⑤工程修复设计应周密考虑防火措施，消除隐患，防止火灾事故的再次发生。

9.3　混凝土结构修复方法

火灾后不同损伤程度的混凝土建筑物，采用的修复方法也不同。当损伤比较轻微时，可采用压力浸渍修复技术或通过对受损混凝土进行养护使其强度恢复的方法。当损伤严重时，工程上常用的钢筋混凝土结构补强加固的方法有加大截面加固、外包钢加固、粘钢加固、预应力加固、化学植筋加固、喷射混凝土加固、增设支撑体系及受力墙的加固等。

9.3.1　喷水养护法

研究表明当受火温度为100℃时混凝土内的自由水会以水蒸气形式溢出，200～300℃时CSH凝胶的层间水和硫铝酸钙的结合水会散失，500℃左右$Ca(OH)_2$受热分解，其结合水会散失，而800～900℃时CSH凝胶（水化硅酸钙）已完全分解，原来意义上的砂浆已不复存在。骨料的变化主要是物理变化，573℃时硅质骨料体积膨胀0.85％；700℃时碳酸盐骨料和多孔骨料也有类似损坏，甚至突然爆裂。

对经过火灾的混凝土的喷水养护试验表明，经养护后强度可有一定程度的恢复。养护56天后，火灾温度为600℃的高强混凝土，可恢复66％～93％，普通混凝土为61％～85％；火灾温度为800℃的高强混凝土，可恢复34％～79％，普通混凝土为31％～56％。

9.3.2　压力浸渍修复法

压力浸渍修复法是指针对钢筋混凝土结构由于各种原因产生的裂缝，采用环氧树脂类黏合剂及密封剂灌浆加固修补的方法。该方法在不影响正常的生产、生活秩序情况下使结构达到预期的强度，延长结构的使用寿命，不需要大型机械作业，施工快捷方便，加固效果安全可靠。

压力浸渍修复法的原理是在一定压力条件下，把修复剂浸渍、压入到受损混凝土的孔隙和裂缝后，使受损混凝土重新黏结起来，形成一个整体。聚合物修复剂不仅填充混凝土受火后产生的疏松多孔的结构，而且包括混凝土中的孔隙、毛细管和骨料界面，使原来松散的混凝土体系变得密实，从而提高受灾后混凝土的强度。研究表明当采用环氧树脂为修复剂时，压力浸渍修复法的适宜修复压力为 0.12MPa，适宜恒压时间为 60min，修复深度为 20mm。

压力浸渍修复法的特点如下：采用慢速、低压连续灌浆，可以确保树脂注入裂缝细微部位；可以控制注入量，必要时可以补充灌浆料；可根据裂缝大小、注入状况的需要，调整压力；注入量和注入情形可以目视观察。

9.3.3　加大截面加固法

加大截面加固法又称外包混凝土加固法，是通过在原混凝土构件外叠浇新的混凝土，增加构件截面积和配筋，达到提高构件承载力和刚度、降低柱子长细比的目的。此法工艺简单，广泛适用于混凝土梁、柱、板和墙体等结构的增强和补强，受力可靠，是工程中常用的一种加固方法。缺点是湿法作业，施工工期长，受现场条件限制多。增加的截面处在受拉区时，对补加的钢筋起到黏结和保护作用，当补浇层混凝土处在受压区时，则增加了构件的有效高度，从而提高了构件的抗弯和抗剪承载能力，并增加了构件的刚度。它一方面受净空要求的限制，另一方面新加部分的应力、应变滞后于原结构的应力、应变，新旧结构不能同时达到应力峰值，不能充分发挥材料的效用。根据后浇混凝土与原混凝土结合情况的不同，增大截面结构可分为新旧混凝土截面独立工作和整体工作两种情况。

加大截面法加固时，一般应满足以下构造要求：

新浇混凝土的强度等级应不低于 C20，且应比原构件的设计混凝土等级提高一级，同时应将原构件在新旧混凝土黏合部位的表面凿毛；

当加固板为新旧独立工作时，新浇混凝土的最小厚度不应小于 50mm，当加固板为整体工作时，不应小于 40mm，加固梁时不应小于 60mm；

除必要时可用角钢或钢板外，加固配筋宜优先采用钢筋。现浇板的受力筋直径宜用 $\varphi 6$、$\varphi 8$，分布筋宜为 $\varphi^b 4$、$\varphi^b 5$。梁的纵向钢筋应采用变形钢筋，最小直径不应小于 12mm，最大直径不宜大于 25mm，封闭式箍筋直筋不宜小于 $\varphi 8$；

对于加固后为整体工作的板，在支座处应配负钢筋，并与跨中分布筋相搭接，分布筋应采用直径不小于 $\varphi^b 4$、间距不大于 300mm 的钢筋网，以防止产生收缩裂缝；

对于加固后按整体计算的梁、板和柱等构件，应先清理表面缺陷至密实部位，以保证混凝土后浇层与原结构的紧密结合。在浇后浇层之前，原构件表面应保持湿润，但不得积水；

骨料宜用卵石或碎石，其最大粒径不宜超过新浇混凝土最小厚度的 1/2 及钢筋最小间距的 3/4 。

9.3.4　外包钢加固法

外包钢加固法是以型钢外包构件四角(或两角)，使之与原构件共同承担荷载的一种加固方法。它适用于加固在使用上不允许增大原构件截面尺寸，却又要求较大幅度地提高截面承载力的混凝土梁柱及砖柱等结构。其优点是施工简便，现场工作量较小，构件截面尺寸变化不大，重量增加较少，承载能力提高显著，构件截面的刚度和延性得以改善，外包型钢还能限制原构件挠度的过快增长。缺点是外观不美观，节点构造复杂，用钢量较大，且不宜在无防护的情况下用于 600℃ 以上高温场所，受现场和结构形状等外部条件限制较多。外包钢加固分为湿式和干式两种。湿式外包钢加固是在型钢和被加固的构件之间，采用乳胶水泥、聚合物沙浆粘贴或环氧树脂化学灌浆等方法黏结，使之达到型钢架与原构件能整体工作，共同受力的目的。外包钢加固法是一种使用较为广泛的传统加固方法，湿式外包钢加固法提高承载力的能力显著强于干式外包钢加固法。因此，对湿式外包钢加固法进行理论和试验的研究，是一项具有实际使用价值和学术价值的科研课题。

9.3.5　粘钢加固法

粘钢加固法，是用建筑结构胶将钢板粘贴在混凝土构件表面，使两者共同受力以提高结构承载力的一种加固方法。该法已有 30 多年的历史，形成了相对比较成熟的施工工艺和理论计算方法，可以将钢板分别粘贴于结构的正、负弯矩区进行加固。常用的胶结剂是以环氧树脂为基料，再加入适当的固化剂、增韧剂和增塑剂配制而成。近年来，粘钢加固法在加固、修复结构工程中应用发展较快，将钢板粘贴在混凝土的受拉区，对提高构件的抗拉强度和弯曲抗拉强度有特别显著的效果。目前，我国已将此种加固方法编入《混凝土结构加固技术规范》中。

该方法在房屋建筑、桥梁等工程的加固、补强和修复中的应用广泛。从发展趋势来看，使用结构胶黏剂对结构进行增强和补强已成为一个重要的发展方向。与其他方法比较，粘钢加固法有许多独特的优点和先进性。

①施工方法简单快速，工期短，一般可在不影响使用的情况下完成施工，对场地的正常使用干扰小。

②施工场地简洁干净，现场无湿作业。

③传力直接，加固效果可靠，耐久性好，工程实践和粘钢加固后的结构试验表明，粘钢加固完全能保证工程的质量，结构的强度和刚度能满足设计的要求，胶黏剂耐久性也能满足要求。

④基本不增加结构的重量和不改变结构的外观，结构轻巧美观，不会导致建筑物内其他构件的连锁加固。

⑤灵活多样，适应性强，粘贴钢板的方案灵活多样，结构类型和形式不受限制，几乎能解决结构加固补强和增强问题。

⑥经济性好，节省材料和工期，加固的直接和间接费用较低。

其弱点就是不耐腐蚀性，养护费用高。黏合剂不耐高温，无法应对二次火灾。其加固效果在很大程度上取决于胶黏工艺与操作水平。

9.3.6　预应力加固法

预应力加固法是在体外补加预应力拉杆或撑杆，对结构或构件进行加固的一种方法。通过对后加的拉杆或型钢撑杆施加预应力，影响并改变原结构内力分布，消除加固部分的应力滞后现象，使后加部分和原结构能较好地协同工作，从而降低结构原有的应力水平并提高结构的承载能力，减小挠曲变形，缩小裂缝宽度。此法可有效地减轻结构的应力水平，兼有卸载、改变结构应力水平和加固三重功效。可使结构的承载力、抗裂性和刚度同时得到提高。主要用于大型结构和大跨度结构。其缺点是节点构造复杂，受现场和结构形状条件限制较多，造价较高，施工技术要求高。其基本施工工艺为预应力筋的张拉和锚固。

9.3.7　化学植筋加固法

化学植筋加固法是通过化学植筋技术使钢筋、螺杆等与混凝土产生握裹力，从而达到承受荷载的加固方法。化学植筋新技术运用高强度的化学黏合剂，将钢筋、螺杆等金属杆植入混凝土中，固化后产生高负荷承载力。该方法抗拉、抗剪承载力高，不易移位和拔出，密闭性能良好，不需进行防水处理，施工简便迅速，安全可靠并符合环保要求，是钢筋混凝土结构变更设计、追加钢筋和加固补强的有效方法。由于其通过化学黏合固定，不但对基材不会产生膨胀破坏，而且对结构有补强作用。适合各类混凝土结构的增建、变更等预留钢筋固定，梁、柱头、楼板和剪力墙等结构的加固预留钢筋锚定以及钢结构、机械设备和支架等螺杆的锚定。主要施工工艺流程如下：钻孔→清孔→注入锚固剂→植入钢筋或螺杆→固化→完成。

9.3.8　喷射混凝土加固法

喷射混凝土是将水泥、砂和石按一定比例混合成拌合料后借助喷射机械，利用压缩空气或其他动力，通过管道输送，并以高速喷射到受喷面上（岩面、模板和旧建筑物），在短时间内凝结硬化的一种混凝土。由于它不是依赖振动捣实混凝土，而是在高速喷射时，由于水泥与骨料的连续撞击而使混凝土压密，同时又可采用较小的水灰比（常为 0.4～0.5），因而具有较高的力学强度和良好的耐久性，特别是与混凝土、砖石和钢材等有很好的黏结强度，可以在结合面上传递拉应力和剪应力。其优点如下：能向任意方向和部位施作；可灵活地调整自身厚度；能射入结构表面较大的洞穴、裂缝；并具有快凝、早强的特点，能在短期内满足生产使用的要求。此外，由于喷射法施工工艺简便，在许多情况下，甚至可在不停顿生产的情况下施工。但在施工中要注意材料的回弹问题，落地料不得重复使用。

9.3.9　增设支撑体系及受力墙的加固法

增设支撑体系及受力墙的加固法是采用增加结构空间刚度、改变构件刚度比等途径，达到加固目的。如增加屋面支承及柱间支撑以加强结构的空间刚度，使结构可按空间工作考虑，从而相应地提高结构的承载能力；又如增设剪力墙、支撑和墙垛等，也可提高结构的空间刚度和抗水平荷载的能力。

9.3.10　粘贴碳纤维加固法

碳纤维片材(Carbon Fiber Reinforced Polymer，CFRP)是碳纤维布及碳纤维板的总称。使用碳纤维片材加固修复混凝土的技术是 20 世纪 80 年代开始在国际上研究应用的一种混凝土结构外部补强加固的新技术。该技术自 1997 年引入我国，受到了工程界的关注，成为了研究和应用的热点。外部粘贴碳纤维片材加固混凝土结构的技术有很多优点：可有效地提高已有构件的强度和刚度，而构件的尺寸及自重几乎不增加，且耐腐蚀性好，施工过程简便，容易保证施工质量等。近年来，碳纤维片材已广泛地应用于桥梁、建筑物、隧道、涵洞及其他各种混凝土结构的加固补修工程之中。《碳纤维片材加固修复混凝土结构技术规程 CECS146 — 2003》是国内第一个纤维增强材料加固修复混凝土结构技术领域的技术标准。

碳纤维片材加固钢筋混凝土结构所涉及的材料主要有两种：一是碳纤维片材；二是配套树脂粘贴材料。

碳纤维片材即碳纤维增强塑料。碳纤维是把聚丙烯、人造纤维、石油或煤沥青、苯酚树脂等原料，在不活泼气体中经 2000～3000℃ 的高温烧成纺线一样的东西，使其碳素化而制造出来的具有质轻、高强耐腐蚀等性能的无机纤维。碳纤维是直径为 $7～10\mu m$ 的碳原子丝，工业上用的碳纤维是将 6000～24000 根这样的碳原子丝以绞线或麻绳的方式排列而成，其粗细仅相当于人的 1 根头发丝。碳纤维布就是连续碳纤维单向或多向排列、未经树脂浸渍固化、在施工过程中再给予浸润的布状碳纤维制品。而碳纤维板是经树脂浸渍固化的板状碳纤维制品，施工中再用树脂将其粘贴于结构表面，类似于粘贴钢板。从国际上看，用于结构加固修复最多的碳纤维材料中，布材使用量最大，每年达近 200 万平方米，折合碳纤维为$(5～6)×10^5 kg$，且技术最成熟，美国、日本、加拿大和西欧等国均已有了标准规范。板材的使用量依然较小，但由于该种形式的碳纤维片材利用效率高，近年使用量增长很快。

碳纤维布加固混凝土结构是将碳纤维用环氧树脂浸渍形成碳纤维增强聚合物，然后用改性环氧树脂类胶结材料将碳纤维片材粘贴于结构受拉面，待树脂固化后碳纤维片材与原结构形成新的受力复合体，通过碳纤维片材和构件的协调工作，从而达到结构补强及改善受力性能的目的。碳纤维修复补强技术具有以下优点。

(1)强度高。碳纤维片材抗拉强度是同等截面钢板的 7～10 倍，普通中等弹模碳纤维的极限应变达 0.015～0.020，其容重是钢材的 1/5～1/4，弹性模量略高于钢筋。另外，碳纤维没有类似钢筋的屈服点，在达到抗拉强度之前基本上为线弹性状态。采用碳纤布加固后的受火结构在荷载作用下沿高度方向上混凝土的应变近似直线分布。

（2）超强防水效果。用环氧树脂胶黏附于混凝土结构表面，防水效果好，可防止钢筋腐蚀生锈。

（3）薄而轻。其比重比铝还要轻，成品片材的厚度只有 0.111~0.167mm，几乎不增加原结构尺寸及自身重量，在不增加荷重的情况下达到高强度的加固效果。

（4）抗酸碱盐类介质的腐蚀，抗蠕变，材料尺寸稳定。

将纤维和机体组合形成的纤维增强复合材料能很好继承纤维的这些优良特性。施工简便、快捷，碳纤维片材能直接在建筑物表面粘贴、包裹，工序简单，无须模板及大型吊装设备，对施工场地要求较低，适于狭窄空间作业。施工快捷、工期短，有时还可以在生产和设施正常运营的条件下施工，避免停产、停运的困难和损失。可以有效地封闭混凝土结构的裂缝，延长结构的使用寿命。碳纤维片材可以多层粘贴，充分满足修复补强的要求。易于保持结构原状（随原形粘贴），而其他加固方法对于异型梁、柱（如加腋梁、鱼腹梁薄腹板工型梁和异型柱）等施工困难。利用碳纤维片进行补强，可以最大限度地保持原结构的外观不变，不影响表面装饰，最大限度地减少修补的痕迹。简便的施工工艺在土木工程中得到越来越广泛的应用，也得到了工程界的普遍赞同。近年来在国内外得到迅速发展和应用，并进行了大量的试验研究工作。

然而，外粘碳纤维片材加固混凝土结构存在着一些技术上的缺陷，如片材翘曲问题。尽管纤维片加固的施工有严格的工艺和技术要求，但仍由于打磨平整等底层处理水平的相对不足以及构件本身成型过程中形成的翘曲，都会引起纤维片的日后空鼓。碳纤维材料本身是耐火的，防火主要指树脂基层及黏结树脂的防火问题，当环境温度高于树脂的玻璃化转变温度时，树脂开始软化，从而导致外粘片材失效，一般环氧类树脂的玻璃转化温度为105~130℃，远低于火灾条件下混凝土构件表面温度，故必须采取防火措施，而目前除采用在碳纤维片材外抹砂浆隔离或涂敷防火涂料外缺乏行之有效的防火措施。

碳纤维片材加固混凝土结构的施工工艺如下：混凝土基底处理→涂底层树脂→用环氧腻子进行残缺修补及找平→贴碳纤维片材→养护→表面防护→验收。每道工序施工的完善程度，都关系着碳纤维片材能否正常发挥出加固所要求的设计承载力，能否达到最终加固修补的目的，因此，每一步都应该严格把关，确保施工质量合格。

（1）基层处理时应注意以下几方面：①对于宽度小于 0.2mm 的裂缝，用环氧树脂进行表面涂抹封闭，宽度大于 0.2mm 的裂缝，用环氧树脂灌缝，裂缝超过 1mm 时，应进行压力灌胶处理；②对经剔凿、清除和露筋构件的残缺部分，用环氧砂浆进行修补、复原，达到表面平整；③构件表面因施工造成多余的凸出部分应打磨平整，修复后构件的段差要尽量平顺，棱角部位需用磨光机磨成圆弧，且圆弧 $R \geqslant 30$mm；④构件表面打磨后，要用吹风机将表面灰尘和杂物清理掉，用水或丙酮擦拭并干燥，构件表面含水率应控制在 4% 以下。

（2）在涂底层树脂工序中，应按产品说明书中的规定严格控制树脂配制时的搅拌时间，调好的底胶要在规定的时间内用完；底层涂料指触干燥或固化后，表面上凸起的类似小露珠的部分要用砂布或角磨机磨平。

（3）在用环氧腻子进行残缺修补及找平工序中，需加固的构件表面凹陷部位应用环氧腻子填平，并修复至表面平整顺滑。腻子涂刮后，表面如仍存在凹凸糙纹，则应用砂纸打磨平整。一般凸出误差以 -3~5mm 为宜。

（4）贴碳纤维片材时，纤维长方向上接头搭接长度应满足设计要求，一般为10～20cm。粘贴涂刷方法及涂量均应按企业产品说明书要求，一定要保证碳纤维片材与加固构件的黏结力，尽量减少空鼓面积，每块空鼓面积及空鼓综合面积的大小，不能超过所选用产品说明书及相应企业标准的要求。

（5）养护时间必须大于黏结剂产品说明书要求的固化时间，对于有风吹、雨淋或有可能人为扰动的地方应进行遮挡封闭养护。当被加固的结构本身有防护要求时，应按设计要求采取表面防护。

9.3.11　内嵌碳纤维加固法

近年来，碳纤维材料的研究和应用已经成为土木工程界的热点。在我国，外贴碳纤维片材加固混凝土结构这种加固技术已较为普及，相关标准规程已经出台。除了外贴加固以外，开发碳纤维材料的应用途径成为国际上广为关注的问题，而内嵌式（Near Surface Mounted，NSM）加固方法便是其中最具代表性的一种。所谓内嵌式加固方法是将加固材料放入结构表面预先开好的槽中，并向槽中注入黏结材料使之形成整体，以此来改善结构性能的方法，如图9-1所示。

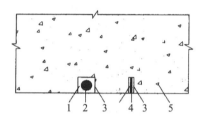

图 9-1　内嵌碳纤维材料加固示意

1—黏结材料；2—碳纤维筋；3—槽；4—碳纤维板条；5—拟加固结构

与传统的加固方法（如增大截面法、粘贴加固法和植筋加固法等）相比，嵌入式加固法具有明显的优点，如碳纤维材料耐腐蚀，轻质高强，施工方便，省时省力，加固后维修费用低等。与直接在结构表面外贴碳纤维材料的加固方法相比，嵌入式加固方法具有以下明显的优点。

（1）碳纤维材料与原结构的黏结性能更好，与直接粘贴碳纤维材料的加固方法相比，嵌入式碳纤维材料与原结构有着良好的黏结性能。由图9-1可以看出，嵌入式加固方法所开的槽中有3个面参与碳纤维材料和树脂的黏结，黏结性能更好，而且碳纤维材料的锚固问题并不突出。而外贴碳纤维材料加固法中，碳纤维材料的剥离及端部锚固一直都是一个未彻底解决的难题。因此，嵌入式加固方法的优势更明显。

（2）可以减少火灾对碳纤维材料的破坏。直接粘贴碳纤维材料的加固方法的缺点是防火性能差。由于碳纤维材料和树脂性能的特殊性，这一问题在直接粘贴碳纤维材料加固方法中很难解决。而无论新建筑物还是加固修复的建筑物，防火性能都是不得不考虑的问题。嵌入式加固方法很好地解决了这一问题。由于嵌入式加固方法中碳纤维材料嵌在构件内部，这样就可以在很大程度上减少火灾损害。另外，在进行表面处理时，也可以考虑采用某些防火材料，以提高防火性能。

（3）碳纤维材料加固负弯矩区域效果优势明显，其抗冲击性、耐久性得以提高。在对桥梁板面、楼板等构件进行负弯矩加固时，直接在表面粘贴碳纤维材料很容易遭到人为或环境因素的破坏。碳纤维材料嵌固在槽中，既可以充分发挥其高强的特点，又能避免外界各种因素对它的损害。

（4）降低表面处理工作量。外贴加固的表面打磨工序往往耗时较长，而嵌入式加固只需专用工具在混凝土表面剔槽，不需大面积处理，节省工期。

在实际工程中，嵌入式加固方法施工比较方便，不需要大量的劳动力和大型机械，也不需要占用较大的工作空间，甚至可以在不影响结构正常使用的情况下进行施工。其施工程序如下：①在结构表面按照设计要求的尺寸开槽，如图 9-2(a)所示；②仔细清除槽中的灰尘和残渣，在槽中注入树脂至槽深的 1/2 高度；③把碳纤维筋或板条放入槽中并轻轻施压，如图 9-2(b)所示；④往槽中继续注入树脂；⑤待树脂固化后，进行表面处理，如图 9-2(c)所示。

　　(a)加固面切槽、清理　　　　　　(b)注胶并压入碳纤维板条　　　　　(c)嵌入后表面清理

图 9-2　内嵌碳纤维加固法施工工艺

9.4　隧道衬砌结构修复方法

火灾后不同损伤程度的管片采用的修复方法也不同。当损伤比较轻微时，可采用压力浸渍、喷水养护等与普通混凝土结构补强相同的方法。当损伤严重时，工程上常用的衬砌结构补强加固的方法有换拱法、套拱法、喷射混凝土加固法、锚喷加固法和外部补筋法。

9.4.1　换拱法

换拱法的主要步骤如下：注浆或冷冻加固围岩体；待注浆凝固达到设计强度后，对原衬砌进行切割凿除。

在进行拱圈切割凿除时应遵循以下原则：为防止相邻切槽施工时拱圈内应力重分布

导致的不利影响，应采用跳槽切割的方法；在已切除原衬砌部位安设格栅钢架，并在拱脚处打设锁脚锚杆，然后进行混凝土灌注；待相邻切槽的新灌混凝土达到设计强度后，再凿除切槽之间的混凝土进行更换，以达到换拱的目的。

由于温度应力的影响，火灾后的围岩结构一般都已经发生破坏，而采用换拱方案会引起围岩的再次破坏，所以在采用换拱法时一定要注意围岩加固问题。

盘陀岭第二公路隧道位于福建省漳浦县与云肖县交界处，隧道全长 950m。1998 年 7 月 7 日，因货车在隧道内起火发生火灾，致使 K392+720～K392+770 段拱部和边墙受到了严重破坏，混凝土大面积剥落或掉块，深度达 0.1～0.18m，衬砌出现纵向和环向裂缝，混凝土表面出现白色物质，并大面积漏水，这表明该段原复合衬砌中的 EVA+PE 塑料防水层已完全被破坏。经用混凝土回弹仪测定并现场进行取样，证实该段混凝土强度已大大降低。采用换拱法对其修复的步骤如下。

①拱部背后压注水泥砂浆进行回填加固，待砂浆达到一定强度后，将原衬砌烧损部分清除，凿除厚度约为 20cm，从边墙下部一直凿至水沟盖板下 20cm（该段原初期支护为 25cm 厚锚网喷＋钢筋格栅支护，二次衬砌厚 40cm），如图 9-3 所示。

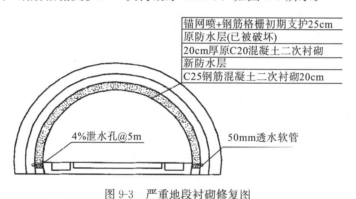

图 9-3　严重地段衬砌修复图

②凿除原约为 20cm 厚因火烧丧失强度的混凝土衬砌后，重新安放 PE 泡沫缓冲层及 EVA 塑料防水板。在隧道两侧墙脚处于 PE 板后面各放一纵向通长直径为 50mm 的软式弹簧透水软管，并每隔 5m 在二次衬砌边墙下部设置（预埋）泄水管，通入洞内水沟，以排除二次衬砌外部的地下水，然后按原设计内轮廓灌筑 C25 钢筋混凝土的二次衬砌。

9.4.2　套拱法

对地下建筑物衬砌可通过沿内壁浇筑一层砼、钢筋砼进行加固。采用砼、钢筋砼加固，新浇筑砼标号应比原砼提高一级；骨料粒径不宜超过新浇砼最小厚度的 1/2 和钢筋最小间距的 3/4；加固层的厚度小于 10cm 时，应采用细石砼。为加强新旧砼的结合，表面应凿毛，打成麻坑或沟槽，并清除浮块与蜂窝，旧砼表面必须冲洗干净。采用钢筋砼加固时，加固钢筋与原受力钢筋之间需用连接短筋焊接，钢筋直径与搭接长度应符合规范要求。套拱法的缺点是缩小了隧道内净空，对运营道路施工难度大。

9.4.3　喷射混凝土加固法

对于裂缝较多，但是裂缝深度较浅，裂缝发展缓慢的局部破损，可以采用喷射混凝土的方法对裂缝进行补强。喷射混凝土可以使已裂损的块体紧密结合，阻止这些块体的进一步松动，同时在喷射压力作用下嵌入裂缝内一定深度，使裂缝黏结闭合，增强了原有的裂损衬砌的整体性，可以大幅度提高裂损衬砌的承载能力，达到补强的目的。

喷射混凝土加固含喷浆、素混凝土和钢纤维混凝土，如需要可以采用挂网喷射混凝土，且可以加设钢拱架。

该法加固层薄，不用模板，成本较低，速度快且效果良好。当火烧与高温未损伤钢筋，没有引起结构变形影响承载力时，可用喷射砼修复表面破损。施工时应彻底清除烧蚀酥松的表面，露出新鲜砼；要把蜂窝、孔洞的外口扩大，消除死角，并应凿除部分混凝土，包括被烟火熏黑混凝土、变色混凝土、结构变松散和裂隙发育混凝土以及内部有空洞或裂隙混凝土，即凿除遭受中等损伤的混凝土部分；将钢筋除锈，除净粉尘与残渣。混凝土的凿除与喷射混凝土的施工按流水工序分段（块）依次进行。第一层的施工要分段进行，采用凿除一段、喷射一段循环施工。在第一层的分段施工中，凿除及喷射混凝土施工应按先墙部、后拱部的次序进行。混凝土的凿除不得对原结构中未损伤混凝土产生过大扰动和损伤，应采用人工凿除方法严格按设计配比喷射砼。当结构损坏较严重且承载力受影响时，应采用配筋喷射砼或钢筋网喷射砼加固。挂网应随受喷面起伏铺设，在挂网植筋时，不能造成对原拱圈的严重破损，钢筋与网植筋之间采用点焊方式连接，保证在喷射混凝土时不晃动。砼裂缝应先处理再喷砼。

在国内外的隧道衬砌结构修复中已大量使用喷射混凝土加固法，使用情况良好。

1990 年 7 月 3 日下午，襄渝线梨子园隧道（1776m）内的列车发生爆炸而引起大火。同样采用封洞断氧及注水降温的办法来灭火，13 日启封，线路经抢修后于 26 日开通。火灾烧损汽油 598t。灾后检查，北洞口 135m 拱顶衬砌垒部被烧坏，深达 10~20cm，左侧边墙（147m）在轨面以上 1~4m 范围内全部被烧坏（深 10~20cm），右侧边墙（131m）轨面以上 1~5m 范围内也全部被烧坏（深 10~20cm）。后采用挂网喷混凝土加固修复。

铜川至黄陵一级公路 K116+885 处通道于 2000 年 9 月竣工，长 23.36m，里程长 5.3m。通道用于泄洪，泄洪要求较低，拱下地表径流流量变化范围为 0.1~0.3m³/s。通道净跨径 3.5m，矢跨比为 1/2，拱上充填最小厚度为 55cm，该通道原为拱圈厚度为 40cm 的圬工砌石板拱。由于砌石拱不能满足承载能力要求，在拱内衬 25cm 厚混凝土进行套拱补强，同时，在原结构质量较差的部位予以配筋加强。2004 年 1 月，一辆油罐车在通道上游半幅翻车，30t 汽油泄漏并着火。火灾持续约 9 个小时，使拱圈衬砌混凝土受到严重损伤。后采用挂网喷射混凝土加固，加固施工于 2004 年 3 月完成，目前运营状况良好。

当受损严重时，也可采用与钢拱架结合的喷射加固技术。

1976 年 10 月 18 日下午，货物列车在通过宝成线 140#（白水江）隧道（325.5m）时，因隧道正在进行中修（清筛道碴），列车超速行进，紧急制动造成脱轨而引发火灾。大火烧了两天以后，采用草袋装土封堵断氧灭火，因封堵不够严密，经抽水灌注降温直到 10 天后火才完全熄灭（因隧道采用木轨枕），烧毁柴油、汽油 620t。灾后检查发现拱圈顶部因受大火直接烘烤，表面全脱，坍塌 30m，边墙烧坏 280m，烧毁深度 50～100mm(衬砌厚 500mm)，最大 250mm，面积达 8793.5m²，为恢复衬砌的原有强度，灾后先是凿除烧损的混凝土(50mm以上)，架设钢拱架，然后施喷混凝土进行补强。加上其他的修补工作，共耗资 110 万元。

1987 年 8 月 23 日，陇海线兰州东十里山二号隧道(179.4m)因钢轨折断造成列车颠覆而引发火灾。因无法靠近洞口实施灭火，火场指挥部决定采用炸山封洞断氧及注水降温的办法来灭火。实施定向爆破，于 24 日封洞成功，并抽黄河水注入隧道内降温，大火烧损油脂达 1000 余吨。灾后检查发现，隧道衬砌烧裂烧松深度约 100mm，尤以西洞口更甚。加固修复措施如下：先是架设钢拱架，然后挂网喷混凝土 310m³，素喷混凝土257m³。加上其他费用共耗资 115 万元。

湘黔铁路朝阳坝二号隧道位于镇远至大石板区间，隧道全长 766m，线路里程 TK625+026.91～TK625+792.91，进口 103.33m 位于右向缓和曲线上，出口 26.53m 位于左向缓和曲线上，中部 636.37m 为直线。隧道通过地段岩性主要由灰黑色碳质页岩、黑色较坚硬页岩和黑色较整体页岩组成，进出口均为围岩级别($f=2$)地层。该隧道采用上下导洞先拱后墙法施工，在施工过程中多处坍方，拱背木支撑未能全部拆除，形成空洞，衬砌多处开裂、漏水，施工质量差。隧道于 1971 年 12 月竣工，现属贵阳铁路分局凯里工务段管辖。

1998 年 7 月 13 日，一列运送多节石油液化气的列车在隧道内发生事故，石油液化气泄漏，隧道内先后发生 5 次爆炸，列车颠覆，隧道遭受严重破坏。出口端 9m 拱圈、端墙和部分翼墙被炸飞，边仰坡被炸塌。洞内 103m 衬砌严重破坏，拱腰两侧形成贯通裂缝，拱顶部上抬，呈砌块堆积镶嵌结构，处于临界平衡状态，时有岩块和混凝土土块掉落；原 19m 长的漏水地段填补裂缝的水泥砂浆脱落，漏水加重；进口端有 165m 衬砌严重烧伤，受爆破冲击波作用，普遍呈蜂窝状脱皮掉块 2～15cm；接触网、通信设施全部破坏，隧道仰拱及铺底部分破坏。隧道尚能保持整体稳定。

该隧道边墙未遭破坏或破坏不严重，拱部仍有残余强度，处于临界平衡状态，未引起围岩再破坏。后选用以下方案进行修复：先用临时钢架支起破坏拱圈，然后用喷混凝土充填所有空洞和裂缝，使衬砌暂时先成为整体而不影响行车安全，然后以喷钢纤维混凝土套拱来加强裂损衬砌，最后压浆加固使围岩与衬砌形成整体。

9.4.4 锚喷加固法

当裂损严重时喷射混凝土常与钢筋网、预应力锚杆(锚索)结合使用。在喷层中加入钢筋网可防止收缩裂纹，提高加固结构的整体性和抗震、抗冲切能力。具体方法是把有裂缝的衬砌凿去 10cm，并且凿毛表面用压力水冲洗，打入膨胀螺栓，布设钢筋网，喷射混凝土。此外，预应力锚杆或锚索的悬挂、减跨、结合梁和挤压作用可以有效地改善围岩和衬砌的受力状态，使之趋于稳定。锚杆(包括锚索，一般加预应力)、喷层以及喷层内的钢筋网三者优势互补，对增加裂损衬砌的刚度、稳定性，提高结构的承载力效果显著。

1996 年 11 月，英吉利海峡隧道发生火灾。在这场大火中，总共有 15 辆所载运的卡车同梭式列车车厢一道被烧毁，并且其他卡车也遭到中等程度的损坏。未有司乘人员的、位于梭式列车尾部的牵引机车也遭到毁坏。

南侧行车隧道有 3~5km 的衬砌段遭受浓烟的污染，但可以用高压水将其冲洗掉。只有 300~500m 长的衬砌段烧毁严重，必须进行修复作业。由于火灾的温度极高，钢筋混凝土衬砌管片的自然湿度造成大约有 500m 长的衬砌混凝土部分剥落。在受损最严重的隧道段，原本 40cm 厚的衬砌管片的剥落厚度达 2/3。

在火灾中，钢轨和混凝土行车道床受到梭式列车车厢底板的保护；损失较轻微，有几根钢轨有些弯曲变形。

在火灾中心地带，信号设备和电缆被烧毁，并且由于高温，使邻近隧道段内的上述设备被熔化。接触导线也被烧毁。在隧道 2km 范围内的固定运转设备需要更换。设置于行车隧道旁侧的运营用水管道虽然抵住了大火，但也必须重新更换。由于要随时保证消防用水的供给，这也不是一项简单的工程。

通向维修和救援隧道的横通道的闸门可不用维修，但要清除火灾烟雾的污染。

修复措施的第一步是用钢拱支撑被大火烧毁的隧道衬砌，用岩石锚杆将因剥离而严重受损的钢筋混凝土管片同周围白垩岩层锚固起来。受损的管片不用全部拆除更换，而是填充新的混凝土，使之恢复到原设计的 40cm 厚度。

以补充设置管片的办法加强被大火烧毁的隧道衬砌(在修复被大火烧毁的丹麦大海峡铁路隧道时采用了铸铁管片)，会使净空断面变窄，从而要花费巨资改造已有运营基础设施(接触导线、信号设备、照明和电缆等)。

Freyssinet 公司获得该修复合同，并不是因为他们的投标标价最低，而是因为其修复的速度及所建议的修复方法。

对总长 500m、严重被大火烧毁而剥落的、由钢筋混凝土管片构成的隧道衬砌施作喷混凝土，恢复 7.60m 内径的隧道断面(不使净空断面变窄)。

在实施依次连续的施工工序时，同时使用两列修复专用列车，可更好地利用修复时间。

修复专用列车由英国端驶入为进行修复施工而关闭的隧道段。维修施工所需的设备和材料由修复专用列车从英国端隧道洞口运入。工地运料车进出隧道不得影响过往列车通过隧道。

在修复作业正式开始时，应对被烧的隧道衬砌进行清扫并将火灾的残留废物清除掉。这之后以高压喷砂法对被烧毁的混凝土进行表面打毛处理，并以此作为受喷面准备喷混凝土作业。由于剥落而暴露出来的混凝土管片钢筋，则根据其状况或被切除或被保留，并对其进行高压喷砂处理。除了火灾后已经安设的隧道拱架之外还设置了钢筋网，在施作大厚度的喷混凝土时，它可提高混凝土的黏附能力。

此后，则按设计断面以干喷法施作钢纤维喷混凝土隧道衬砌，最后施作一层无钢纤维的、厚度约 20mm 的表层。

喷混凝土采用由工厂按设计要求制备的拌和料，每立方米预制拌和料用料为：波特兰水泥 400kg；最大粒径为 8mm 的骨料 1875kg；Bekaert Dramix ZL30/50 钢纤维 30kg。

钢纤维长度是 30mm，直径为 0.5mm，折成弯头，并黏结成为条带，以避免在预制拌和料中形成针刺状，并避免在通到喷嘴的输送管道中堵塞管道。钢纤维在预拌和时部分分离，并在喷嘴处彻底分散开来。

　　为了使新施作的喷混凝土同原有隧道衬砌混凝土之间获得一种良好的共同作用，人们选用了原来制作隧道衬砌管片一样的骨料。为了检验所设置的钢纤维喷混凝土的抗压强度，对已施作好的坚固隧道衬砌连续地钻取试块，它们在 28 天以后的抗压强度达到 $35\sim50MPa$ 。

　　为便于施作喷混凝土作业，总计采用四台效率各为 $1.40\sim4.0m^3/h$ 的 Alive AI246.2 型喷混凝土机，两列修复列车各设二台，这种转子式喷混凝土机以稀薄流方式将制备的拌和料送到喷嘴后，再由喷射手添加所需的水。

　　修复专用列车设有多个施工作业台，喷射手刚可快速和及时地将喷混凝土施喷到大约 7m 高的隧道边墙上。

　　由第一列专用列车采用钢纤维喷混凝土重新施作隧道衬砌并留下 20mm 的厚度，接着由第二列列车施喷更纯的、最终的、不加纤维的喷混凝土层，厚度为 20mm，这便解决了钢纤维外露所带来的问题，同时能够精确保持原隧道衬砌断面尺寸。

　　在长约 500m 的隧道段，8 周时间里共施作了 600m³ 的喷混凝土。由于规定的工期短，故不能中断修复作业，即每周 7 天，每天 24h 连续作业，投入人员达 300 名。

9.4.5　外部补筋法

　　在构件外粘贴钢板、钢筋或碳纤维布来提高受拉区域抗拉能力的补强方法称为"外部补筋法"。工程修复的补强加固可以应用黏合技术，采用黏合强度不小于被粘材料本身强度的结构黏合剂对衬砌结构进行补强加固。黏合剂的强度往往超过砼、砖、石，耐水性能良好，而且固化快，黏合构件 $1\sim2$ 天即可受力，再加上构件断面增加很少，不影响使用净空。因此，这种补强加固方法对衬砌结构应急抢修与修补是很有发展前途的，由于砼是一种复合多孔材料，烧蚀后表面粗糙且有油烟污染，所以黏合前要进行脱脂去污及磨平处理。还要进行黏合前的干燥除湿处理，也可根据构件工作环境选择能在潮湿条件下固化黏合的黏合剂，以及具有耐热、耐寒、耐油和耐火等种种要求的黏合剂，保证黏合补强加固的效果。

　　加固方法的选择应结合结构特点、当地具体条件和新的功能要求等因素，并按加固效果可靠、施工简便和经济合理等原则综合分析确定。

第10章 隧道衬砌结构耐火保护技术

10.1 概 述

隧道结构按照防火措施的类型来分可以分为两大类，即主动防火措施和被动防火措施：主动防火设计从防止火灾发生和对火灾采取及时扑救的角度出发，包括隧道内部空间布局、照明系统、通风系统、消防设备布置、火灾发生前后的火灾探测、报警、灭火及疏散系统，以及隧道的运营管理和灾情发生时的应急方案等一系列设计；被动防火设计主要是通过采取防火保护措施来保证隧道结构安全，尤其是衬砌结构在火灾下的承载力、稳定性，使灾后只需进行简单的修护而不影响隧道的正常使用。被动防火措施包括提高衬砌混凝土材料的抗火性能、喷涂防火涂料和安装防火板材等[100]。

常见的隧道防火措施见表 10-1。

表 10-1 常见的隧道防火措施

主动防火措施	被动防火措施
火灾主动通风排烟系统	喷射无机纤维
火灾应急预警系统	防火涂料
水喷淋系统	防火板材
—	使用耐高温混凝土
—	衬砌中添加有机纤维
—	加大保护层厚度
—	在保护层安装围护金属网

10.2 表面隔热降温防护

表面隔热降温防护是利用防火板、防火喷涂料等隔断或者减弱施加到衬砌结构上的热荷载，表面隔热降温防护的方法根据隔热材料布置的不同，可以有多种形式。这是目前国内外隧道工程中应用最普遍的方法。以国内为例，上海市延安东路越江隧道首次大面积使用了防火隔热涂料(拱顶全部喷涂了 2.5cm 厚的防火涂料)，此后，考虑到喷涂层在隧道这种恶劣环境下容易失效，为了获得更好的耐久性，在上海新建的几条隧道采用了防火板[101]。

1. 喷射无机纤维法

欧美在 20 世纪 60 年代就开始采用喷射无机纤维防火护层材料。日本在 20 世纪 60

年代曾大量采用喷射石棉无机纤维防火护层作为钢结构建筑的耐火被覆材料，后由于石棉粉尘会致癌而被禁止使用。为此，人们用人造无机纤维作为石棉的替代品。人造无机纤维有硅酸铝棉、矿棉、岩棉和玻璃棉等。硅酸铝棉是石英和氧化铝混合熔化喷丝成型的产物；矿棉、岩棉是玄武岩或辉绿岩熔化喷丝成型的产物；玻璃纤维是生产玻璃的原料在高温下熔化喷丝成型的产物。这些纤维直径都很小，仅几微米，外观形状和棉花相似。这些材料保留了原来材质熔点高、耐高温、不燃、不产烟、耐候和性能稳定等优良特性，同时又具有新的优良特性，如容重轻、有柔性、导热率低、吸声及可再成型等。

喷射无机纤维防火护层材料具有以下优点：

对钢、混凝土和木材有很好的附着力；

导热率低，尤其是在火场高温下；

质量轻，所增加的质量不大，在结构可承受的范围内；

在高温火场中，厚度没有明显变化，护层不熔化、不脱落，能够使被保护构件达到5h以上的耐火极限；

产品经济，材料费、生产费和施工费等费用低。

安全性好，在火场中不产生有毒有害气体。

耐候性好，能长时间经受昼夜温差和四季温差以及紫外线的侵袭。

在结构表面附着的防火护层材料，其表面可进行装饰处理。

2. 防火涂料

隧道防火涂料的作用是保护隧道中的钢筋混凝土结构及强度在耐火极限内不被破坏，从而减少维修费用，缩短工程修复时间。

大量的实验表明，由于隧道防火涂料本身具有良好的隔热性能，它可以有效地降低混凝土的升温速率，从而避免混凝土的爆裂。

在各种防火措施中，无论从性能、成本方面考虑，还是从施工的方便性方面考虑，隧道防火涂料均是隧道防火保护的最佳选择。自从1965年美国孟山都公司开发出聚磷酸铵取代了原来使用的易水溶的磷酸铵盐，防火涂料才有了突破性的进展，而国外隧道防火涂料的生产也已有20余年的历史，目前国外隧道涂料主要的生产商是CAFCO国际公司和CERAM ICOAT有限公司，它们在隧道防火涂料研发领域有着很强的实力、CAF-CO国际公司在英国和美国设有研究中心，其生产基地设在英国、美国、法国、意大利和卢森堡，通过技术转让或技术入股，其生产基地已进入了韩国、新加坡、印度、澳大利亚、西班牙及我国的台湾、香港等地，防火涂料施工面积已达3000多万平方米。

防火涂料比较常用的分类法是根据其组成和防火原理来划分，分为非膨胀型防火涂料和膨胀型防火涂料两种。

1) 膨胀型防火涂料

这类防火涂料属发泡型。在火焰或高温作用下，涂层受热迅速膨胀成比原来厚度大几十倍的泡沫碳化层，从而能有效地阻挡外部热源对底材的作用。

膨胀型防火涂料的防火体系主要由酸源、碳源和发泡剂等组成。其中酸源在一定温度下能释放出无机酸的盐类物质，它是形成发泡剂的催化剂；发泡剂一般为含氮化合物，这类化合物在一定温度下会分解出 N_2、NH_3 和 NO 等气体；而碳源一般为多羟基化合物，它在酸的作用下，失水而碳化形成碳质骨架，使发泡层形成疏松的结构。作为膨胀型防火涂料，上述三种材料缺一不可，它们在阻火隔热过程中，起到协同效应，当涂层受火焰侵袭时，涂层中的催化剂便首先开始分解，形成大量的无机酸，而生成碳的原料则在酸的作用下，失水碳化，形成无机酸盐。这些无机酸盐随着涂料温度的上升，开始分解，生成大量的碳、水、二氧化碳和无机酸等物质，而分解后的残留物为发泡层提供了碳质骨架，形成较厚的发泡海绵状隔热层。与此同时，发泡剂开始分解，生成大量的气体，气体的逸出使软化涂层鼓泡膨胀，体积增大，这个过程为吸热反应，可以消耗大量的热量，有利于降低体系温度，延滞热量传向被保护基材，从而达到阻火隔热的效果。

当超过 300℃时，膨胀过程中会释放出有毒的气体和烟雾。这就使得此类材料不适用于一些密闭的要优先考虑人的生命安全的场所。

膨胀型防火涂料根据不同的分散介质又分为水性和溶剂型两类。水性涂料以高分子乳液为成膜基料，水为分散介质，生产和施工安全、环保，但涂膜不如溶剂型涂料致密，因而耐水性较溶剂型涂料差；溶剂型涂料以有机树脂为成膜基料，成膜不受温度限制，可低温施工，但因其以有机溶剂为分散介质，生产、施工、运输及储存中有机溶剂存在易燃、对人体产生危害等隐患，同时对环境产生污染，施工器具不易清洗且价格较高，因而水性涂料是其发展方向。

国外有人研究了一种称为"No Fire A"防火涂料，这种涂料是一种不燃、水基含耐火纤维的涂料。涂料中散布一种膨胀液体和耐火纤维，液态下，这种涂料可以喷涂、刷涂，也可做块状填补空隙。当暴露在火灾中时，涂料将剧烈膨胀，由于基体材料的热分解和化学反应，发生强烈失重。对这种涂料的热性能进行测试发现，该涂料具有良好的隔热性能，厚度 1.52～2.29mm 的涂料，当实验温度为 900℃时，背火面最高温度为347～433℃。

2）非膨胀型防火涂料

非膨胀型防火涂料是由难燃性树脂、阻燃剂和防火填料等配制而成的。这类涂料在火焰和高温的作用下，根据配方不同可以具有不同的阻火隔热的效果。无机非膨胀防火涂料遇火不燃，并能释放出低分子惰性气体，可以起到冲淡、覆盖和捕获促进燃烧的游离基的作用。非膨胀型防火涂料根据其作用机理又可分为以下两种。

（1）烧蚀性涂料。此类有机涂料在火灾高温的作用下，吸收热量而逐渐烧蚀，由固态变成气态混合物，从而防止被防护基体吸收热量而遭受破坏。与膨胀型防火涂料类似，烧蚀性有机涂料也有抗机械损伤性，但作用过程比较复杂，运用的代价较高。其微孔碳化层对水流冲击也很敏感。

（2）升华性涂料。这类涂料中的活性成分吸热后，会从固态直接变成气态（升华），就如同烧蚀性涂料，膨胀性添加剂也能为其提供额外的隔热碳化层。升华性涂料的防护性能与各种组分的升华温度、涂层厚度、被防护体的热容量和火灾强度及作用时间有关。根据其自身特性，一旦受火灾作用超过其极限时间，所有有机防火涂料都会被烧毁，并将失去防护功能。这也是此类涂料的最大缺陷。

近些年新出现了一种耐火纤维防火涂料。耐火纤维一般由氧化铝、氧化锆以及它们与氧化硅的化合物组成。按照组分的不同，可分为两类：一类是硅酸铝纤维，其氧化铝的含量小于 60%；另一类是氧化铝纤维，其氧化铝的含量大于 60%。美国海军和空军的研究部门对不同的阻火材料进行了大量的研究，发现耐火纤维防火涂料是最有效的阻火材料之一。

需要注意的是，预应力楼板防火涂料不能代替隧道防火涂料。由于目前我国隧道工程防火设计的法规还不完善，隧道防火涂料又是近年才开始在我国应用，因而尚无隧道防火涂料行业或国家标准。由于保护的是混凝土基材，有的企业用现有的预应力楼板防火涂料（106 涂料）来代替隧道防火涂料。但预应力楼板防火涂料存在以下几个问题：预应力楼板防火涂料与隧道防火涂料的使用环境不同，隧道防火涂料应耐潮湿，且车辆通过时会产生强风及振动；美国定义的大型隧道火灾的强度为 100MW 以上，是我们进行模拟实体建筑火灾强度的 10 倍，温度可达 1200℃以上，属于典型的烃类火灾，由于预应力楼板防火涂料不能承受烃类火灾，所以预应力楼板防火涂料不能代替隧道防火涂料。

3. 防火板

早期使用的防火保护板材主要有蛭石混凝土板、珍珠岩板、石棉水泥板和石膏板，还有的是采用预制混凝土定型套管。板材通过水泥砂浆灌缝、抹灰与钢构件固定，或以合成树脂黏结，也可采用钉子或螺丝固定，如图 10-1 所示。这些传统的防火板材虽能在一定程度上提高钢结构的耐火时间，但存在着明显的不足。混凝土预制板（定型套管）自重过大（$2000 \sim 2400 \text{kg/m}^3$），蛭石板、珍珠岩板虽然容重小，但最高使用温度只有 $650 \sim 850$℃，严格来说达不到结构耐火保护要求；石膏板容重较大，最高使用温度（$800 \sim 1200$℃）也难以达到有效保护结构的需要；而石棉板对人体有害，不符合劳保和环保要求，已被列入淘汰之列；作为板材黏结剂的合成树脂，也难以达到在高温下具有足够的黏结强度。

图 10-1　防火板的安装

该类板材主要为硅酸钙类等轻质材料，由于材料轻，强度较低，粘贴施工工程烦琐，紧固螺栓稍有不慎，板材就会产生裂纹，板材的耐水性较差，工程造价较高。如果防火板材用钢制龙骨固定，高温下龙骨会变软、熔化，板材脱落，将不能达到设计要求的防火保护的效果。

在表面隔热防护方面，作为形式上的变化，德国地下交通设施研究学会（STUVA）开发了一种新的隔热方法：在衬砌表面铺设梯形波纹钢板（用锚杆紧固），在钢板与衬砌之间填充无机矿物绝热层，并通过火灾试验证实这种方法效果良好。

开罗的 Al－Hazar 隧道长 2.5km，该隧道的保护处理措施是将耐火黏性喷涂材料（FireMaster FireBarrier 135）喷涂到金属铆钉上，喷涂厚度为 47mm。据说只要这种材料在火灾中没有受到机械破坏，就可以重复使用，从而节约修复费用。

此外，为了克服防火板、防火喷涂料等遮盖衬砌表面，难以对隧道衬砌渗漏情况及表面状况进行检查的困难，一种带孔的防火板"Perfotekt"应运而生。这种防火板由中间的带孔钢板和两侧的隔热层组成，总厚度为 1.5～2mm，如图 10-2 所示。这种防火板的优点：安装后隧道衬砌混凝土仍然可见，不影响对隧道衬砌的检查；另外，即使隧道有渗漏，渗漏的水也可以通过孔排出，不会集聚到防火板、喷涂料后方。

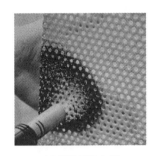 

　　　　（a）带孔的防火板　　　　　　　　　　　（b）安装方式

图 10-2　带孔防火板及其安装

4. 表面隔热降温防护的方法缺点和不足

就对隧道衬砌结构的保护而言，防火板、防火喷涂料是非常有效的方法，当达到合适的厚度后，不仅可以降低混凝土表面的温度、避免爆裂，而且可以有效地保护接头等隧道衬砌的薄弱环节。

需要注意的是，表面隔热防护的方法虽然可以降低火灾向混凝土传递的热量，降低混凝土和钢筋的温度到一个容许的值，但是由于隧道衬砌结构体系是一个超静定体系，升温引起的温度应力以及附加变形仍然很严重，会对结构体系产生不利的影响。

此外，尽管防火板、防火喷涂料等隔热防护方法对隧道衬砌的防护效果非常明显，并在隧道工程中得到了广泛的应用，但是总体上仍存在如下的缺点和不足：

安装了防火板和防火喷涂料后，无法及时发现隧道衬砌表面的渗漏、裂缝的出现及位置，也无法对隧道衬砌表面的状况进行直观的检查；

需要扩大隧道开挖断面，增加了工程造价和工程量。据估算，安装防火板、防火涂料会使得隧道直径增加 8～10cm，相应增加开挖工作量 1.5%～2%；

防火板和防火喷涂料的运输、安装（喷涂）增加了工程施工时间，特别是防火喷涂料由于要求对隧道衬砌壁面进行打毛处理，所以技术要求高，工作量大；

会影响隧道内风机、信号设施、交通灯和监控设备等的安装；

由于技术水平的限制，现有的防火板和防火喷涂料尚难以满足工程全寿命的要求（如100 年），一般需要在工程的全寿命期中更新 2～3 次，增加了维护成本；

防火板和防火喷涂料不能保护隧道衬砌在施工时的火灾安全。如上海市地铁盾构隧道火灾和丹麦大贝尔特隧道火灾均是施工时由于设备(操作失误)起火，对隧道衬砌造成了严重的破坏；

防火板和防火喷涂料的组成材料在火灾时会产生有毒气体，影响人员的逃生和火灾救援；

在隧道环境下，车辆排出的废气、活塞风、车辆(地铁列车等)振动及电腐蚀等会导致防火板和防火喷涂料不能有效发挥作用，此外，在进行隧道清洗时，防火板和防火喷涂料可能会由于高压水、清洗剂等作用而失效；

从全局的观点看，尽管防火板和防火喷涂料有效地减弱(隔断)了热量向隧道衬砌结构的传递，但是却使大量的热集聚在隧道内，使得隧道内温度迅速升高，火灾规模进一步扩大，恶化了隧道内人员逃生和火灾消防救援的条件。

尽管表面隔热降温的方法有诸多的缺点和不足，但对于提高既有隧道的防火性能不失为一种简单有效的方法。

10.3　混凝土中掺加纤维

10.3.1　概述

1. 掺加聚丙烯纤维

除了对隧道衬砌施加隔热防护措施外，从混凝土自身出发，提高其抗火性能也是一个重要的研究方向。为了减弱(消除)混凝土的高温爆裂，国内外学者从掺加纤维、改变混凝土配合比、钢筋布置等各个方面进行了研究。目前比较有效的方法是在混凝土中掺入聚丙烯纤维，其抗爆裂的机理如下：当混凝土遭受高温时，一旦温度超过了聚丙烯纤维的熔点 160℃，混凝土内高度分散的聚丙烯纤维就会熔化逸出，在混凝土中留下相当于纤维所占体积的相互连通的孔隙，使得混凝土内部的渗透性显著增大，减缓了内部蒸汽压的积聚，从而避免了衬砌混凝土的爆裂[45,60-62]。

如图 10-3 所示，与普通混凝土、钢纤维混凝土相比，当受火温度低于聚丙烯纤维的熔点(聚丙烯纤维熔点约为 150℃)时，三种混凝土的渗透性基本接近，甚至聚丙烯纤维混凝土的渗透性偏小。而当受火温度超过聚丙烯纤维的熔点后，聚丙烯纤维混凝土的渗透性急剧增大，分别增大为普通混凝土、钢纤维混凝土的 15.1 倍和 1.8 倍。这表明，聚丙烯纤维的熔融温度是决定其抗爆裂性能的关键因素。因此，降低纤维的熔点可以增强其抗爆裂的能力。

此外，国内外的研究表明，聚丙烯纤维的含量越高，混凝土的抗爆裂性能越好；同时，由于聚丙烯纤维抗爆裂的性能依赖于纤维熔化后形成的孔隙的连通性，所以纤维越长，越能够产生更多的相互连通的孔隙，抗爆裂性能也越好。

由于聚丙烯纤维优良的抗爆裂性能，目前在国外的一些隧道工程中(特别是采用高性能混凝土的盾构隧道)进行了应用[71,73]。

1)英国 CTRL 工程

CTRL(Channel Tunnel Rail Link，长 38.5km)是英国新建的高速铁路线，连接海峡

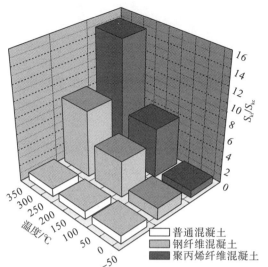

图 10-3　高温后钢纤维混凝土、聚丙烯纤维混凝土
相对渗透系数与普通混凝土的比值 S_{ki}/S_{kc}

隧道 Channel Tunnel 和伦敦 St Pancras 站，采用盾构法施工，管片混凝土等级为 C60。由于混凝土等级较高且较密实，为了降低火灾危险性，在管片中通体掺加了 ADFIL(Anglo Danish Fiber Industries Ltd)生产的 IGNIS 分散状单丝纤维($d=5\sim30\mu m$)，纤维用量为 $1kg/m^3$，总用量达到了 281t。

此外，在正式使用前，对管片进行了火灾试验，研究爆裂发生的条件以及合理的聚丙烯纤维用量。试验最高温度为 $1100\sim1200℃$，管片预加压应力为 2.5MPa。试验结果表明：添加聚丙烯纤维能够显著改善混凝土管片的抗爆裂性能，特别是掺加分散状单丝纤维的混凝土没有发生爆裂，如图 10-4 所示。

图 10-4　混凝土表面爆裂的对比(左侧为无聚丙烯纤维，右侧为添加了聚丙烯纤维)

2)英国 Heathrow 机场隧道工程

为了提高隧道衬砌的火灾安全性，英国 Heathrow 机场隧道中使用了 85t ADFIL 公司生产的 IGNIS 分散状单丝纤维。

虽然在混凝土中掺加聚丙烯能够有效地避免混凝土的高温爆裂，但是同时也严重降低了混凝土高温后的抗渗耐久性；此外，聚丙烯纤维的造价相对较高，大量地使用聚丙烯纤维会增加工程造价。

2. 掺加钢纤维

与聚丙烯纤维不同，对于钢纤维抗爆裂的效果，人们的看法并不一致。有的学者认为钢纤维可以有效地抑制混凝土爆裂的发生，其理由如下：①钢纤维的掺入可以抑制混凝土内由于快速温度变化而产生的体积变化，从而减少了材料内部的微裂缝的产生及发展，特别是长径比大、高含量的钢纤维，不仅能阻止裂缝发展的范围，而且能明显增加混凝土的抗拉能力，因此可以有效抑制爆裂的发生；②钢纤维具有良好的热传导性，其热传导系数是混凝土的 20～30 倍，因此在混凝土内分散分布的钢纤维能够减少混凝土内部由于不均匀温度而产生的热应力，减弱了混凝土的内部损伤。而有的学者则认为，由于钢纤维储存额外应变能，会加重混凝土的爆裂。

根据本书相关的课题试验表明：同样是 60kg/m³ 掺量的钢纤维混凝土板，在 HC 曲线（$T_{fmax}=1100℃$）作用下，FC1 发生了严重的爆裂，爆裂深度达到了 8mm，而 FC2 则基本没有发生爆裂（如图 10-5 和图 10-6 所示）。这表明，当火灾温度较高时（接近或超过钢纤维失效的温度），钢纤维抑制爆裂的性能开始变得不稳定，甚至失去了抗爆裂的能力，主要原因如下：钢纤维－水泥胶体界面的黏结强度基本丧失；钢纤维自身的强度丧失，失去了抗拉及抑制裂缝发展的能力。

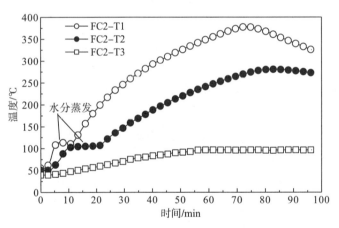

图 10-5　持续 1h 后 FC2 内的温度分布

图 10-6　持续 0.5h 或 1h 后 FC1、FC2 表面的爆裂情况

3. 掺加钢纤维和聚丙烯纤维

随着温度的升高，混凝土强度损失的速率增加，600℃时损失 50％，800℃时损失约 80％。高性能混凝土加入混杂纤维后，180℃时，混凝土还处于自蒸阶段，内部压力还不大，由于聚丙烯纤维的熔点极低，在该温度下已经熔化，但因其液态体积远小于固态所占空间，于是形成众多小孔隙，并由于聚丙烯纤维分散的均匀性及纤维细小而量又多，混凝土内部孔结构发生了变化，孔隙的连通性加强，为混凝土内部水分的分解蒸发提供了通道，也就缓解了由于水分膨胀所形成的分压，使内部压力大大降低，从而防止了爆裂的产生。此外，混凝土中加入的钢纤维能发挥抗拉作用，当温度达到 450℃时，虽异形钢纤维与混凝土间的黏结力将降低 20％以上，但在一定程度上仍对混凝土内部裂缝的产生和发展起约束作用，使得混凝土在一定程度上仍能保持完整性，并且混凝土强度的降低幅度不大，高温后仍有较高的强度，但混凝土的耐久性则由于混凝土内部孔结构的改变而大大降低。普通高强混凝土在 400℃开始出现裂缝，而掺入混合纤维的高强混凝土在 800℃出现裂缝。

图 10-7～图 10-9 给出了掺钢纤维（60kg/m³）和聚丙烯纤维（2kg/m³）的复合纤维混凝土板在 HC 曲线（$T_{\mathrm{fmax}}=1100℃$）作用下板内的温度变化及表面的爆裂情况。

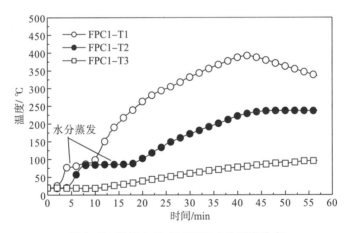

图 10-7　持续 0.5h 后 FPC1 内的温度分布

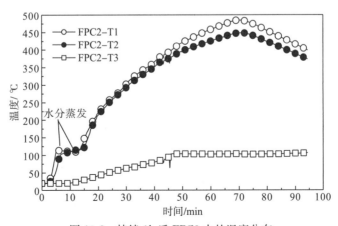

图 10-8　持续 1h 后 FPC2 内的温度分布

可以看出，由于钢纤维良好的导热性，FPC1、FPC2 各点的温度都高于掺聚丙烯纤维 P3C1、P3C2。但复合纤维却能有效地避免混凝土爆裂（即便在 1100℃ 的高温下）。因此，就抗爆裂效果及可靠性而言，掺加复合纤维要比仅掺加钢纤维好。

图 10-9　持续 0.5h 或者 1h 后 FPC1、FPC2 表面的爆裂情况

10.3.2　隧道衬砌纤维混凝土耐火性能试验

1. 试验方案

通过火灾试验，评价掺聚丙烯纤维后衬砌混凝土的抗爆裂性能和耐火性能。

1) 试块材料

试验所掺聚丙烯纤维参数如表 10-2 所示，两种纤维（MP－I 纤维（18mm）、MP－I 纤维（6mm））的掺量均为 2.5kg/ m^3。试验时，试块混凝土的龄期为 106～110 天。

表 10-2　聚丙烯纤维参数

指标	纤维型号	当量直径	抗拉强度	弹性模量	断裂伸长率	长度
纤维 I	MP－I	31μm	475MPa	4.5GPa	30%	18mm
纤维 II	MP－I	31μm	475MPa	4.5GPa	30%	6mm

2) 试块尺寸及编号

根据研究问题的需要，试块尺寸选择为 500mm×350mm×250mm。两种尺寸，分别从试块及试板两个方面开展试验；其中，试块尺寸为 100mm×100mm×100mm，试板尺寸为 500mm×400mm×150mm。

3) 测点布置

每块试块布置三个温度测点，具体见图 10-10，距受火面距离分别为 25mm、50mm 和 100mm。其中 25mm 位置对应于实际工程中受力主筋的位置。

4) 模拟火灾场景

考虑到隧道火灾的特点（最高温度高、升温速度快和持续时间长），采用《建筑防火设计规范》中规定的 RABT 标准升温曲线，高温持续时间大于 30min。

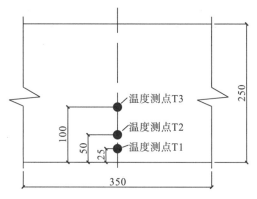

图 10-10　温度测点布置(单位：mm)

5)试验设备

试验采用隧道衬砌构件高温力学性能试验系统，见图 10-11。该试验系统主要包括火灾热环境模拟子系统、隔热保温子系统、支座及衬砌构件力学边界模拟子系统、加载子系统、测量子系统、数据采集子系统及衬砌构件热边界模拟子系统。

由于采用工业级燃烧器和程序自动控制升温，本试验系统能够达到的最高温度为 1200℃，最大升温速度约为 250℃/min。本试验系统能够较好地模拟隧道火灾升温速度快、达到的最高温度高的特点，同时，产生的温度场波动小，温度分布均匀。此外，整个升温过程由程序自动控制，操作简便、安全可靠。

图 10-11　试验系统

6)试验安排

为了研究掺聚丙烯纤维后混凝土的抗爆裂性能和耐火性能，共对 8 块试块进行了试验，试块编号及试验条件如表 10-3 所示。其中，FT1、FT2 和 FT3 为一组，同时进行试验；FT4、FT5 和 FT6 为一组，同时进行试验；FT7、FT8 为一组，同时进行试验。

表 10-3　试验安排

试块编号	浇注日期	龄期/天	纤维参数及含量/(kg/m³)	纤维类型	受火时间/h	试验曲线/℃
FT1	7−19	108	2.5	纤维Ⅰ(18mm)	1.5	RABT/1200
FT2	7−19	108	2.5	纤维Ⅰ(18mm)	1.5	RABT/1200
FT3	7−17	110	—	基准混凝土	1.5	RABT/1200
FT4	7−19	108	2.5	纤维Ⅰ(18mm)	1.5	RABT/1200
FT5	7−17	110	—	基准混凝土	1.5	RABT/1200
FT6	7−21	106	2.5	纤维Ⅱ(6mm)	1.5	RABT/1200
FT7	7−17	110	—	基准混凝土	2.0	RABT/1200
FT8	7−21	106	2.5	纤维Ⅱ(6mm)	2.0	RABT/1200

2. 试验结果及分析

1)试块内温度分布规律

各组试验中各试块内不同深度处混凝土的温度随时间的变化规律如图 10-12～图 10-14所示。可以看到，开始升温后，炉内温度迅速升高，而试块内的温度升高则滞后于炉内温度，且低于炉内的温度(随着时间的推移，两者的温度差逐渐减小)，这是由于混凝土为热惰性材料，热容大、导热系数小，热量在混凝土内部的传递较缓慢。

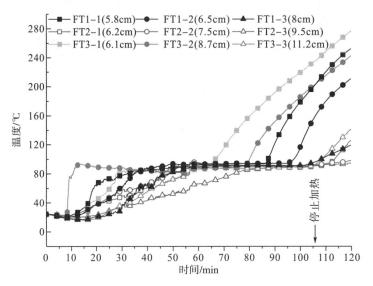

图 10-12　第一组试验(FT1、FT2、FT3)试块内各测点温度−时间曲线

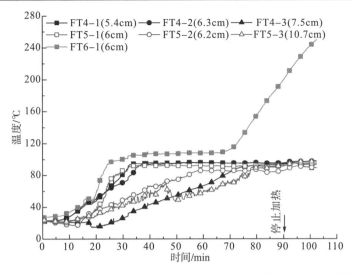

图 10-13 第二组试验(FT4、FT5、FT6)试块内各测点温度-时间曲线

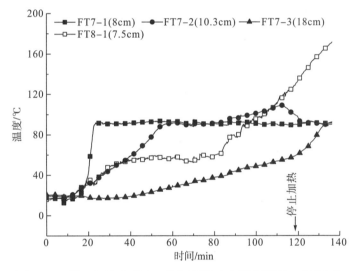

图 10-14 第三组试验(FT7、FT8)试块内各测点温度-时间曲线

同时,当试块内的温度达到 100℃附近时,温度停止升高,温度-时间曲线上出现一个明显的平台,且距离受火面越远,温度平台出现的时间越晚,温度平台持续的时间越长。这主要是由于当试块内的温度达到 100℃附近时,试块内的水分开始蒸发,由于水分蒸发吸收了外界传来的热量,温度停止升高,直到水分蒸发完毕,吸收的热量才使得试块的温度继续升高。由于温度平台的存在,降低了试块内达到的最高温度,延缓了达到混凝土临界温度的时间。由于试块温度测点孔深的关系,无法直接测得距受火面 2.5cm 处(钢筋处)混凝土的温度-时间曲线。根据第一组、第二组试验距受火面 6cm 处的温度-时间曲线(大致在升温后 65min 温度平台才结束,混凝土温度开始继续升高),可以推测钢筋位置处(2.5cm)的温度在升温后 30min 时应该低于 300℃(与试块的含湿量有关,含湿量越大,温度越低),可以满足《建筑设计防火规范》耐火极限中对钢筋处温度的要求,但是试块表面的温度无法判别是否满足《建筑设计防水规范》要求。

2)爆裂情况

图 10-15 和图 10-16 给出了耐火试验后，试验中部分试块表面的爆裂情况。

(a)掺聚丙烯纤维　　　　(b)未掺聚丙烯纤维　　　　(c)掺聚丙烯纤维

图 10-15　第一组试验后，试块表面的爆裂情况(见彩图)

(a)未掺聚丙烯纤维　　　　(b)掺聚丙烯纤维　　　　(c)掺聚丙烯纤维

图 10-16　第二组试验后，试块表面的爆裂情况(见彩图)

通过对 8 块混凝土试块的火灾试验，在本书所述的试验条件下，可得到如下初步结论。

①掺加 2.5kg/m^3 聚丙烯纤维后，虽然经历了 $1.5\sim2\text{h}$、1000℃以上高温的炙烤，试块混凝土没有发生爆裂，且与未掺聚丙烯纤维的混凝土相比，表面裂缝很密很细，约 $2\mu\text{m}$，这从另一个侧面反映了纤维融化后留下的孔道能够使应力均匀化。

②对于未掺聚丙烯纤维的试块混凝土而言，试验中未观察到大面积的爆裂，但试块表面裂缝多，宽度大，局部有剥落。

10.4　安装喷淋灭火系统

为了初期控制火势和降温，可以采用在隧道内安设水喷淋的方法来保护隧道衬砌结构和隧道内的附属设备。这种防火措施在日本使用比较广泛，如连接本州和北海道的青函隧道(53km)安装了水喷淋灭火系统。此外，挪威安装了自动喷水灭火系统以保护添加了聚亚氨脂的隧道内衬。国内使用的案例有上海外环沉管隧道等。在上海外环沉管隧道，为了保护 736m 长的沉管段和浦西 100m 长的暗埋段的结构安全(此范围内的结构一旦被破坏将难以修复)和冷却降温，设置了开式水喷雾自动灭火系统，共 102 组，水喷雾系统的用水量为 37L/s，喷雾强度≥6L/(min·m²)[102]。

此外，Roelands[46]提出了采用后喷射水喷淋来保护隧道衬砌的方法(图 10-17)，并进行了试验验证。表明，采用后喷射式水喷淋系统能够有效降低隧道衬砌表面的温度，防止混凝土的爆裂(无须安装防火保护层)。

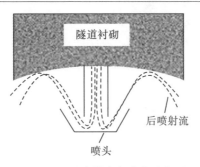

图 10-17　后喷射式水喷淋示意图

尽管水喷淋(雾)这种降温防护措施对于隧道早期灭火和隧道内降温效果较好,但是其功能的发挥需要有可靠、充足的水源作为保证,此外,造价及维护费用也相当高,这限制了其使用范围,目前主要在经济较发达的日本使用。水喷淋(雾)防护措施的致命缺陷在于会破坏隧道内的逃生环境[103],具体表现如下:

①水喷淋的降温作用使得隧道内烟气下沉,降低能见度,影响人员的逃生和消防救援;

②喷射出的水遇热形成蒸汽会损害隧道内的人员和设备;

③对于隧道内常见的油类火灾而言,水喷淋喷射出的大量水不仅会导致油的蔓延和火势扩大,而且可能会引起爆炸。

鉴于上述原因,目前对于是否使用水喷淋防护措施仍然是一个有争议的问题,大多数国家一般都不推荐在公路隧道内使用水喷淋系统。

水成膜泡沫灭火系统是 20 世纪 60 年代发展起来的一种高效泡沫灭火系统,灭火剂中含有氟碳表面活性剂及碳氢表面活性剂,它依靠泡沫和水沫双重作用来达到灭火的目的。国内在京福高速公路美菰林隧道等工程中已经采用。

据报道在美国和日本已经有了设置泡沫喷洒系统的例子,但尚未见到进一步的相关报道。

火灾时排烟道的温度略低于隧道温度,其防护方法与隧道衬砌结构类似,也可以适用于防火板或防火涂料。但由于水在高温下会变为水蒸气可能会干扰排烟效果,所以对于喷淋系统的使用要谨慎。

10.5　提高保护层耐火能力

1. 提供不计入结构剖面的额外混凝土厚度

该方法假定用附加的混凝土作为牺牲层,以维持隧道结构的整体性,从而阻止其在火灾中倒塌。

尽管混凝土本身具有良好的抗热性,但当混凝土达到一定的温度时,其强度开始下降。美国国家标准和测试协会(NIST)指出,普强混凝土温度达到 300℃时,强度损失为 10%～20%,温度达 600℃时,强度损失为 60%～75%;高强混凝土(HSC)在 450℃时,抗压强度损失达到 40%,当温度达到 600℃时,抗压强度损失约为 75%。火灾扑灭后,混凝土冷却时,其强度将进一步降低。

　　烈火中，随着结合水变成水蒸气，混凝土内压力上升，由于混凝土结构致密，水蒸气不能有效散发，当压力超过其强度时，表层便出现爆裂，同时新裸露的混凝土又暴露于高温之中，从而引发进一步的爆裂。而当钢筋表面的温度超过250℃时，钢筋的强度也开始下降。

　　英伦海峡隧道采用的就是这种设计。事实上，英伦海峡隧道发生火灾后，损害最严重的地方就是原来450mm厚的混凝土，最终只剩下40mm。消防队的报告表明，混凝土的爆裂不仅炸伤了消防队员，而且阻塞了安全疏散线路。

　　混凝土高温爆裂及力学性能的劣化除了受外部的升温速度、最高温度和荷载状况的影响外，也与混凝土自身的含水量、骨料（水泥基体）特性、孔隙结构和添加料等密切相关。因此，通过优化混凝土的材料组成和配合比，能够有效地改善衬砌混凝土的抗爆裂性，并降低力学性能的劣化。

　　根据国内外的研究成果，能够改善混凝土抗爆裂性能及力学性能劣化的措施如下。

　　1）骨料选择方面

　　①选用热稳定性好的骨料。相关研究成果表明，不同种类骨料的热稳定性由低到高依次为燧石、石灰石、玄武岩、花岗岩和辉长岩。例如，花岗岩在600℃时仍能够保持热稳定性。此外，轻骨料也能够改善混凝土的抗爆裂性能。

　　②选用热膨胀小的骨料，以减弱骨料与水泥基体间的热不相容性。

　　③选用表面粗糙、多棱角的骨料，以提高骨料与水泥基体间的结合力。

　　④选用含活性硅的骨料，以改善骨料与水泥基体间的化学黏结力。

　　⑤减小骨料的尺寸。

　　2）水泥拌合料方面

　　因为$Ca(OH)_2$在温度超过400℃后会分解成CaO和CO_2，而CaO再水化时体积会膨胀，所以应降低水泥凝胶中的C/S（CaO/SiO_2）比，这可通过在水泥拌合料中添加炉渣、硅灰等来实现。

　　对分别以硅粉、粉煤灰和高炉炉渣为拌合料的混凝土进行耐火性对比后发现，当温度低于600℃时掺有粉煤灰和高炉炉渣的混凝土的性能更好。常温下硅粉混凝土的强度最高，高温下硅粉混凝土的爆裂情况最为严重。粉煤灰混凝土和高炉炉渣混凝土虽出现网状裂纹，但没有爆裂情况发生。掺入30%的粉煤灰的高强混凝土和掺入40%高炉炉渣的普通混凝土的高温性能最优。

　　也可以通过使用高铝水泥的方法来提高混凝土的自防火能力。加热温度不高时（约300℃以下），因发生相变，体积收缩，结晶离子的空隙增大，高铝水泥混凝土的抗压强度会立即降低。而普通硅酸盐水泥石被加热至200℃左右，其烧后抗压强度变化不大，主要是由于200℃时，仅引起水泥石中毛细水和凝胶水脱水，没有水化相的分解，所以宏观上反映为混凝土硬化，强度提高。但当温度达到一定高度（约400℃以上）时，随温度的升高，普通硅酸盐水泥混凝土的抗压强度下降很快，这是由于达到这个温度后，普通水泥混凝土中水化硅酸钙和水化铝酸钙等水化产物发生脱水，水泥石中产生空隙，造成结构松弛，导致强度下降。与普通硅酸盐水泥混凝土相比，高铝水泥混凝土在温度达到400℃以上时，其抗压强度下降缓慢，表现出较好的耐火性能。如陶砂陶粒耐火混凝土经800℃高温后，其抗压强度仍能达到常温抗压强度的55%左右，此时该强度为

1419MPa。这主要是由于高铝水泥石加热后的物理和化学变化与硅酸盐水泥不同，即不生成氢氧化钙，因此其体积稳定性较好，加热脱水所引起的破坏应力也较小。同时，由于硅酸钙的存在，加热后生成较多的活性较强的氧化铝与耐火骨料反应，生成大量的高熔点矿物，所以高铝水泥是一种耐火性能较好的胶结剂，由其制成的耐火混凝土的耐火性能较普通硅酸盐水泥制成的混凝土的耐火性能要好。试验结果表明，对于以高铝水泥为胶结材料的 4 种混凝土来说，耐火砖混凝土在高温下的耐火性能最好，陶砂陶粒混凝土次之，普通耐火混凝土最差。

3）混凝土养护方面

研究表明，在标准养护、密封养护、空气养护和强制干燥 4 种条件下，高性能混凝土的含湿量会依次降低，标准养护时含湿量最高，强制干燥时含湿量最低。在火灾高温前以 100℃左右的温度对高性能混凝土进行预先强制干燥，可以使高性能混凝土内部的含湿量几乎降为零，从而使高性能混凝土在火灾高温条件下内部形成过饱和蒸气压力的可能性随之减少，高性能混凝土发生爆裂的概率和程度也会随之减弱。

2. 增设钢筋（钢丝网）的方法

研究表明，在衬砌受火侧增加额外的钢筋能够限制爆裂的扩展，减轻爆裂的损伤。德国 ZTV 技术标准 Part5（Section 2）也建议在衬砌受火侧增加额外的钢筋，以限制混凝土爆裂，确保受力主筋的温度不超过 300℃。

此外，通过在受火侧布设适当的钢丝网也可以限制爆裂的发展。为了避免由于钢丝网与混凝土间的热不相容性而增加混凝土的爆裂，应选用较细的钢丝网。

如图 10-18～图 10-20 所示，当靠近受火面一侧布设了细钢丝网后，尽管受火面附近的温度由于钢丝网的影响而明显升高，但是却有效地抑制了混凝土爆裂的发生和发展。其原因如下：由于钢材与混凝土间热膨胀率不一致，钢丝网和混凝土的界面上产生裂缝，裂缝有利于集聚的水汽的扩散，从而可以降低混凝土内部的蒸汽压力，减弱爆裂；此外，钢丝网的存在也在一定程度上抑制了混凝土的剥落。

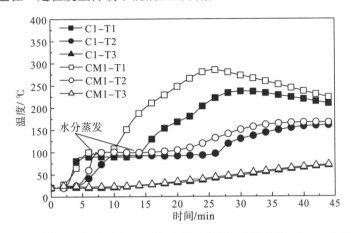

图 10-18　持续 0.5h 后板 C1、CM1 内的温度分布（HC 曲线，$T_{max}=1100℃$）

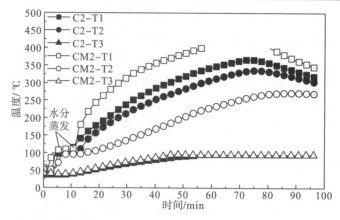

图 10-19　持续 1h 后板 C2、CM2 内的温度分布（HC 曲线，$T_{max}=1100℃$）

图 10-20　持续 0.5h 或 1h 后板 CM1、CM2 表面的爆裂情况（HC 曲线，$T_{max}=1100℃$）（见彩图）

3. 增设钢筋网与掺加纤维的方法

从以往比较严重的火灾案例来看，混凝土衬砌的破坏大多数都是从衬砌爆裂开始的。在火灾结束后，衬砌混凝土大面积剥落至钢筋层。混凝土的破坏都是由于其抗拉强度很低，在水汽压力作用下，混凝土产生很大的拉力破坏。在火情发展不是特别严重时，当爆裂发展到钢筋网处时，钢筋能够提供一定的拉结力，阻碍混凝土的进一步爆裂。火灾实验后混凝土爆裂情况如图 10-21 所示。

图 10-21　火灾实验后混凝土爆裂情况[6]

据此，针对混凝土保护层提出了一种新型的耐火方法，即在混凝土保护层中加入拉结金属网，同时添加聚丙烯纤维。聚丙烯纤维在高温熔化能够形成较多的细小孔道，有效减小混凝土内的空隙蒸汽压力，同时金属网能够对混凝土进行有效的拉结，防止混凝土受拉破坏。国外针对混凝土柱展开过一些相关实验，根据实验可以看出，添加了金属网和聚丙烯纤维的柱子的抗火性能要比添加安装防火板的措施好很多，具体见图 10-22和图 10-23 所示。尽管该实验是针对混凝土柱开展的，但对于公路隧道衬砌结构的耐火具有参考意义。

 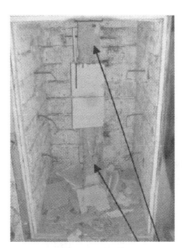

(a)添加金属网　　　　　　　(b)安装防火板

图 10-22　添加金属网的耐火效果

图 10-23　金属网的制作和安装

10.6　其他防火方法（防火耐热混凝土）

根据防火耐热混凝土胶结料的不同，可分为硅酸盐、铝酸盐、磷酸盐、硫酸盐、氯化物、溶胶类及有机物结合防火耐热混凝土等。下面主要介绍常用的硅酸盐、铝酸盐、磷酸盐和硫酸盐防火耐热混凝土[104]。

1. 硅酸盐防火耐热混凝土

以硅酸盐系列水泥作胶结材料，耐热材料作集料配制成的具有防火耐热性质的混凝土称为硅酸盐防火耐热混凝土。硅酸盐防火耐热混凝土一般采用矿渣硅酸盐水泥、普通硅酸盐水泥或水玻璃作为胶结材料，碎黏土砖、黏土、熟料和碎高铝砖作集料。

硅酸盐防火耐热混凝土最高使用温度可达到 $700 \sim 800℃$，其耐热的主要机理是硅酸盐系列水泥熟料的水化产物氢氧化钙在高温下脱水，生成的氧化钙与矿渣及掺合料中的活性氧化硅和三氧化二铝又反应生成具有较强耐热性的无水硅酸钙和无水铝酸钙，使混凝土具有一定的防火耐热性。如使用高铝砖、矾土熟料和碎镁砖及镁砂作集料配制的防火耐热混凝土，最高使用温度可达 $500℃$。

2. 铝酸盐防火耐热混凝土

以铝酸盐系列水泥作胶结材料，耐热材料作集料配制成的具有防火耐热性质的混凝土称为铝酸盐防火耐热混凝土。铝酸盐防火耐热混凝土一般采用高铝水泥和纯铝酸钙水泥作为胶结材料。高铝水泥是由石灰和铝矾土按一定比例磨细后，采用烧结法和熔融法制成的一种以铝酸一钙为主要成分的水硬性胶凝材料。纯铝酸钙水泥是以工业氧化铝和高纯石灰石或方解石为原料按一定比例混合后，采用烧结法或熔融法制成的以二铝酸一钙或铝酸一钙为主要成分的水硬性胶凝材料。

高铝水泥发生一系列水化反应使低密度水化产物转变成高密度非水化产物，固相摩尔体积缩小，体系结构间隙增大。因此，当混凝土温度低于 $1200℃$ 时，水化产物强度随温度的升高而明显降低，当温度高于 $1200℃$ 时，水化产物开始发生烧结并产生陶瓷黏结，强度提高。纯铝酸钙水泥的水化反应及在加热过程中强度的变化与高铝水泥类似。由于该水泥的化学组成中含有更多的 Al_2O_3，所以当温度高于 $1200℃$ 时，水泥水化产物发生烧结产生陶瓷黏结后，混凝土具有更高的强度和耐火度，其最高使用温度可达 $1600℃$ 以上。

3. 磷酸盐防火耐热混凝土

以磷酸盐作结合剂，耐热材料作集料配制成的具有防火耐热性质的混凝土称为磷酸盐防火耐热混凝土。磷酸盐防火耐热混凝土的凝结硬化与一般的水泥型防火耐热混凝土不同，磷酸盐是作为结合剂而不是胶结材料，因为磷酸盐在常温下本身并不具有胶凝性，而是在加热到一定温度时，一些磷酸盐发生分解−聚合反应，在聚合反应时，新化合物的形成和聚合具有很强的黏附作用，将集料黏结在一起成为"混凝土"而增加强度。常用的磷酸铝耐热混凝土的高温极限可达到 $1600 \sim 1700℃$。

4. 硫酸盐防火耐热混凝土

以硫酸盐作结合剂，耐热材料作集料配制成的具有防火耐热性质的混凝土称为硫酸盐防火耐热混凝土。硫酸盐首先水解成碱式铝盐 $Al(SO_4)_3(OH)_2$ 然后生成 $Al(OH)_3$，最后逐渐形成氢氧化铝胶体而凝结硬化。硫酸铝结合的防火耐热混凝土强度在高温下增长较慢，温度升至近 $700℃$ 时，强度随温度的提高而提高，此时，大量生成氢氧化铝胶体并迅速形成致密的结构。硫酸铝的化学结合水逐步脱水，由于脱水速度缓慢，对结构影响较小。

10.7　耐火技术的技术经济对比

目前，隧道衬砌结构耐火方法有很多，包括对衬砌表面喷淋降温的方法、安装防火板喷涂防火涂料的方法、掺加纤维的方法、增加混凝土保护层厚度和加强保护层耐火性的方法等。每种方法都有着自身的使用范围和环境，不同的方法有着不同的优势和缺点。因此，在实际应用时应针对不同的隧道环境、火灾场景以及耐火目的选择合适的耐火方法。隧道衬砌结构各种耐火方法的技术经济分析如表 10-4 所示。

表 10-4　隧道衬砌结构各种耐火方法的技术经济分析

耐火方法	优点	缺点
喷射无机纤维法	质量轻，与结构的黏接性能好，火灾时不容易脱落；不含有机物，高温下不产生有毒物质；无开裂、脱落等老化问题	喷射无机纤维防火护层材料的制造工艺及设备较为复杂，喷射设备费用较高
防火涂料法	技术成熟，防火涂料的种类众多；施工方便	受施工因素影响较大，喷涂要达到一定的厚度；防火涂料易老化，时间久易开裂脱落；火灾下会产生有毒气体，影响人员逃生和救援
防火板方法	技术成熟，防火效果较好；施工方便	不能够及时发现隧道的病害位置；若覆盖不全面，存在施工问题时会造成失效；影响风机等其他设备的安装和维修；易老化，在隧道生命周期内维护成本高
水喷淋方法	反应迅速，能有效地降低隧道衬砌表面温度；能够抑制火情发展，为救援疏散赢得时间	使隧道内烟气下沉，降低能见度；对于油类火灾效果不大，同时喷出的水蒸气可能会损害隧道内的设备；造价昂贵，需要有充足的水源
添加聚混合有机纤维方法	能够有效地阻止衬砌混凝土的爆裂；在混凝土中直接添加即可，施工方便	火灾后残留的孔道降低了混凝土高温后的抗渗性能；大量使用聚丙烯纤维会增加工程造价
加大保护层厚度方法	能保护衬砌主体不受高温破坏；衬砌火灾承载力能够得到保证	增加工程量，增加了工程造价
保护层设置金属网方法	能够形成拉结力，能很好地保护混凝土层爆裂；不需要加大保护层的厚度，对结构的火灾后性能影响较小	金属网需要特殊定制；金属网的安装和固定有比较特殊的要求

就目前的发展来看，欧洲、日本等发达国家隧道防火方面已经不再是采用单一的方法进行防护，而是采取多种方法进行结合的方法，如水喷淋系统和结构表面隔热方法同时使用、增大保护层厚度的同时添加聚丙烯纤维等。因此，对于公路隧道衬砌结构的耐火保护而言，应从主动防护和被动耐火两个方面采取技术措施，以便能够更好地保证衬砌结构的火灾安全。

10.8 衬砌结构耐火保护设计方法

10.8.1 隧道衬砌结构耐火保护的目标与思路

1. 隧道衬砌结构耐火研究的目标

隧道防火是一个系统工程，衬砌结构耐火属于被动防火的范畴，其目标如下：一方面是考虑在实际可能的火灾场景下，既有衬砌结构体系在火灾时以及火灾后的损伤机理、力学特性、耐火能力和残余承载能力，评价既有衬砌结构的火灾安全性，并针对存在的薄弱环节提出有效的补强措施；另一方面是为新建隧道结构体系的防火设计提供符合隧道实际情况的结构防火计算方法、有效的耐火方法和从防火角度考虑的设计、施工上的要求和措施，以全面提高隧道衬砌结构体系的耐火能力和安全性。耐火设计的总的目标可表述如下：

避免引起衬砌结构重要部位丧失稳定性；

避免衬砌结构丧失对水压力的防渗能力；

避免衬砌结构产生不可接受的永久变形；

保持火灾对衬砌结构的损伤在一个可接受的范围内，以利于灾后的修复。

2. 隧道衬砌结构耐火设计的思路

衬砌结构在火灾高温下的力学性能与其受力状态、采取的火灾防护措施以及衬砌结构体系的组成形式密切相关。同时，需要注意以下几方面。

①衬砌结构体系的功能实现依赖于每一个组成部分。如果有局部构件损坏，或者不能按照设计要求完成它所承担的功能，那么，整个衬砌结构体系的反应将会发生很大的变化。

②火灾时，局部受火构件的变形会受到相邻构件的约束，这使得该构件的力学反应与其单独受火时的力学反应产生差异。

③由于衬砌结构体系是一个高次超静定体系，当某些构件在火灾中发生破坏或者失效后会将原来所分担的荷载通过内力重分布逐渐转移给其他构件，因此，构件的抗火性能与整体结构的抗火性能是不同的。同时，未受火构件也可能由于内力重分布而出现安全性降低的不利情况。

因此，隧道衬砌结构的耐火设计要从整体性的观点出发，不仅要探讨单个构件的高温力学反应，同时，要把构件放到结构体系中去，考虑在实际可能的受力状态及火灾场景下的力学行为及破坏模式，进而探索可靠的衬砌结构耐火方法，保证衬砌结构体系在火灾下的整体安全性。因此，提高衬砌结构的耐火性能可以从两个方面着手，一方面是提高衬砌结构本身的耐火性能，另一方面是提供有效的隔热措施，降低施加到衬砌结构上的热荷载。

10.8.2　隧道衬砌结构耐火保护技术的试验方法

1. 隧道衬砌结构耐火性能的含义

1)隧道防火目标

隧道防火是一项系统工程,其中衬砌结构防火属于被动防火的范畴。隧道衬砌结构防火的目标如下:

避免衬砌结构失稳或垮塌,确保火灾时人员逃生及救援工作能够安全开展;

避免衬砌结构丧失对水压力的防渗能力;

避免衬砌结构产生不可接受的临时(永久)变形,确保临近隧道的地上、地下结构物的安全;

保持火灾对衬砌结构的损伤在一个可接受的范围内,以利于灾后的修复。

为了分析评价设计的衬砌结构能否满足上述防火目标,需要对衬砌结构进行耐火性能试验。而目前国内外尚没有完整的进行隧道衬砌结构耐火性能试验的方法。已有的试验方法或者是仅局限于对衬砌结构抗爆裂性能的试验;或者是对防护材料进行试验,而非对衬砌结构本身耐火性能进行试验。

2)隧道衬砌耐火试验的特点

针对情况,基于性能化防火设计的思想和开展的衬砌构件、衬砌结构体系试验的实践经验,本书初步建立了隧道衬砌结构耐火性能的试验方法,其特点如下:①根据隧道实际情形确定试验使用的火灾场景,而非套用标准曲线;②根据隧道火灾的特点以及衬砌结构的防火目标,定义了完整的耐火性能表征量,包括承载力、变形特性、爆裂损伤、抗渗耐久性及隔热性能;③试验过程模拟了与隧道衬砌结构实际条件一致的热、位移和荷载边界;④基于全过程的思想,耐火性能试验涵盖了火灾高温时、降温阶段以及高温后对衬砌结构耐火性能的评价;⑤试验结果不是给出衬砌结构的耐火时间,而是对衬砌结构的耐火性能能否满足设计要求进行评判。在本试验方法中,隧道衬砌结构的耐火性能满足要求的含义是指在设计的火灾场景下,衬砌结构能够实现它预定的功能,也即表征其耐火性能的各个表征量均在设计允许的范围内。

2. 隧道衬砌结构耐火性能的表征量

1)承载力

参照英国防火规范 BS476:Part20 对上部结构稳定性的定义,隧道衬砌结构承载力应满足的要求如下:升温过程中,衬砌结构能够承受试验荷载,没有发生破坏、失稳或者坍塌;降温阶段及降温后,衬砌结构能够承受试验荷载,没有发生破坏、失稳或者坍塌。

2)变形特性

隧道衬砌结构的变形特性包括衬砌构件的变形以及衬砌接头的张开,其应满足的要求如下:对于衬砌结构、中隔墙、立柱和路面板等构件,在试验全过程(包括升温、降温及降温后阶段)中,挠度小于 $L/30$,L 为净跨度。

3)爆裂损伤

隧道衬砌结构在试验全过程中没有发生爆裂。

4)抗渗耐久性

火灾高温会造成隧道衬砌结构抗渗性能的下降，这会影响高水压条件下隧道工程的耐久性。隧道衬砌结构抗渗耐久性应满足的要求如下：火灾试验后，衬砌结构应能通过与未受火衬砌构件条件一致的抗渗测试。

5)隔热性

隧道衬砌结构的隔热性包含两方面的含义：在试验全过程(包括升温、降温及降温后阶段)中，保证防水层、接头止水材料等不被烧损或者失效；在试验全过程中，中隔墙、路面板等能够阻止火势向相邻空间的蔓延。

衬砌结构应满足的隔热性要求如下：试验全过程(包括升温、降温及降温后阶段)中，防水层(初衬、二衬)、接头止水材料处的温度没有超过这些材料正常发挥功能的极限温度；参照上部建筑的相关规定，在试验全过程(包括升温、降温及降温后阶段)，中隔墙、路面板等具有分隔功能的构件的背火面的温度不超过初始温度140℃，或者不超过180℃。

3. 隧道衬砌结构耐火性能的试验程序

1)试块的选取

根据隧道火灾的特点，试块的选取原则如下：选取关键部位或有代表性的试块；试块含水量与预期使用时的含水量一致。

2)火灾场景的确定

根据性能化设计的思想，火灾场景根据隧道实际情况而定。

3)温度、位移和荷载边界的确定

对试块温度、位移、荷载边界的确定原则如下：升温部位、升温模式与试块在实际火灾中的情形保持一致；位移边界与试块在实际使用时的情形保持一致；荷载位置、大小、方向与试块实际使用时的情形保持一致；试块热边界(如周围地层)与实际使用时的情形保持一致。

4)试验步骤

(1)根据隧道衬砌结构的特点，选取需要进行试验的试块。

(2)试块耐火性能表征量的选定和量化。

(3)根据实际情形，确定试验用火灾场景。

(4)根据实际情形，对试块施加对应的温度、位移和荷载边界条件。

(5)观察、记录各表征量的变化。若在试验全过程(包括升温、降温及降温后阶段)中，各表征量均在允许的范围内，则试块的耐火性能满足要求。

第 11 章　沉管隧道结构耐火保护技术

本章通过对现有隧道结构防火技术进行技术经济比较，依托构件与实体隧道火灾试验平台，分别开展了沉管隧道构件耐火保护试验和足尺实验隧道火灾试验，提出了港珠澳沉管隧道管节结构及接头耐火保护技术建议方案。

构件耐火保护试验进行了沉管隧道管节结构、管节接头和节段接头三种类型试验。设计了管节结构单层拼装与双层错缝拼装、防火板与喷涂防火涂料、管节接头多层玻镁板与双层保全板＋耐火棉、节段接头多层玻镁板等类型多种试验工况，测试了结构及接头构件表面、钢筋保护层等不同厚度处的温度梯度分布规律，得到了不同防火构造方案对管节结构及接头的耐热、耐温保护效果。

11.1　保护措施及现状

隧道结构一般采用钢筋混凝土作为支撑结构，当表面受热后，其表层会产生爆裂现象。未经保护的混凝土，如果含水率超过 3%，在高温或火焰作用下 5~30min 就会产生爆裂，深度有的可达 4~5cm，会引起钢筋的暴露，进一步引起结构的恶化。混凝土冷却收缩后将会出现深度裂缝，影响结构的正常使用。因此，对沉管隧道的结构进行防火保护是一项十分重要的工作。

11.1.1　既有耐火措施分类

目前，国内外既有隧道结构耐火保护措施主要有：基于结构表面隔热的方法，如贴耐火板、喷耐火涂料等；基于消防降温的方法，如水喷淋系统等；基于改善结构本身抗裂性能的方法，如掺加聚丙烯纤维、掺加钢纤维、增设钢筋网和改善混凝土材料组成配合比等。

隧道内防火措施按照类型可以分为两大类，即主动防火措施与被动防火措施。

1. 主动防火措施

主动防火措施以预防火灾发生以及火灾发生后及时扑救以防止火势扩大，或者是改善火灾时隧道内的救援环境等为目标，典型的有火灾通风排烟、火灾自动警报、喷淋系统以及火灾紧急照明等。

2. 被动防火措施

被动防火措施以对结构加装防火措施、避免火灾对结构的影响、保证结构正常的承载力以及稳定性为目标，常见的措施有防火板、防火涂料、加大保护层以及喷射无机纤维等。

11.1.2　既有防火方案技术经济比较

隧道结构耐火性方法有很多，每种方法都有着自身的使用范围和环境，有着不同的优势和缺点，具体见本书表 10-4。

就目前的发展来看，欧洲、日本等发达国家隧道防火方面已经不再是采用单一的方法进行防护，而是采取多种方法进行结合的方法，如水喷淋系统和结构表面隔热方法同时使用、增大保护层厚度的同时添加聚丙烯纤维等。

针对港珠澳大桥沉管隧道，也应该采用多种方法相结合的方法，从主动防护与被动耐火保护两个方面采取措施，以便更好地保护衬砌结构的火灾安全。

首先，做好主动防火措施，如火灾通风排烟、火灾自动警报以及火灾闭路监控等火灾联动系统。

其次，从被动耐火保护方面，喷射无机纤维需要专业的设备，造价较高，同时在国内还没有相关的技术标准，因而不建议采用；而采用加大保护层方法会额外增加隧道衬砌厚度与断面，加大工程量，对于沉管隧道变动的方面较多，同时发生火灾时额外的混凝土爆裂会阻塞救援通道、砸伤救援与逃生人员等；在混凝土中添加纤维，除了有造价较高问题外，火灾后容易留下对应的孔道，会造成结构抗渗性的降低，对于海底沉管隧道来说是绝对不允许的；保护层安装围护金属网会额外增加工程造价；而对于耐高温混凝土则需要针对海域环境进行相应的研究，以确定材料是否可以在这样的环境中使用；防火涂料价格低廉、施工以及维修方便，有较好的耐火保护性能，且目前国内相关施工技术相对成熟，在国内山岭隧道中广泛使用，但是防火涂料存在容易从被覆盖的结构上脱落，从而导致结构在高温时失去防火保护的问题；防火板材目前应用也较为成熟，价格适中且可供选择的生产厂家较多，耐火性能较高，且施工以及更换方便，同时还兼具装饰功能，在建筑中广泛应用。因而综合考虑，对于沉管隧道被动耐火保护可以从防火涂料与防火板中选择或二者组合来设置。

11.2　耐火保护对象

如图 11-1 所示，从沉管隧道管节的构成而言，主要起受力和防水双重作用的接头是

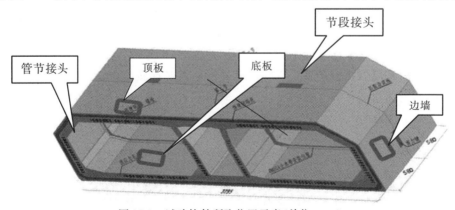

图 11-1　试验构件所取位置示意(单位：cm)

关键防火部位，一旦失效，修复极为困难，因此它是耐火保护的核心部位。此外，管节结构的顶板、底板及其侧墙由于是主要承载结构，也是耐火保护的主要对象。

有关管节结构（顶板、底板、侧墙）、管节接头和节段接头的构件及其耐火保护设计方案如图 11-2 所示。

（a）管节结构构件（厚 1.5m）

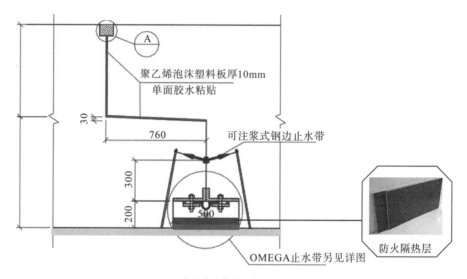

（b）节段接头构件（单位：mm）

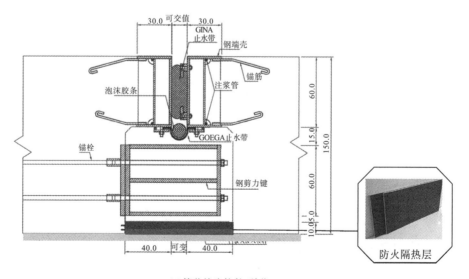

（c）管节接头构件（单位：cm）

图 11-2　沉管隧道耐火保护对象

11.3　总体研究方案

根据本书 11.1 节相关内容，下面将主要从设置防火措施方面进行管节结构及其接头的耐火保护技术方案研究。本项研究主要通过自行研制的 1∶1 全比例尺的大型构件试验，以模拟管节顶板（侧墙）部位、管节接头部位和节段接头部位的高温受热状况，比较各种不同防火措施条件下的隔热效果，提出具体的防火构造及其设置参数。本项研究遵循的基本技术路线：构件耐火试验平台调研→研制大型隧道构件高温试验系统→管节结构构件耐火保护试验→管节接头构件耐火试验→节段接头构件耐火试验→三种类型构件的防火方案及其构造建议。

1. 试验类型

选取沉管隧道结构受火的典型部位（如图 11-3 所示），按照港珠澳沉管隧道实际构造要求，采用 C50 钢筋混凝土设计建造试验构件。共设计了 10 个火灾试验构件，其中管节结构 6 个构件、管节与节段接头各 2 个构件。共进行三种类型的构件耐火保护试验，包括管节结构构件火灾试验、管节接头构件火灾试验和节段接头构件火灾试验。

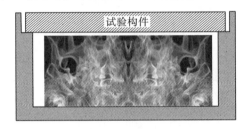

图 11-3　构件耐火试验

2. 试验目的

（1）研究管节（节段）顶板、底板和侧墙等位置的结构单元、管节接头和节段接头在火灾高温条件下，结构内部及接头内部、OMEGA 橡胶止水带的温度变化情况。

（2）研究防火涂料、玻镁防火板和保全防火板的耐火性能，设置厚度及安装方法。

（3）研究管节接头、节段接头的外层防火板＋内层防火隔断的构造方案以及该构造的耐火性能及要求。

3. 试验内容

（1）研究在 RABT 升温曲线下，采用不同防火保护材料时，管节主体结构表面及内部温度变化情况、厚度方向分布情况。

（2）接头耐火保护方案——测试采用不同耐火保护方案时，沉管接头复合构造处 O-MEGA 橡胶止水带温度变化情况。

4. 试验评价标准

根据《建筑设计防火规范》（GB50016－2006），钢筋混凝土结构耐火极限判定标准如下：当采用 RABT 标准升温曲线测试时，其耐火极限的判定标准为受火后，若距离混凝土底表面 25mm 处钢筋的温度超过 300℃，或者混凝土表面的温度超过 380℃，则判定为达到耐火极限。

关于沉管隧道接头橡胶材料、钢筋的耐火标准如表 11-1 所示。

表 11-1　公路隧道常见材料极限使用温度

材料名称	极限使用温度/℃
混凝土	250~380
钢筋	250~350
橡胶	70~100

11.4　管节结构构件耐火保护试验

11.4.1　试验工况

试验考察的耐火保护方案主要有防火涂料与防火板，试验工况如表 11-2 所示。

表 11-2　主体结构耐火保护试验工况表

序号	升温曲线	测试时间/min	防火材料	材料厚度/cm	安装方式
1	RABT	83	防火涂料	2	挂网涂装
2	RABT	32	玻镁防火板	1	膨胀螺栓固定
3	RABT	120	玻镁防火板	2	双层错缝安装、膨胀螺栓固定
4	RABT	120	保全防火板	2.7	单层安装、膨胀螺栓固定

11.4.2　试验构件制作

1. 试验构件尺寸

图 11-4 分别给出了发生小汽车、公交车、重型货车和油罐车发生火灾时衬砌结构内部沿厚度方向的温度分布图。可以发现，由于混凝土材料的热惰性，温度在厚度约 30cm 处衰减为常温条件。

另据 2011 年 4 月 8 日甘肃新七道梁隧道火灾（两辆危险品运输车、一辆重型半挂车燃烧爆炸）现场勘察，在估值 200MW 的火灾烧伤后，衬砌厚度 40cm 背后的塑料防水板外观完整无损。因此，综合考虑，试验构件厚度取 70cm，足够反映火灾对隧道结构的影响范围。考虑试验规模及高温试验炉尺寸，试验构件平面尺寸取 170cm×170cm。

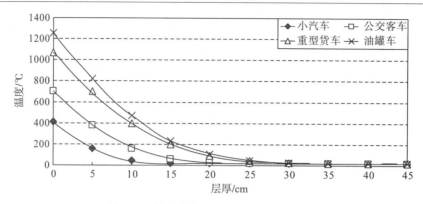

图 11-4 衬砌内部温度沿厚度方向分布图

2. 管节主体结构试验构件制作

管节结构构件共制作 6 块，构件尺寸为 $1.7m \times 1.7m \times 0.7m$(长×宽×高)。制作过程见图 11-5 和图 11-6

图 11-5 管节结构构件现场浇注

图 11-6 管节结构试验构件浇注成形

11.4.3　防火材料安装

1. 防火涂料施工

试验中使用隧道专用防火涂料，主要成分为水泥、珍珠岩、耐火细粉和云母粉等，如图 11-7 所示。试验用防火涂料的主要技术指标如表 11-3 所示，其主要性能需达到耐火极限 2h，厚度为 2cm。

本次试验构件防火涂料施工采用涂抹施工，将防火涂料均匀涂抹于测试构件底面。具体步骤如下。

(1)首先对构件待施工表面进行清洁，去除灰尘、泥土等。

(2)由于试验构件表面较光滑，先用水泥浆对表面作拉毛处理。

图 11-7　试验用防火涂料

表 11-3　隧道防火涂料主要技术指标

序号	项目		技术指标
1	在容器中的状态		经搅拌后呈均匀稠厚液体，无结块
2	干燥时间，表干/h		≤24
3	黏结强度/MPa		≥0.1
4	干密度/(kg/m³)		≤800
5	耐水性		经 720h 试验后，涂层不开裂、起层、脱落，允许轻微发胀和变色
6	耐酸性		经 360h 试验后，涂层不开裂、起层、脱落，允许轻微发胀和变色
7	耐碱性		经 360h 试验后，涂层不开裂、起层、脱落，允许轻微发胀和变色
8	耐冻融循环试验		经 15 次试验后，涂层不开裂、起层、脱落、变色
9	耐湿热性		经 720h 试验后，涂层不开裂、起层、脱落、变色
10	耐火性能	涂层厚度/mm	20±2
		耐火极限/h	≥2.0

(3)将防火涂料、黏结剂和适量清水按一定比例均匀混合并搅拌，搅拌时间应不低于20min，并放置10min，再搅拌5min后方可涂抹施工；拌制好的隧道防火涂料宜在产品规定的时间(通常为1.5~2h)内用完。

(4)防火涂料采用分层间隔性施工。第一遍涂抹厚度3~4mm，以后每遍厚度以3~5mm为宜。第二次涂抹涂料后，将准备好的铁丝网固定在试验构件底面，具体见图11-8

(5)隧道涂装涂料涂层施工达到设计厚度且终凝后应进行7天保湿养护，初始宜采用喷雾养护，后期可喷洒清水养护，然后自然养护21天。

图11-8　管节结构构件防火涂料施工

2. 玻镁防火板安装

试验中使用的防火板为上海新垒防火材料有限公司生产的玻镁防火板。玻镁防火板具体技术指标如表11-4所示。该板材主原料是氧化镁(氧化镁是制作高温炉砖的原料，熔点在2800℃)与氯化镁，配制后强度极佳，板内由抗返卤剂、防炸裂素材等7种耐火高分子材料组成，另有5~8层玻纤布(中碱性)作板材加强筋，板材正面采用阻燃防水装饰膜，板材反面采用防水无纺布膜保护，整个板材正、反面都防水、防潮并与空气隔绝，达到了防氧化功能，提高了板材使用的寿命。

试验用单张玻镁防火板规格为240cm(长)×120cm(宽)×1cm(厚)，防火板采取专用膨胀螺栓固定在试验构件底面，无须预埋预留紧固件，施工方便，见图11-9。

试验共设计了两种安装方式：1cm单层防火板拼装，具体见图11-10；2cm双层防火板错缝安装具体见图11-11。

表 11-4　隧道玻镁防火板技术指标

项目	检验项目		技术要求和指标
1	面密度/kg/m²		≤25
2	边缘平直度和对角线之差允许值		不低于 GA160 —— 2004，11.3.3 要求
3	干态抗弯强度/MPa		符合 GA160 —— 2004，11.4 要求
4	吸水饱和状态的抗弯强度/MPa		不低于干态抗弯强度的 70%
5	吸湿变形率/%		≤0.20
6	抗反卤性		无水珠、无返潮
7	产烟毒性		不低于 GB/T20285 —— 2006 的 ZA1
8	耐水性		≥720h，试验后，不开裂、起层和脱落，允许轻微发胀和变色
9	耐酸性		≥360h，试验后，不开裂、起层和脱落，允许轻微发胀和变色
10	耐碱性		≥360h，试验后，不开裂、起层和脱落，允许轻微发胀和变色
11	耐湿热性		≥720h，试验后，不开裂、起层和脱落，允许轻微发胀和变色
12	耐冻融循环性		≥15 次，试验后，不开裂、起层和脱落，允许轻微发胀和变色
13	耐盐雾腐蚀性		≥30h，试验后，不开裂、起层和脱落，允许轻微发胀和变色；如装饰面板为金属材料，其金属表面应无锈蚀
14	燃烧性能		不低于 GB 8624 —— 2006 中 B 级的规定要求
15	吸水率/%		≤12.0
16	耐火性能	标准类　耐火极限/h	≥2.0
		HC 类　耐火极限/h	≥2.0
		RABT 类　耐火极限/h	升温≥2，降温≥1.83

1cm玻镁防火板

图 11-9　试验用玻镁防火板和固定膨胀螺栓

测温

图 11-10　1cm 单层防火板拼装图

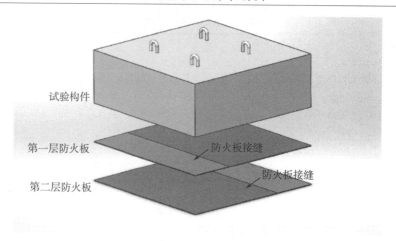

试验构件

第一层防火板　防火板接缝

第二层防火板　防火板接缝

图 11-11　2cm 双层防火板错安装示意图（见彩图）

3. 保全防火板安装

除了玻镁板，还对构件外贴保全板的耐火方案进行了测试。保全板尺寸为 120cm×120cm×2.75cm，用膨胀螺栓固定于试验构件底部，如图 11-12 所示。

图 11-12　保全防火板安装图

11.4.4　测点布置

管节结构温度测点布置如图 11-13 所示。构件平面上共布置了 4 个测孔,沿深度方向,"$1-x$,$2-x$,$3-x$,$4-x$"表示测点编号,编号右侧数字表示测点距构件底面距离,单位为 mm。

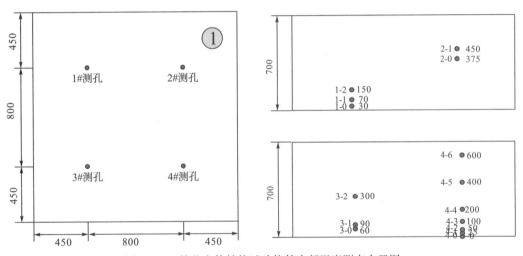

图 11-13　管节主体结构试验构件内部温度测点布置图

11.4.5　试验结果分析

1. 工况 1——防火涂料试验结果

图 11-14 给出了在 2cm 厚隧道专用防火涂料保护下,试验构件内部的温度分布情况。从温度数据看,防火涂料能够较好地保护混凝土试验构件,并未超过混凝土的耐火极限。

从国内隧道防火涂料的实践看,隧道内的渗流水、通行车辆带来的振动以及汽车尾气带来的酸性物质会对防火涂料的稳定性带来一定的不利影响。特别是当隧道发生火灾时，经受高温的炙烤，隧道防火涂料可能会发生脱落。图 11-15 所示为其中一次试验之后防火涂料发生脱落的情况。

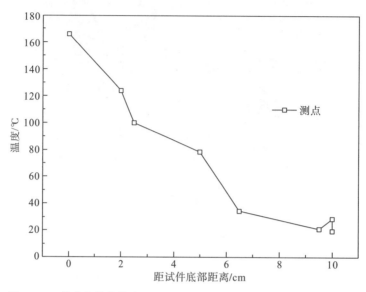

图 11-14　管节主体构件在 2cm 防火涂料下温度沿厚度分布图(70min)

图 11-15　防火涂料脱落

2. 工况 2——1cm 玻镁防火板

本工况对 1cm 厚单层玻镁防火板的耐火性能进行了试验。本次工况在试验构件底面与防火板之间布设了 6 支热电偶用于监测混凝土构件底面的温度，测试数据如图 11-16 所示。

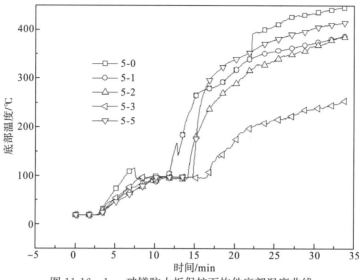

图 11-16　1cm 玻镁防火板保护下构件底部温度曲线

观察该图中曲线可知，在 1cm 单层玻镁防火板保护下，试验构件底面温度在 5~10min 逐渐开始上升；10~15min，构件底面温度维持在 100℃左右；15min 之后，构件底面温度开始急剧上升；在点火后 33min，构件底面最高温度达到 445℃。此温度已经超过了混凝土的耐火极限，如果继续进行高温试验，混凝土继续升温，会有发生爆裂的可能，考虑到试验安全，故停止本次试验。由此可见，仅采用 1cm 厚单层玻镁防火板不足以长时间保护混凝土构件。

图 11-17 给出了本工况试验构件部分测点内部温度变化情况。

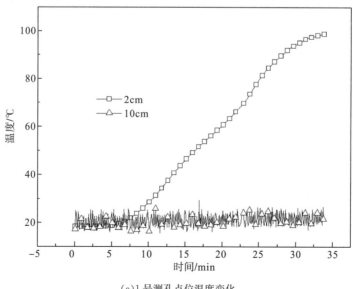

(a) 1 号测孔点位温度变化

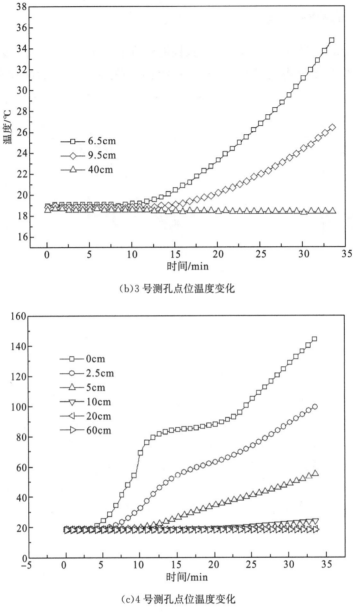

（b）3号测孔点位温度变化

（c）4号测孔点位温度变化

图 11-17　管节主体构件内部各测点温度变化

从图 11-17 可知，在试验过程中（33min 内），混凝土内部温度并不高，最高温度仅 150℃。这是由于混凝土材料具有一定的热惰性，且本次试验时间较短，所以试验构件内部温度并不高。

3. 工况 3——双层（2cm）玻镁防火板错缝安装

本工况试验采用两层 1cm 厚的玻镁防火板错缝安装对混凝土构件进行保护，试验持续高温时间 120min。图 11-18 给出了试验后防火板及试验构件的烧蚀情况。

（a）外层防火板　　　　　　　　（b）内层防火板　　　　　　　　（c）试验构件底面

图 11-18　试验后管节主体构件双层防火板保护下烧蚀情况（见彩图）

从图 11-18 中可发现，经历 120min 高温之后，外层防火板破坏较严重，内层防火板破坏情况较轻，外形保持完整，混凝土构件底面无任何损伤。

图 11-19 给出了试验构件底面与防火板之间的测点温度变化情况。可以看出，在 70min 左右时，构件底面温度有明显快速上升趋势，但在整个试验持续时间内，构件底部最高温度始终未超过耐火极限标准 380℃。由此可见，采用双层玻镁板错缝安装能够较好地保护混凝土构件。

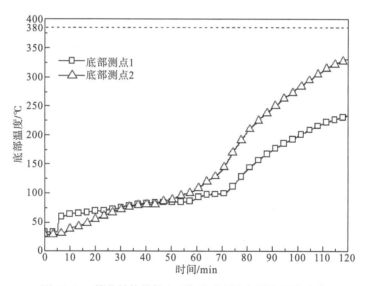

图 11-19　管节结构构件底面与防火板之间测点温度变化

图 11-20 给出了试验构件内部各测点温度随时间变化情况。从图中可看出，在距结构底部 2.5cm 处温度均未超过 300℃，最大为 4 号测区的 226.7℃，满足耐火极限要求。

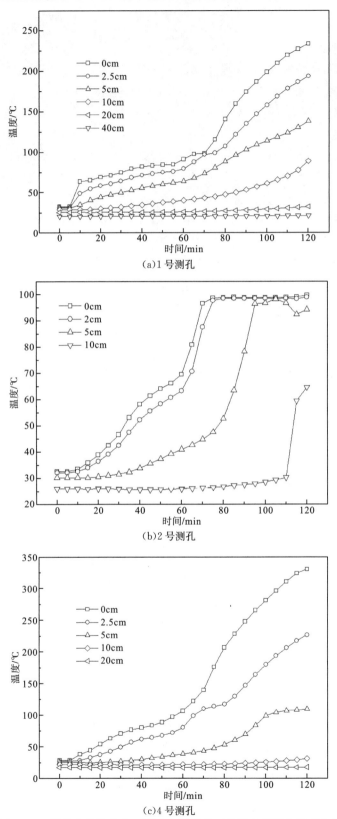

（a）1 号测孔

（b）2 号测孔

（c）4 号测孔

图 11-20　管节主体构件在双层防火板保护下构件内部测点温度变化

　　图 11-21 给出了 3 个测孔内温度沿构件厚度方向的分布情况。从图中看出，两层防火板错缝安装后混凝土底部温度最高没有超过 350℃，温度对混凝土的影响范围有限，主要在底部 20cm 内，20cm 以外温度基本降到了常温。

　　对混凝土构件内部温度沿厚度方向分布情况进行最小二乘法拟合，可以得到管节主体构件在双层防火板保护下沿厚度方向温度分布拟合曲线（如图 11-22 所示），拟合公式如下：

$$T = 207.4e^{-h/7.04} + 15.7, R^2 = 0.9365 \tag{11-1}$$

式中，T 为距离构件底部某处的温度，℃；h 为距底部的距离，cm。

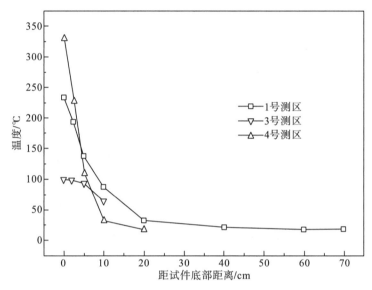

图 11-21　管节结构构件沿厚度方向温度分布图

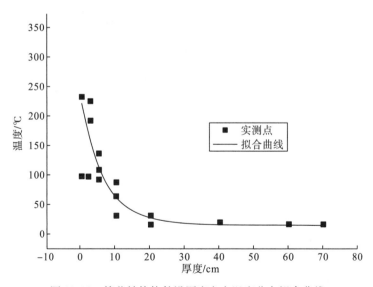

图 11-22　管节结构构件沿厚度方向温度分布拟合曲线

4. 工况 4——保全板

本次试验采用一层 27.5mm 厚保全板对试验构件进行保护，试验持续时间 120min，图 11-23 给出了本次试验结果。可以看出，在整个试验持续过程中，试验构件底面混凝土表面温度随时间增加而持续上升，但并未超过 380℃；图 11-23 给出了构件内部距底面 65mm、100mm、200mm、400mm 和 600mm 处温度变化情况，各测点温度均较低，上升较缓慢，最高温度仅为 135℃。由此可见，保全防火板在试验设定的升温曲线下，能够较好地保护管节主体构件。

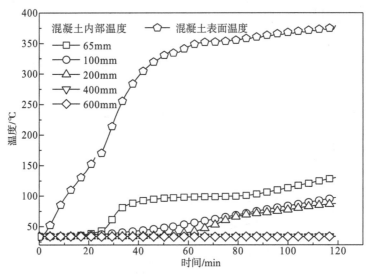

图 11-23   保全板保护下试验构件内部及底面温度变化

另外，试验过程发现，由于保全防火板只进行单层安装，无法利用上下层互补的方式弥补防火板接缝造成的高温烟气窜流，所以在单层防火板施工过程中应特别注意防火板接缝的处理，尤其是待保护混凝土表面本身不够平整的情况。

11.5   管节接头构件耐火保护试验

11.5.1   试验工况

本节试验主要研究在 RABT 升温曲线下，沉管隧道管节接头的耐火保护方案。主要通过测量管节接头钢剪力键处和止水带处温度，考察不同耐火保护材料及其不同安装方案下的耐火保护效果。具体开展的试验工况如表 11-5 所示。

表 11-5   管节接头耐火保护试验工况表

序号	升温曲线	测试时间/min	防火材料	保护方案	备注
1	RABT	50	玻镁防火板＋硅酸铝耐火棉	防火隔断＋底层防火板（不与防火隔断铆固）	具体安装方案见管节接头耐火保护方案（一）

续表

序号	升温曲线	测试时间/min	防火材料	保护方案	备注
2	RABT	120	玻镁防火板+硅酸铝耐火棉	防火隔断+底层防火板（与防火隔断铆固）	具体安装方案见管节接头耐火保护方案（二）
3	RABT	120	保全防火板+硅酸铝耐火棉	防火隔断+底层防火板（与防火隔断铆固）	具体安装方案见管节接头耐火保护方案（三）

11.5.2 管节接头构件制作

共制作 2 块管节接头构件，构件外部尺寸为 1.7m×1.7m×1.35m（长×宽×高），内腔尺寸为 1.7m×0.9m×0.9m（长×宽×高）。管节接头构件设计图如图 11-24 所示。

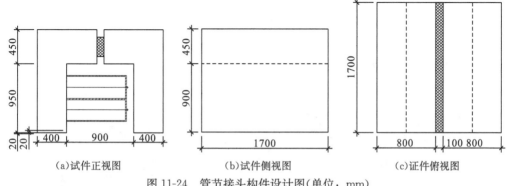

图 11-24 管节接头构件设计图（单位：mm）

11.5.3 管节接头耐火保护方案及安装

由于管节接头处止水带材质为橡胶，容许最高使用温度仅 70~100℃。为保证沉管隧道在运营过程中，尤其是发生火灾的情况下，整体结构安全，需对管节接头构件进行重点防火设计。本试验针对管节接头构件耐火保护总体思路为"接头防火隔断+底部防火板"，如图 11-25 所示。

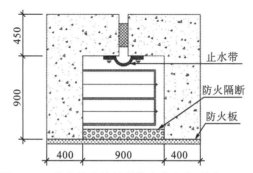

图 11-25 管节接头构件总体防火方案（单位：mm）

为了比选出最合适的耐火保护方案，本试验共设计 3 种细化方案进行测试比较。3 种细化方案分别如下。

1. 方案（一）——防火隔断（轻钢龙骨＋防火板＋耐火棉＋防火板）＋底层防火板（与防火隔断不铆固）

图 11-26 给出了管节接头耐火保护方案（一）示意图。防火隔断从上到下依次由 3cm 玻镁防火板、2cm 硅酸铝耐火棉和 1cm 玻镁防火板构成，并通过连接螺栓固定在轻钢龙骨上。底面防火板为 2cm 厚玻镁防火板，通过膨胀螺栓固定在接头两侧管节主体结构上。图 11-27 给出了保护方案（一）安装过程。

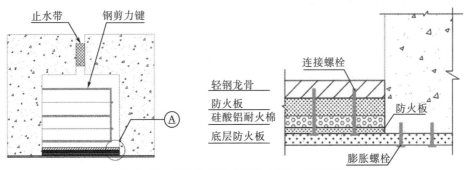

图 11-26　管节接头耐火保护方案（一）示意图

图 11-27　管节接头耐火保护方案（一）安装过程

2. 方案（二）——防火隔断（轻钢龙骨＋防火板＋耐火棉＋防火板）＋底层防火板（与防火隔断铆固）

管节接头耐火保护方案（二）示意图如图 11-28 所示。本方案防火隔断与底层防火板构成方法同保护方案（一）。不同之处在于本方案采用螺栓将底层防火板与防火隔断铆固为一体。图 11-29 给出了管节接头耐火保护方案（二）中底层防火板与防火隔断的铆固效果。

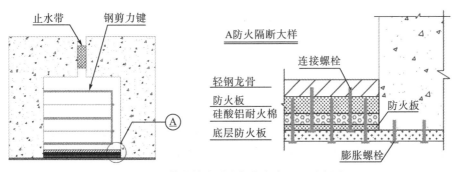

图 11-28　管节接头耐火保护方案（二）示意图

图 11-29　管节接头耐火保护方案(二)安装

3. 方案(三)——防火隔断(耐火棉+不锈钢龙骨+防火板)+底层防火板(与防火隔断铆固)

管节接头耐火保护方案(三)示意图如图 11-30 所示,本方案总结了前两种方案的经验,对原方案进行了优化。两项主要改进如下:

采用了强度更高同时耐腐蚀的不锈方钢龙骨;

在龙骨两侧加装了防火板和固定钢板,增强了龙骨的固定强度,同时较好保护接头侧壁,防止高温烟气窜流。

图 11-31 给出了管节接头耐火保护方案(三)的安装过程。

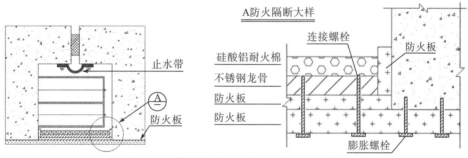

图 11-30　管节接头耐火保护方案(三)示意图

(a)　　　　　　　　　　　　　　　　(b)

（c）　　　　　　　　　　　　　（d）

图 11-31　管节接头耐火保护方案（三）安装过程

11.5.4　温度测点布置

本试验每个构件共布置 17 支测温热电偶，主要布设在止水带内外、钢剪力键处、防火隔断以及底层防火板之后，具体布设位置见图 11-32。

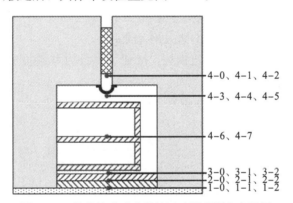

图 11-32　管节接头耐火保护试验温度测点布置图

11.5.5　试验结果分析

1. 工况一——管节接头耐火保护方案（一）（底层防火板不与防火隔断铆固）

本次试验中，底层防火板并未与防火隔断进行铆固，仅靠膨胀螺栓固定在接头两侧的管节主体结构上。

在试验点火 50min 后，就发现底层防火板之后测点温度超过 380℃，并很快读数显示异常。试验后吊装试件出炉，发现外层防火板烧穿、内层防火隔断的外层也损坏严重，如图 11-33 所示。

图 11-34 和图 11-35 分别给出了在耐火保护方案（一）下，管节接头内层防火隔断处，以及 OMEGA 橡胶止水带处温度随时间变化情况。

由图 11-34 和图 11-35 可看出，在 40～50min 时，外层防火板与内层防火隔断之间的测点 1-0、1-1 和 1-2 温度急剧上升，最高温度达到 1000℃，推测此时底层防火板已被烧坏，失去保护作用。为保证试验安全，试验操作人员及时终止试验，此时接头 OME-GA 橡胶止水带内/外侧温度均未超过 50℃。

图 11-33　管节接头构件耐火保护方案(一)试验结果

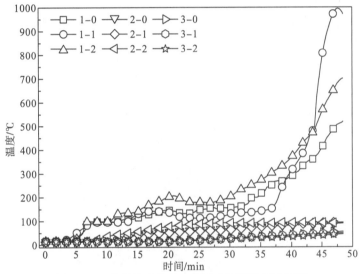

图 11-34　管节接头构件内层防火隔断各测点温度

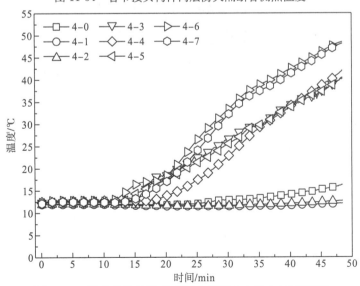

图 11-35　管节接头构件 OMEGA 橡胶止水带内/外侧温度

从图 11-33 所示的防火板破坏形态看，破坏首先发生在设置防火隔断的内腔处，底层防火板从中心开始烧穿，周边防火板未烧坏，状况较好，同时内腔温度较正常。分析其原因有以下两点：

在接头内腔处，存在 90cm 的跨度，而底层防火板并未与防火隔断同时铆固在轻钢龙骨上，导致接头附近底层防火板刚度不一致；

炉子内部为喷嘴喷射明火加载，高温气流的反复冲击作用（与实际火灾现场火焰冲击类似）对接头空腔位置形成动力冲击，导致底层防火板首先开始损坏。

2. 工况二——管节接头耐火保护方案（二）（底层防火板与防火隔断铆固）

总结管节接头耐火保护方案（一）试验经验，保护方案（二）采用螺栓将底层防火板与接头内腔处防火隔断铆固在一起，同时加强了防火隔断与接头内腔壁面密封，防止高温烟气从壁侧窜流。

经过 120min 高温灼烧之后，底层防火板已基本烧酥，剥开底层防火板之后，内侧防火隔断外观基本保持完好，仅被熏黑，如图 11-36 所示。

图 11-36　管节接头内侧防火隔断烧坏

图 11-37 所示为在底层防火板与内侧防火隔断铆固在一起的情况下，内层防火隔断各点温度。从图中可以发现，布设于底层防火板与内侧防火隔断之间测点 1-0、1-1 和 1-2 温度相对较高，但也未超过 220℃；防火隔断中间层的测点 2-0、2-1 和 2-2 温度相对较低，未超过 100℃；防火隔断内侧测点 3-1、3-1 和 3-2 温度最低，未超过 80℃。综合来看，采用此种保护方案下，底层防火板内侧温度均未超过 380℃。但同时也应该看到，底层防火板与内侧防火隔断之间测点 1-0、1-1 和 1-2 在 105min 之后，温度快速攀升，可推测此时已基本达到底层防火板的耐火极限。

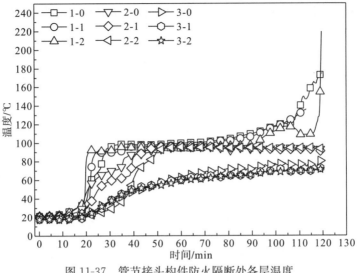

图 11-37　管节接头构件防火隔断处各层温度

图 11-38 给出了 OMEGA 橡胶止水带内、外侧温度及钢剪力键处温度变化情况。可以发现，OMEGA 橡胶止水带外侧测点 4-3 和 4-4 最高温度为 72.3℃，内侧测点 4-0、4-1、4-2 最高温度低于 49℃。即止水带内外侧温度均处于 OMEGA 橡胶的正常工作温度范围内。本次试验成功实现了从外部火焰温度 1200℃到内部正常工作温度 70~100℃的转变，说明采用"2cm 底面防火板+防火隔断(3cm 玻镁防火板+2cm 硅酸铝耐火棉+1cm 玻镁防火板)"的构造，并将防火隔断作为整体与内部龙骨铆固的保护方案是成功的。

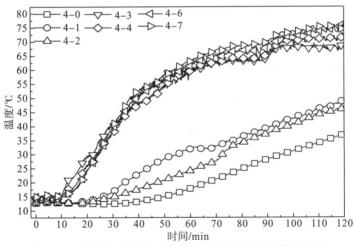

图 11-38　管节接头构件 OMEGA 橡胶止水带内/外侧温度

试验结果表明，在实际工程中，接头处的防火板安装一定要做好额外的支护，确保在火灾发生时，火焰冲击力不会对其产生影响。

3. 工况三——管节接头耐火保护方案(三)(更换龙骨，加强铆固强度)

本方案总结了前两种方案的经验，对原方案进行了优化。主要有以下两项改进：采用了强度更高同时耐腐蚀的不锈方钢龙骨；在龙骨两侧加装了防火板和固定钢板，增强了龙骨的固定强度，同时较好保护接头侧壁，防止高温烟气窜流。如图 11-30 所示，管节接头耐火保护方案(三)具体为：防火隔断为 30mm 耐火棉＋不锈钢方钢龙骨＋27.5cm 单层保全防火板，底层防火板为 27.5mm 单层保全防火板，底层防火板与防火隔断通过螺栓同时铆固在不锈钢龙骨上。

将采用该方案进行保护的管节接头构件置于高温试验炉内，在 RABT 升温曲线下进行试验 120min，试验结果如图 11-39 所示。从图中看出，各测点温度随时间变化不断上升，其中底层防火板后测点上升速度最快。在整个试验过程中，底层防火板后测点最高温度为 371.5℃；防火隔断后测点最高温度为 85.5℃；OMEGA 橡胶止水带外侧最高温度为 59℃，而内侧最高温度为 42.5℃。保证了在给定的火灾持续时间之内，OMEGA 橡胶止水带始终保持在正常工作范围之内，实现了管节接头耐火保护目标。

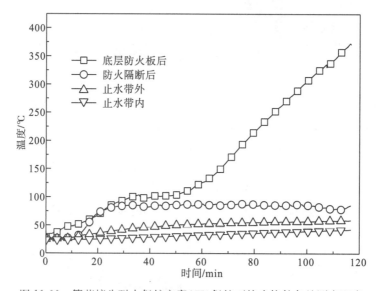

图 11-39　管节接头耐火保护方案(三)保护下接头构件各处测点温度

11.6　节段接头构件耐火保护试验

11.6.1　试验工况

节段接头耐火保护方案总体设计思路同样按照"防火隔断＋底层防火板"思路。本节试验主要研究该耐火保护方案对节段接头的保护效果，同时本节还对比分析长期处于潮湿环境对耐火保护效果的影响。主要开展试验工况如表 11-6 所示。

表 11-6　节段接头耐火保护试验工况表

序号	升温曲线	测试时间 /min	防火材料	保护方案	暴露环境	备注
1	RABT	120	玻镁防火板＋硅酸铝耐火棉	防火隔断＋底层防火板	潮湿环境	具体构造方案见相关章节
2	RABT	120	玻镁防火板＋硅酸铝耐火棉	防火隔断＋底层防火板	正常环境	具体构造方案见相关章节

11.6.2　节段接头构件制作

节段接头构件共制作 2 块，构件外部尺寸为 1.7m×1.7m×0.7m(长，宽，高)，内腔尺寸为 1.7m×0.5m×0.2m(长，宽，高)，如图 11-40 所示，制作过程见图 11-41。

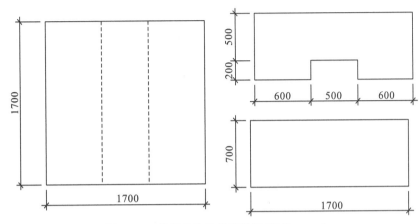

图 11-40　节段接头构件设计图(单位：mm)

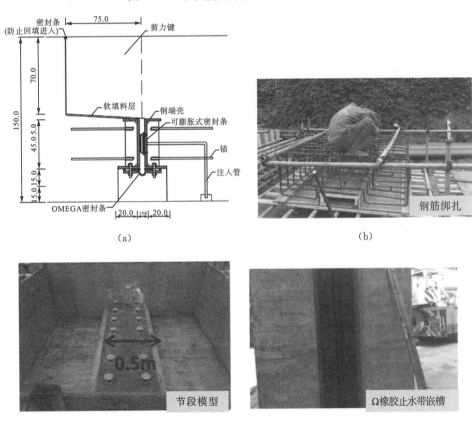

图 11-41　节段接头试验构件安装过程

11.6.3 节段接头耐火保护方案及安装

本试验节段接头采用防火隔断＋底层防火板保护方案。防火隔断由龙骨＋3cm 玻镁防火板＋2cm 硅酸铝耐火棉＋1cm 玻镁防火板构成，底层防火板为 2 层 1cm 厚玻镁防火板，同时利用螺栓将底层防火板与防火隔断铆固在龙骨上，如图 11-42 所示。具体安装方式如图 11-43 所示。

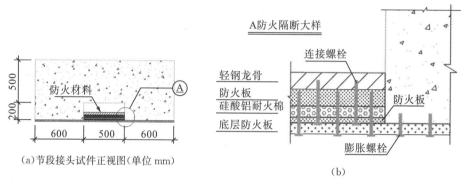

（a）节段接头试件正视图（单位 mm）

（b）

图 11-42 节段接头构件耐火保护方案

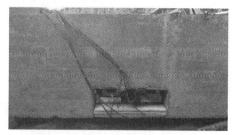

图 11-43 节段接头耐火保护安装

11.6.4 温度测点布置

本节节段接头耐火保护试验温度测点布置方案如图 11-44 和图 11-45 所示。

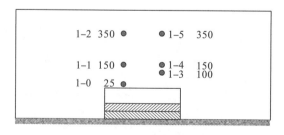

图 11-44 节段接头结构内温度测点布置

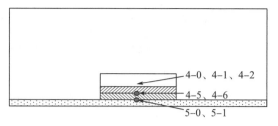

图 11-45　节段接头构件防火隔断处温度测点布置

11.6.5　试验结果分析

1. 工况一——节段接头暴露在雨季潮湿环境

本工况所用的编号为 8 的节段接头试件于 2012 年 8 月制作完成，外层防火板、内层防火隔断均按照设计方案安装到位，于 2012 年 11 月 27 日开始进行耐火试验。在此 3 个多月期间，试验所在地重庆地区多次下雨，将 8 号试件安放在室外，尽管有雨布遮挡，但仍受到雨季潮气与少量地面溅水侵蚀。

高温试验之后，接头构件底层双层防火板被烧穿，内层防火隔断被烧坏，而位于接头内的 OMEGA 橡胶止水带被完全烧毁，同时接头构件部分混凝土结构爆裂，如图 11-46 所示。

图 11-46　节段接头暴露于潮湿环境后高温试验结果图（见彩图）

试验过程中，防火隔断处温度变化情况如图 11-47 所示。分析各温度曲线变化规律，可推测本工况节段接头构件烧毁过程如下。

（1）第一阶段，作为第一道防线的底层防火板首先被破坏，导致 40min 时外层防火板背后的温度传感器 5 - 0、5 - 1 温度急剧升温，短短 10min 的时间由 500℃急剧升温至 1100℃。

（2）第二阶段，内层防火隔断的第一层在约 70min 时烧毁，其背后温度传感器 4 - 5、4 - 6 温度急剧升温，15～20min 的时间由 200℃急剧升温至 1100℃以上。

（3）第三阶段，在 120min 左右时，内层防火隔断全部被烧毁，导致其背后温度传感器 4 - 0、4 - 1 和 4 - 2 温度急剧升温。在此阶段，OMEGA 橡胶止水带被焚烧殆尽。

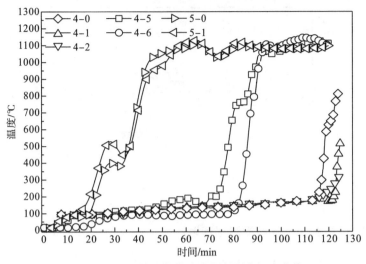

图 11-47　节段接头构件防火隔断测点温度曲线

2. 工况二——节段接头暴露在正常环境中

本工况更换了全新的玻镁防火板材，仍然按照防火隔断（龙骨＋3cm 玻镁防火板＋2cm 硅酸铝耐火棉＋1cm 玻镁防火板）＋底层防火板（2cm 玻镁防火板）方案进行耐火保护。安装及养护过程，保持该试验构件暴露在正常环境。在 RABT 曲线下，经过 120min 高温试验，试验结果如图 11-48 和图 11-49 所示。

图 11-48 给出了节段接头构件结构内部各测点温度变化情况。从图中可以看出，混凝土内部最高温度出现在距离 OMEGA 橡胶止水带 2.5cm 处，温度为 50℃。

图 11-49 给出了试验过程中 OMEGA 橡胶止水带附近测点温度变化情况。从图中可以看出，OMEGA 橡胶止水带处最高温度为 4－0 测点的 75℃，在 OMEGA 橡胶止水带的正常工作范围之内。因此，本保护方案较好地实现节段接头耐火保护目标。

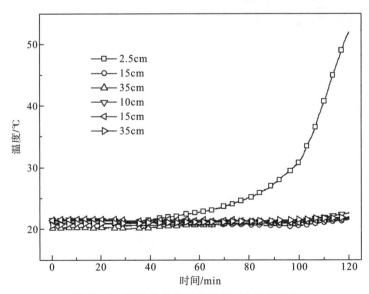

图 11-48　试验构件结构内部各测点温度变化

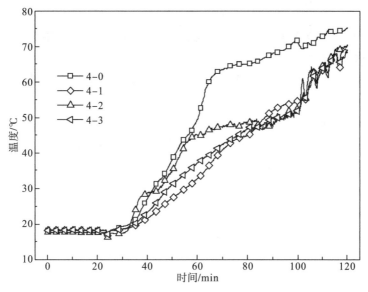

图 11-49 OMEGA 橡胶止水带附近测点温度变化

11.7 本 章 小 结

本章进行了管节结构、管节接头和节段接头三种类型多种工况下构件耐火保护试验，进行了典型火灾功率下足尺管节结构实体火灾温度测试，试验研究结论如下。

(1)温度在沉管隧道管节结构(顶板、边墙和底板)构件内部传递时，在距离受火面 30cm 范围内温度梯度大，降温迅速。在双层 2×1cm 防火板错缝布置保护下，结构构件在距离底部 20cm 内就基本降为常温。

(2)在双层 2×1cm 防火板错缝布置条件下，管节结构构件内部温度衰减符合指数函数。通过该函数可得到相应位置处的力学参数，可为评价火灾中材料的损伤及确定结构承载力提供参考。

(3)《建筑设计防火规范》(GB50016 — 2006)中对城市交通隧道耐火极限进行了规定，要求衬砌底部温度不超过 380℃，距离底部 2.5cm 处温度不超过 250℃(HC 曲线)或 300℃(RABT 曲线)。试验中，管节主体结构在单层 1cm 防火板保护下，点火 33min 左右时，混凝土底部温度就已经超过该规定；而在双层 2×1cm 防火板错缝布置保护下时，在整个试验过程中，混凝土底部最高温度约为 330℃，距离构件底部 2.5cm 处的温度为 200~230℃，满足规范要求。根据试验结果，从技术经济角度，建议港珠澳海底隧道采用双层拼装方案。

(4)对于管节主体结构试验，点火后 70min 左右时，温度曲线有明显上扬，此时玻镁防火板内部结构开始发生变化，耐火性能有所降低，温度明显上升。建议在实际工程中，隧道受火时间超过 1h 时，即使防火板表观没有发生明显的变化，也要及时更换。

(5)试验表明，潮湿环境是影响防火板耐火性能及耐久性的一个重要因素。在重庆雨季放置 3 个多月后的节段构件试验表明，接头不能满足 RABT 曲线下持续 2h 的耐火极限标准。建议港珠澳沉管隧道定期检测环境湿度与防火板性能，局部潮湿环境可采样送检。

(6)管节接头与节段接头的耐火保护部分，采用防火隔断(龙骨＋3cm玻镁防火板＋2cm硅酸铝耐火棉＋1cm玻镁防火板)＋底层防火板(2cm玻镁防火板)的耐火保护方案可以满足RABT曲线下，外部火灾温度1200℃，而接头处止水带温度保持在70~100℃的正常工作温度。

(7)在明火火灾条件下，火焰冲击会对接头部分(包括管节接头与节段接头)防火板产生较大影响，会显著降低防火板耐火性能。建议在港珠澳沉管隧道，防火隔断处务必做好锚固连接，推荐采用龙骨加固方案。

第 12 章　沉管隧道接头及结构火灾力学行为分析

本章的研究工作为：采用基于升温曲线的三维火灾场景进行管节结构内部温度场精确描述，为热-力耦合计算提供三维温度场，并论证距离地面 3m 高度以上铺设防火板方案的可行性；建立三维热-力耦合有限元分析模型，并与海底沉管隧道外荷载组合，研究有、无防火隔热条件下管节结构的内力与变形规律，分析其损伤厚度，论证与评价防火板对管节结构的隔热保护效果；分析两类接头的变形与剪力变化，研究接头剪力键在火灾高温下的抗错断性能，以及防火板对接头剪力键的隔热减灾效果。

12.1　沉管隧道结构内部三维温度场

为了对港珠澳海底沉管隧道管节结构进行力学行为分析，选择合适的火灾曲线是必要的。该曲线需要考虑不同的火灾规模或不同的火灾类型，并考虑其横向和纵向分布。

12.1.1　基于升温曲线的三维火灾场景

1. 火源附近基准升温曲线的选用

一个完整的火灾场景应包含三个方面的内容：第一，火源附近最高温度随时间的变化；第二，横断面上温度分布；第三，沿纵向温度分布。其中，第一点描述了一场火灾中，隧道内温度随时间的变化历程，而后两点描述了一场火灾中隧道内温度在空间上的分布。

国外通过对隧道火源附近的温度试验，建立了一系列不同类型的标准火灾曲线。这些曲线基本上在小型试验隧道中进行，具有以下共同特性：火灾初期 0~5min 升温迅速；达到峰值温度后持温时间长，达到或超过 2h。

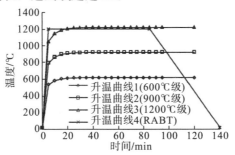

图 12-1　定义的 4 类基准升温曲线

在 1:1 试验隧道、国际标准火灾曲线以及 PIARC 相关研究成果的基础上，本书定义了 4 类具有统一形式的基准升温曲线，如图 12-1 所示。该 4 类曲线的温度-时间变化可与小汽车、公共汽车和重型货车等典型车辆火灾类型相关联，并反映了沉管隧道火灾升温速率快、随热释放率不同峰值温度不同的火灾特性，同时满足《建筑设计防火规范》（GB50016—2006）规定的城市隧道承重结构体耐火极限不低于 2h 的要求。

对前 3 类升温曲线命名为升温曲线 1、2、3，按照具有统一形式的式(12-1)[1]进行计算，其具体参数取值见表 12-1。第 4 类曲线标记为升温曲线 4，定义为 RABT 曲线，该曲线系我国现行《建筑设计防火规范》（GB50016—2006）对城市隧道承重结构体耐火极限测试曲线，其温度与时间的对应关系见表 12-2。

$$T_{\text{standard}} = A \times (1 - 0.325 \times e^{\alpha t} - 0.675 \times e^{\beta t}), 0 \leqslant t \leqslant t_{\text{standard}} \qquad (12\text{-}1)$$

式中，t 为时间，min；T_{standard} 为 t 时刻基准曲线代表的温度，℃；t_{standard} 为基准时间，根据隧道类型确定，如公路隧道 $t_{\text{standard}}=2h$；A、α、β 为曲线形状参数。

表 12-1　火灾升温曲线 1、2、3 的参数取值

升温曲线	A	α	β	燃烧时间
1	600	−0.167	−2.5	120min
2	900	−0.167	−2.5	120min
3	1200	−0.167	−2.5	120min

表 12-2　RABT 火灾曲线（升温曲线 4）

时间/min	0	5	85	140
温度/℃	20	1200	1200	20

由式(12-1)定义的基准曲线能较好地体现隧道火灾升温速率快的特点，这与港珠澳 1∶1 试验隧道火灾试验中的升温过程良好匹配；此外，通过调整基准曲线公式中各参数即可方便地模拟不同的温度−时间关系。

2. 沉管隧道温度横向分布

港珠澳 1∶1 试验隧道在 10MW、40MW（汽油）条件下获得的隧道横断面上的分布如图 12-2 和图 12-3 所示。由图可知，在距火源较近时（A6、A5 断面），从顶板附近到路面，温度大致按线性规律过渡。因此，可采用式(12-2)来进行沉管隧道温度的横向分布。

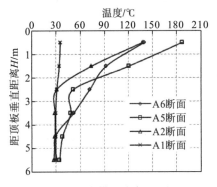　　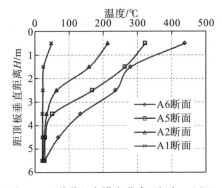

图 12-2　隧道温度横向分布（汽油 10MW）　　图 12-3　隧道温度横向分布（汽油 40MW）

$$\begin{cases} T_y = T_R + \dfrac{y}{H}(T_H - T_R) \\ T_R = 0.2 T_H \end{cases} \qquad (12\text{-}2)$$

式中，H 为隧道断面高度，m；y 为断面上任一点距路面的距离，m；T_y 为断面上距路面 y 处的温度，℃；T_H 为断面拱顶的温度，℃；T_R 为断面路面附近的温度，℃。

3. 沉管隧道温度纵向分布

对隧道内温度的纵向分布采用式(12-3)来描述。

$$\frac{T-T_0}{T_{max}-T_0} = 0.573\mathrm{e}^{-9.846\frac{x}{L_{tot}}} + 0.518\mathrm{e}^{-1.762\frac{x}{L_{tot}}} - 0.089 \tag{12-3}$$

式中，T 为距离火源 x 处的温度，℃；T_{max} 为火源处的温度，℃；T_0 为常温；x 为距火源的距离，m；L_{tot} 为温度降到常温时，距离火源的距离，m。

将港珠澳海底 1∶1 足尺沉管隧道试验中燃烧实体中巴车纵断面上的温度分布情况与升温曲线 1 使用式(12-3)计算对比如图 12-4 所示。

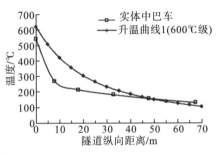

图 12-4　温度纵向分布对比图

12.1.2　温度场有限元实现与参数选取

将前面火灾温度场作为边界输入，即可在有限元软件中计算结构内的温度场。

1. 沉管结构热传导分析的 ANSYS 实现过程

整个实现过程共分为 7 步：①定义分析单元的类型，并设定随温度变化的热物理参数(热系数、比热容等)；②建立沉管隧道热传导模型并划分有限元网格；③定义模型的初始条件，即模型的初始温度；④定义模型热传导的边界条件，主要定义隧道内壁热烟气流的温度以及结构受火表面与火灾热烟气流之间的综合换热系数；⑤设定荷载步选项；⑥定义瞬态热传导求解方式并递交运行；⑦分析完成后，对得到的结果进行处理。

2. 热物理参数计算与取值

导热系数、比热容以及结构与高温烟流间的对流换热系数根据以下三式计算。

(1)硅质骨料导热系数 λ 计算式如下。

$$\lambda = 2 - 0.24\frac{T}{120} + 0.012\left(\frac{T}{120}\right)^2, 20℃ \leqslant T \leqslant 1200℃ \tag{12-4}$$

(2)混凝土比热容 c_c 计算式如下。

$$c_c = 900 + 80\left(\frac{T}{120}\right) - 4\left(\frac{T}{120}\right)^2, 0℃ \leqslant T \leqslant 1200℃ \tag{12-5}$$

（3）混凝土表面的综合换热系数的范围为 20～180W/(m²·K)，计算公式如下。

$$h_f = 7.05 \times e^{\left(\frac{T}{372.55}\right)} + 0.84 \tag{12-6}$$

3. 其他参数

（1）GINA 止水带为橡胶结构，且处于离火源较远一侧，所以导热系数取为常值，为 0.16W/(m·k)，比热容取 1380J/(kg·k)，混凝土密度为 2500kg/m³，橡胶密度为 1200kg/m³。

（2）防火板为双层 1cm(共 2cm)厚的玻镁防火板，根据上海新垒防火材料有限公司提供的产品说明，导热系数为 0.109W/(m·k)，比热容为 800J/(kg·k)，密度为 1086kg/m³。对于综合换热系数，文献[13]根据试验结果反推为 8.5W·(m²·k)⁻¹，包括了防火板与混凝土之间接触热阻的综合换热系数。

4. 计算工况

模型分为无隔热条件和有隔热条件（即布设了 2cm 厚防火板）两种热环境，计算工况如表 12-3 所示。

表 12-3　计算工况

序号	隔热情况	温升曲线	持续时间
1		升温曲线 1	120min
2	无隔热	升温曲线 2	120min
3	（无防火板）	升温曲线 3	120min
4		升温曲线 4	140min
5		升温曲线 1	120min
6	隔热	升温曲线 2	120min
7	（2cm 玻镁板）	升温曲线 3	120min
8		升温曲线 4	140min

5. 单元选取

模型共考虑了 8 节节段，每节节段长 22.5m，模型在纵向方向上长 180m，并且将管节接头设置到模型的正中间位置。图 12-5 为火源一侧 4 节节段结构有限元网格图。

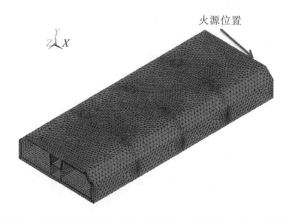

图 12-5　有限元网格划分图(4 节节段，模型的一半)(见彩图)

模拟中沉管隧道结构采用三维实体热单元 Solid70 模拟，Solid70 具有三个方向的热传导能力。该单元有 8 个节点且每个节点上只有一个温度自由度，可以用于三维稳态或瞬态的热分析。该单元能实现匀速热流的传递。假如模型包括实体传递结构单元，那么也可以进行结构分析，此单元能够用等效的结构单元代替(如 Solid185 单元)。

防火板因厚度(2cm)相对于沉管隧道结构厚度(1.5m)非常小，采用 Shell131 单元。Shell131 单元是具有面内和厚度方向热传导能力的三维层状壳单元，该单元有 4 个节点且每个节点上最多有 32 个温度自由度，可以用于三维稳态或瞬态的热分析。

12.1.3　无防火隔热时管节结构温度

管节顶板表面温度在不同的纵向断面上随时间变化如图 12-6 所示。由图 12-6 可得如下结论。

(1)火源处断面为温度最高断面，相应的结构中达到的最高温度也最高，在升温曲线 1~升温曲线 4 下分别为 361℃、735℃、1127℃ 和 1087℃。由于混凝土的热惰性，引起结构中温度的变化与空气温度变化并不同步，有一个滞后效应。

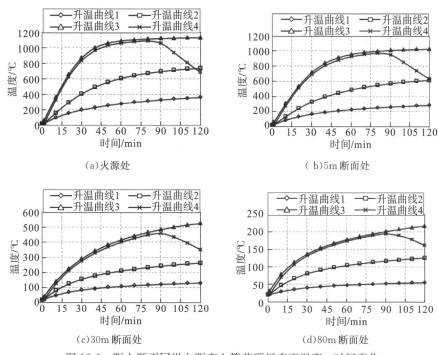

图 12-6　距火源不同纵向距离上管节顶板表面温度-时间变化

(2)距火源 5m 处断面结构中最高温度仍然不低，仅略有下降，在升温曲线 1~升温曲线 4 下分别为 282℃、616℃、1024℃ 和 969℃。

(3)距离火源 30m 处断面为温度平稳下降断面，此时，结构达到的温度在升温曲线 1~升温曲线 4 下最高温度分别为 129.8℃、262.6℃、525.4℃ 和 460.5℃。

(4)距离火源 80m 处断面为温度平稳断面，该断面距离火源位置已经有了相当的距离，热烟气流热量在该距离上与壁面进行热交换而损失严重，此时，结构达到的最高温度在升温曲线 1~升温曲线 4 下分别为 55.3℃、125.9℃、217℃和 195℃。

管节顶板表面温度在不同的厚度上随时间变化如图 12-7 所示。有关侧墙内部各点的温度限于篇幅，不再罗列。

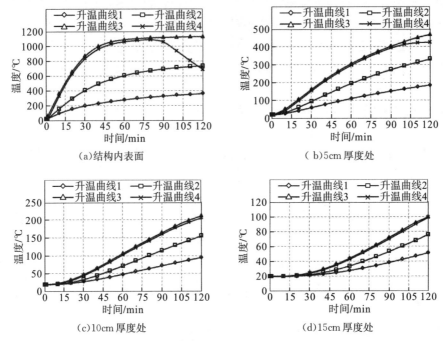

图 12-7　管节顶板不同厚度处温度分布

在无防火隔热条件下，通过计算所得的结论如下。

(1)由于混凝土材料的热惰性，管节结构仅在靠近高温边界时升温较快，在远离高温边界时则升温较慢。

(2)当隧道内发生火灾时，热烟气流主要集中在隧道顶部，因此，结构呈现顶板温度最高，侧墙温度次之，内墙相比而言温度最低的趋势。

(3)距表面 5cm 范围内，温度分布形式近似于升温曲线；距表面 5~10cm 范围，温度的变化趋势趋近于统一；距表面 10~15cm 范围，温度较低，温度的变化幅度不大。

(4)管节结构顶板处，升温曲线 1(600℃级)下高温区域厚度为 10~15cm，而升温曲线 2~升温曲线 4(900℃级以上)下，其高温区域厚度为 15~20cm；在结构内墙处，升温曲线 1 下高温区域厚度为 10~15cm，升温曲线 2~升温曲线 4 下，其高温区域厚度为 15~20cm；在结构侧墙处，升温曲线 1 下高温区域厚度为 5~10cm，升温曲线 2~升温曲线 4 下，其高温区域厚度为 10~15cm。

12.1.4　有防火隔热时管节结构温度

发生火灾时，横断面上温度-高度分布规律近似线性变化，可以考虑减少防火板的数量。本节探讨在距离地面 3m 位置以上布设防火板方案的可行性。对于隔热条件，选择双层 2cm 厚的玻镁防火板。参数选择同前。计算结果如图 12-8、表 12-4 所示。

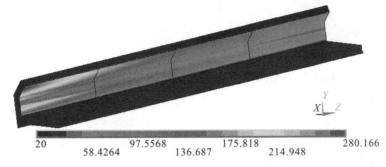

图 12-8　升温曲线 4 火灾工况侧墙温度云图(单位:℃)(见彩图)

表 12-4　升温曲线 4 下各截面温度分布　　　　　　　　　　　　(单位:℃)

纵向距离	截面厚度 /cm	顶板	内墙	外墙
火源处	0	272	171	184
	5	138	88	94
	10	69	30	33
	15	38	28	30
距火源 5m 处	0	255	150	175
	5	131	91	94
	10	66	54	51
	15	37	34	31
距火源 30m 处	0	174	109	122
	5	95	69	70
	10	52	43	41
	15	32	30	28
距火源 80m 处	0	100	66	73
	5	60	46	46
	10	37	32	31
	15	26	25	24

从以上结果可以看出，在管节 3m 以上位置布设防火板后，管节各截面位置的温度均能满足规定的耐火目标(《建筑设计防火规范》(GB50016 — 2006)规定，混凝土底部及 2.5cm 厚度处分别为 380℃和 300℃以下)，表明该防火方案是可行的。

12.2　管节结构火灾力学行为

本节的主要工作如下：导入本书 12.1 节求得的管节结构内的纵、横向温度分布，建立热-力耦合有限元分析模型，研究管节结构在有、无防火隔热条件下的内力与变形规律，论证与评价防火板对管节结构的隔热保护效果。

12.2.1　计算断面选取

港珠澳大桥沉管隧道根据断面处所在水深情况将其分为深埋段、过渡段和浅埋段。

深埋段代表桩号里程为 K8+544，该处水深 33.44m，回淤厚度达到 21.79m，代表管节 E8~E27。过渡段代表桩号里程为 K7+824，该处水深 22.25m，回淤厚度为 9.76m，代表管节 E4~E7、E28~E29。浅埋段代表桩号里程为 K7+464，水深为 13.56m，回淤厚度为 1.58m，代表管节 E1~E3、E30~E32。

综上考虑，关于计算断面位置，选择对埋设最深、外荷载最大和对结构最不利的深埋段计算，其水深为 33.44m。在模拟计算中，选用荷载-结构模型进行计算分析。

12.2.2　有限元模拟方法及其模型

1. 模拟方法

一次模拟 8 个节段，总长 180m，管节接头位于中间(图 12-9)，模拟方法如下：

①进行结构分析时，将热分析单元 Solid70 转化为其对应的结构分析单元 Solid185，管节与地基基础、侧面回填层之间的抗力关系用弹簧单元 Combin14 来模拟。

②在 ANSYS 软件中，沉管隧道接头张开(不传递法向力)和压紧(传递法向压应力，但不能传递拉应力)被称为接触，本次模拟中接触设置位置为剪力键槽面与剪力键榫面，通过目标单元 Targe170、接触单元 Conta173 来实现该功能。

③在沉管隧道底部和两个侧面，通过弹簧单元 Combin14 来约束，并且在弹簧末端，约束住了 X、Y 和 Z 三个方向上的位移自由度。

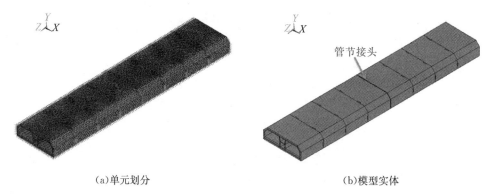

(a)单元划分　　　　　　　　　　　　　　　(b)模型实体

图 12-9　8 节段有限元模型及网络划分图(见彩图)

2. 热力学参数

混凝土弹性模量 E_c 按表 12-5 给出的三阶段线性函数计算，计算值如表 12-6 所示。钢筋混凝土的密度取为与温度无关的常值 25kN/m³，泊松比取为与温度无关的常值 0.2。

表 12-5　混凝土弹性模量随温度变化的计算公式

研究者	弹性模量折减公式	备注
时旭东	$K_E = \dfrac{E_c^T}{E_c} = \begin{cases} 1-0.0015T, & 20℃ \leqslant T \leqslant 200℃ \\ 0.87-0.00084T, & 200℃ \leqslant T \leqslant 700℃ \\ 0.28, & T \leqslant 800℃ \end{cases}$	三阶段线性函数 形式简单

表 12-6　混凝土高温弹性模量取值

$T/℃$	100	200	300	400	500	600	700 及以上
$E_c(T)/E_c$	0.85	0.70	0.62	0.53	0.45	0.37	0.28

硅质骨料混凝土热膨胀系数 α_c 的计算公式如下：

$$\begin{cases} \alpha_c = \dfrac{\Delta l}{l} = -1.8 \times 10^{-4} + 9.0 \times 10^{-6} \times T + 2.3 \times 10^{-11} \times T^3, & 20℃ \leqslant T \leqslant 700℃ \\ \alpha_c = \dfrac{\Delta l}{l} = 14 \times 10^{-3}, & 700℃ \leqslant T \leqslant 1200℃ \end{cases} \tag{12-7}$$

式中，α_c 为混凝土的热膨胀系数；T 为试件温度；Δl 为试件从常温升到 T 温度时的伸长量；l 为常温下的试件长度。

GINA 橡胶止水带的材料为橡胶，一般有严密的防火保护，处于正常工作温度。通过建立橡胶材料的 Mooney - Rivlin 模型，可求得 Mooney - Rivlin 应变能密度函数的两个材料参数，橡胶为不可压缩的超弹性材料，其泊松比取 0.4975，热膨胀系数取 6.7×10^{-4}。

3. 地基弹性抗力形式

根据港珠澳大桥主体工程设计图，管节 E8～E27 下方的软土层（粉质黏土层）厚度基本在 5m 以内。再往下的土层主要为较厚的中密砂层，这些地层都是超固结构，粉质黏土为硬土或坚硬土，而下卧砂层为中密砂或密实砂，这两种土都是良好的地基土，所以深埋段的基础没有进行地基处理而直接采用天然地基。弹性地基一般按弹簧地基（温克尔地基）考虑，地基弹性抗力系数 K（简称地基系数）一般是根据开挖基槽的地质情况和基础处理的砂垫层的特性进行综合分析。

由于土体刚度的不均匀变化将在隧道结构内产生内力，在模型中考虑了沿隧道纵向土体刚度的不确定性，假设 K 在平均地基弹性抗力系数的基础上按正弦变化，且保守浮动范围为 10%，由于计算模型长 180m，所以考虑对该隧道最不利的 180m 正弦波长。深埋段的弹性抗力系数（地基刚度）的变化如图 12-10 所示。

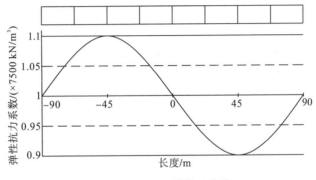

图 12-10　180m 波长正弦波

在沉管隧道侧面，包括底部以上 0～3m 的锁定回填层以及锁定回填层顶面到管节顶面的一般回填层，其中锁定回填为透水性好的粗砂、砾石，一般回填为块石，锁定回填弹性抗力系数、一般回填弹性抗力系数。

12.2.3 荷载组合及计算图示

本计算中，采用永久荷载+偶然荷载组合进行分析，各荷载的组合系数见表 12-7。

表 12-7　荷载及组合系数

荷载类型	分项系数	备注
结构自重	1.0	—
压重混凝土	1.0	包括压重层和路面铺装层
海洋水压力	1.0	考虑全球变暖与高潮位浪高
覆土及回淤压力	1.0	—
水平土压力	1.0	—
火灾影响力	1.0	—

1. 结构自重

分析中使用结构素混凝土的最大重度为 24.0kN/m³，对普通钢筋混凝土断面，最大的含钢量约为 300kg/m³，总的重度为 26.023kN/m³。压重层和路面层取最大重度 23.3kN/m³。

2. 外荷载

(1)海洋水压力。计算水压力公式中的海水重度为 $\gamma_w = 10.2\text{kN/m}^3$，$\gamma_\omega = 10.2\text{kN/m}^3$，按高潮位计算(按正常水位上升 1.0m 考虑)，同时需要考虑 120 年全球变暖导致的水位上升(0.4m)。

(2)覆土压力。在分析中考虑回淤至原海床面高度，深埋段断面的回淤厚度为 $h_2 = 21.79\text{m}$，回淤物(淤泥或沙)的浮重度取 $\gamma_1' = 5\text{kN/m}^3$。

(3)块石保护层。在回淤后考虑铺设 $h_3 = 3\text{m}$ 的块石保护层，浮重度取 $\gamma_2' = 11\text{kN/m}^3$。

(4)水平土压力。在沉管隧道侧面，包括底部以上 0～3m 的锁定回填层以及锁定回填层顶面到管节顶面的一般回填层，其中锁定回填为透水性好的粗砂、砾石，内摩擦角为 35°，一般回填块石内摩擦角为 45°，计算水平土压力时，回填层的浮重度为 $\gamma_3' = 11\text{kN/m}^3$，锁定回填层侧压力系数 $K_1 = \tan^2(45° - \varphi/2) = 0.27$，一般回填层侧压力系数 $K_2 = \tan^2(45° - \varphi/2) = 0.17$。

(5)汽车荷载。火灾发生后，火源处汽车荷载较小，忽略其影响。

由以上分析可计算出结构各部位外荷载值，计算示意图如图 12-11 所示。

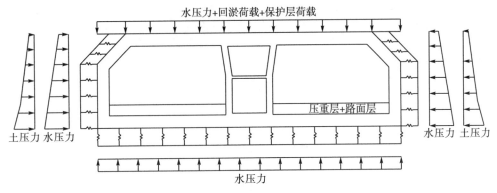

图 12-11 横断面荷载示意图

具体结构各部位所受荷载计算过程及结果如下。

(1)顶板荷载如下。

水压力：$p_{水1} = \gamma_w h_1 = 10.2 \times (31.46 + 0.54 + 0.4 + 1) = 340.68(\text{kPa})$

回淤荷载：$p_{回} = \gamma'_1 h_2 = 5 \times 21.79 = 108.95(\text{kPa})$

块石保护层荷载：$p_{块} = \gamma'_2 h_3 = 11 \times 3 = 33(\text{kPa})$

顶板总荷载：$p_1 = \gamma_w h_1 + \gamma'_1 h_2 + \gamma'_2 h_3 = 340.68 + 108.95 + 22 = 471.63(\text{kPa})$

(2)侧墙荷载如下。

侧墙土压力(0～3m 时)：

$$e_1 = (\gamma'_1 h_2 + \gamma'_2 h_3 + \gamma'_3 h_4)K_1 = (108.95 + 33 + 11 \times 8.4) \times 0.27 = 63.27(\text{kPa})$$
$$e_2 = (\gamma'_1 h_2 + \gamma'_2 h_3 + \gamma'_3 h_5)K_1 = (108.95 + 33 + 11 \times 11.4) \times 0.27 = 63.27(\text{kPa})$$

侧墙土压力(3～7.78m 时)：

$$e_1 = (\gamma'_1 h_2 + \gamma'_2 h_3 + \gamma'_3 h_6)K_2 = (108.95 + 33 + 11 \times 3.62) \times 0.17 = 30.9(\text{kPa})$$
$$e_2 = (\gamma'_1 h_2 + \gamma'_2 h_3 + \gamma'_3 h_4)K_2 = (108.95 + 33 + 11 \times 8.4) \times 0.17 = 39.83(\text{kPa})$$

侧墙水压力：

$$e_1 = \gamma_w h_1 + \gamma_w h_6 = 340.68 + 10.2 \times 3.62 = 377.608(\text{kPa})$$
$$e_2 = \gamma_w h_1 + \gamma_w h_5 = 340.68 + 10.2 \times 11.4 = 456.96(\text{kPa})$$

(3)斜顶板荷载如下。

土压力：

$$e_1 = \frac{\sqrt{2}}{2}(\gamma'_1 h_2 + \gamma'_2 h_3) + \frac{\sqrt{2}}{2}(\gamma'_1 h_2 + \gamma'_2 h_3)K_2$$

$$= \frac{\sqrt{2}}{2} \times (108.95 + 33) \times (1 + 0.17)$$

$$= 117.42(\text{kPa})$$

$$e_2 = \frac{\sqrt{2}}{2}(\gamma'_1 h_2 + \gamma'_2 h_3 + \gamma'_3 h_6) + \frac{\sqrt{2}}{2}(\gamma'_1 h_2 + \gamma'_2 h_3 + \gamma'_3 h_6)K_2$$

$$= \frac{\sqrt{2}}{2} \times (108.95 + 33 + 11 \times 3.62) \times (1 + 0.17)$$

$$= 150.36(\text{kPa})$$

水压力：

$$e_1 = \gamma_w h_1 = 340.68\text{kPa}$$

$$e_2 = \gamma_w h_1 + \gamma_w h_6 = 340.68 + 10.2 \times 3.62 = 377.6(\text{kPa})$$

（4）底板荷载如下。

水压力：

$$p_{水2} = \gamma_w h_1 + \gamma_w h_5 = 340.68 + 10.2 \times 11.4 = 456.96(\text{kPa})$$

12.2.4　管节结构火灾下的变形

假定右洞发生火灾，选取左、右洞的顶板和边墙四个位置（图 12-12）进行变形分析。

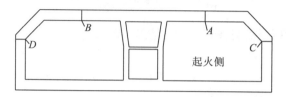

图 12-12　管节结构受力分析所选截面示意图

在升温曲线 1（600℃）作用下各截面位移对比关系如表 12-8 所示，可以得出以下结论。

（1）未设防火板时，火源处右洞顶板相比左洞竖向位移要短约 2.8mm；当设置防火板时，火源处右洞顶板相比左洞竖向位移要短约 1.5mm。

（2）未设防火板时，火源处顶板比常温膨胀了 4.12mm，边墙水平位移膨胀 0.5mm；设置防火板时，火源处顶板比常温则膨胀了 1.52mm，边墙水平位移膨胀 0.43mm。

（3）在管节纵向方向，对于顶板变形，距火源 0~5m 影响最大；对于边墙变形，距离火源 30m 以后与常温基本一致。

表 12-8　升温曲线 1 作用下各截面位移对比　　　　　　　（单位：mm）

距火源位置	状态	管节顶板		管节边墙	
		右洞截面 A	左洞截面 B	右洞截面 C	左洞截面 D
火源处	常温	11.70	11.88	−1.65	−1.66
	未设置防火板	7.58	10.38	−2.15	−1.59
	设置防火板	10.18	11.82	−2.08	−1.74
距火源5m	常温	10.98	11.10	−1.57	−1.58
	未设置防火板	9.37	9.77	−1.70	−1.56
	设置防火板	10.77	11.08	−1.78	−1.69
距火源10m	常温	10.70	10.73	−1.47	−1.46
	未设置防火板	9.23	9.50	−1.66	−1.48
	设置防火板	10.55	10.74	−1.70	−1.58
距火源30m	常温	10.48	10.46	−1.50	−1.48
	未设置防火板	9.13	9.27	−1.47	−1.48
	设置防火板	10.40	10.50	−1.60	−1.58

距火源位置	状态	管节顶板		管节边墙	
		右洞截面 A	左洞截面 B	右洞截面 C	左洞截面 D
距火源 80m	常温	10.63	10.59	−1.50	−1.48
	未设置防火板	9.29	9.34	−1.31	−1.42
	设置防火板	10.58	10.60	−1.51	−1.55

在升温曲线 4(1200℃，RABT 曲线)下各截面位移对比关系如表 12-9 所示，可以得出以下结论。

表 12-9　升温曲线 4 作用下各截面位移对比　　　　　　　　（单位：mm）

距火源位置	状态	管节顶板		管节边墙	
		右洞截面 A	左洞截面 B	右洞截面 C	左洞截面 D
火源处	常温	11.70	11.88	−1.65	−1.66
	未设置防火板	6.05	10.44	−2.38	−1.88
	设置防火板	9.47	11.82	−2.17	−1.82
距火源 5m	常温	10.98	11.10	−1.57	−1.58
	未设置防火板	9.51	9.84	−1.77	−1.85
	设置防火板	10.58	11.09	−1.82	−1.78
距火源 10m	常温	10.70	10.73	−1.47	−1.46
	未设置防火板	9.39	9.57	−1.88	−1.78
	设置防火板	10.40	10.78	−1.79	−1.68
距火源 30m	常温	10.48	10.46	−1.50	−1.48
	未设置防火板	9.15	9.31	−1.70	−1.72
	设置防火板	10.26	10.54	−1.69	−1.69
距火源 80m	常温	10.63	10.59	−1.50	−1.48
	未设置防火板	9.01	9.39	−1.47	−1.58
	设置防火板	10.41	10.63	−1.60	−1.63

①未设置防火板时，火源处右洞顶板比常温膨胀了 5.65mm，左洞顶部膨胀了 1.44mm，右洞边墙水平位移膨胀 0.73mm，左洞边墙水平位移膨胀 0.22mm。

②设置防火板时，火源处右洞顶板比常温则膨胀了 2.23mm，左洞顶部膨胀了 0.06mm，右洞边墙水平位移膨胀 0.52mm，左洞边墙水平位移膨胀 0.16mm。

共性变形规律如下：

①火灾位置对管节结构的影响较大，发生火灾的右洞结构位移变化较左洞大。

②管节顶板受竖向变形影响较边墙水平变形显著。

③热膨胀效应使得管节顶板发生向上的竖向位移，使得原本在外荷载作用下竖向位移总量减小。

④热膨胀效应使得其边墙发生相对向外的水平位移，原本在外荷载作用下水平位移总量增加，但量值比竖向位移小很多。

⑤距离火源位置越远，管节结构位移变化与常温越接近。其中，距离火源 0~5m 为强影响区，顶板竖向位移与边墙水平位移均有较大影响。

⑥在管节纵向方向，对于顶板变形，距火源 0~5m 影响最大，对于边墙变形，距离火源 30m 以后与常温基本一致。

⑦铺设防火板对改善顶板膨胀有显著作用，尤其在距火源 10m 以内。

12.2.5 管节结构火灾下的应力

为了分析沉管隧道管节结构在火灾高温作用下的应力变化，横断面上选取了如图 12-13 所示 A、B 和 C 截面。

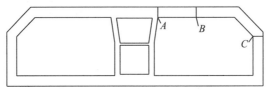

图 12-13 横断面上分析截面示意图

1. RABT 曲线计算结果（无防火隔热条件下）

下面仅给出升温曲线 4（RABT 曲线）下的计算结果，它们代表了规范规定的耐火极限要求，如图 12-14~图 12-16 所示。

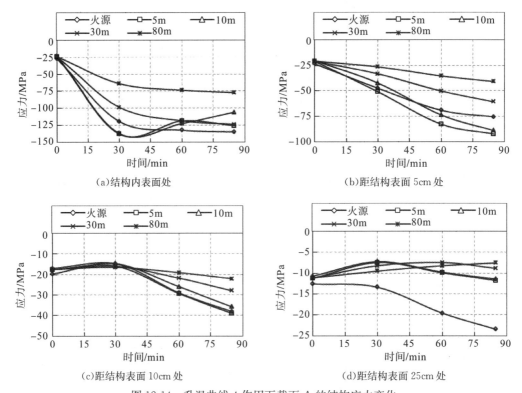

(a)结构内表面处

(b)距结构表面 5cm 处

(c)距结构表面 10cm 处

(d)距结构表面 25cm 处

图 12-14 升温曲线 4 作用下截面 A 的结构应力变化

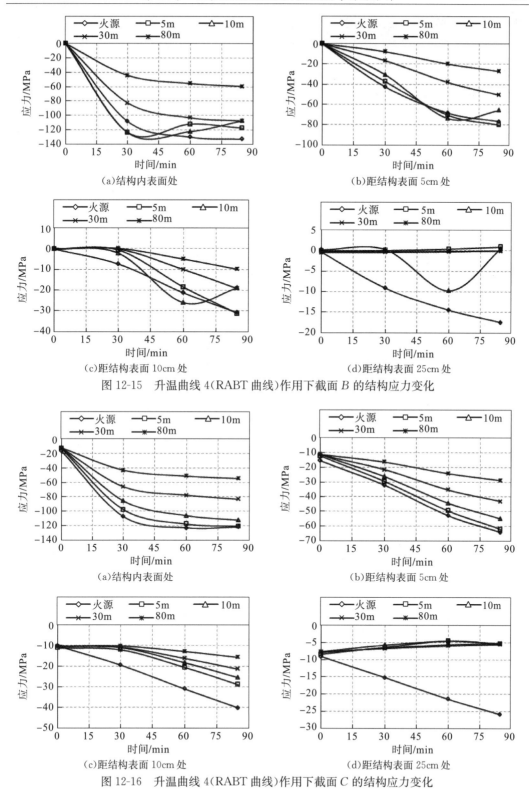

(a)结构内表面处

(b)距结构表面 5cm 处

(c)距结构表面 10cm 处

(d)距结构表面 25cm 处

图 12-15　升温曲线 4(RABT 曲线)作用下截面 B 的结构应力变化

(a)结构内表面处

(b)距结构表面 5cm 处

(c)距结构表面 10cm 处

(d)距结构表面 25cm 处

图 12-16　升温曲线 4(RABT 曲线)作用下截面 C 的结构应力变化

从图 12-14~图 12-16 可以看出,在极限火灾 RABT 曲线作用下,距离结构表面 0~10cm 厚度的压应力值变化大,距离结构表面厚度 25cm 以后的压应力变化相对较小;从量值上看，因热而导致的应力增加在结构表面的 5cm 厚度范围内表现极为显著，超过设计混凝土强度 C50，存在压溃现象，即容易发生爆裂。5cm 厚度以上时，终值压应力值未超过 40MPa，处于强度标号内。

2. 共性受力规律（无防火隔热条件下）

同一种火灾工况下，管节结构顶板、侧墙和边墙 3 个截面由于其所处位置不同，在高温下表现出不一样的力学规律。总体上，火灾高温很大程度地增大了结构中的应力，特别在 0~10cm 厚度范围内，应力增大效果显著，这是由于增加的应力主要由管节结构的高温膨胀引起。而在 0~5cm 厚度范围内，存在压溃和爆裂的可能。

随着距离火源越来越远，高温对结构的作用效果也变得缓和。突出地表现在距离火源 5m 以后，管节结构 10cm 以内的非爆裂区应力较火源处下降显著。

火灾高温作用使结构中产生的应力重分布对于结构的稳定是不容忽视的，即便在距离火源 80m 的位置处也存在着量值较大的应力调整，这一般意味着应力增加。

管节结构中应力变化主要受火灾中达到的最高温度（火灾规模）的影响，温度越高，结构产生的应力也就越大。

12.2.6　有、无防火措施的受力对比

下面探讨增加防火板对于管节结构应力的影响。为了简要说明问题并满足规范要求，仅选取耐火极限要求的升温曲线 4（RABT 曲线）进行分析，将布设防火板与未布设防火板的工况对比。这里选取的是 2cm 厚玻镁防火板，该防火板满足 2h 隧道耐火极限要求。

图 12-17 所示为升温曲线 4 工况下火源处截面 B 位置的最大压应力（即第三主应力）变化。

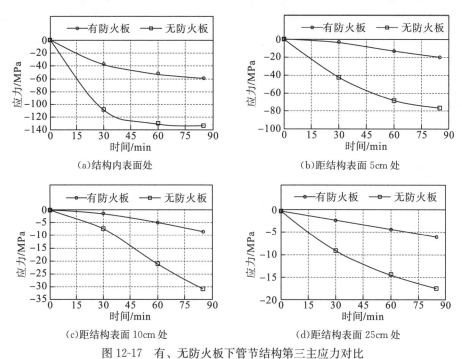

图 12-17　有、无防火板下管节结构第三主应力对比

从图 12-17 可以得出以下结论。

(1)在 2cm 防火板的隔热条件下，结构不同厚度处的压应力相对于未布设防火板时均出现了大幅的下降，如内表面处最大压应力从 133MPa 降低为 60MPa，5cm 厚度处从 76.5MPa 降低为 20.3MPa，10cm 厚度处从 30.9MPa 降低为 8.4MPa，25cm 厚度处从 17.4MPa 降为 6MPa，分别降低了 54.9%、73.5%、72.8%和 65.5%。

(2)防火板可以大幅降低由于火灾高温造成的高温应力，减小高温对于沉管隧道结构的影响，并且降低效果显著，使得隧道混凝土结构仅在内表面位置出现较大应力，而到 5cm 厚度处时已经降为较为安全的 20.3MPa，而一般的钢筋混凝土结构在 5cm 厚度范围内基本为保护层，该处对于结构的稳定而言无太大影响。

为了说明布设防火板对高温作用下沉管隧道结构其他部位的影响，现列出升温曲线 4 工况下在火源处的各截面位置(图 12-13)的第三主应力(最大压应力)，如表 12-10 所示。由表可知：在铺设防火板后，火源处管节结构 0～25cm 厚度处的温度均较未设防火板时有显著下降，基本降幅均超过 50%；0～25cm 厚度范围内，尽管铺设防火板后温度应力有所下降，但仍然超过常温下的对应值；表面处温度应力在铺设防火板后超过了 C50 混凝土强度设计值，存在应力损伤，有可能造成局部压溃；5cm 厚度以上厚度计算温度应力小于 C50 强度设计值。

表 12-10　火源处各截面第三主应力对比　　　　　　　　(单位：MPa)

截面位置	状态	结构内不同厚度位置			
		表面	5cm	10cm	25cm
截面 A	常温	−26.84	−23.28	−19.70	−12.58
	未设置防火板	−134.95	−75.42	−38.06	−23.43
	设置防火板	−73.07	−29.36	−14.52	−10.17
截面 B	常温	−0.25	−0.20	−0.25	−0.37
	未设置防火板	−133.01	−76.58	−30.89	−17.43
	设置防火板	−59.74	−20.33	−8.38	−5.98
截面 C	常温	−16.72	−15.63	−10.20	−9.09
	未设置防火板	−121.74	−64.14	−40.10	−25.89
	设置防火板	−58.90	−29.07	−18.79	−13.71

12.2.7　火灾高温应力损伤

从表 12-10 可以看出，管节结构表面在一定范围内的高温应力超过了强度设计值，本小节对管节结构火灾损伤深度按应力伤进行计算。对于热应力导致的结构截面损伤来说，结构截面某部位的工作应力 σ_T 若超过其残余强度 f_c^T，则导致该处混凝土失效，即 $\sigma_T/f_c^T > 1$ 时，结构混凝土失效，反之，未失效。

在 2cm 厚玻镁防火板和无防火板两种条件下分别计算了基于 4 种升温曲线作用下的

管节结构在不同纵向距离下的损伤情况。其中 RABT 曲线作用下图 12-14 所示的截面 A 位置的损伤厚度对比如图 12-18 和图 12-19 所示。由此可知，无防火板时 10cm 厚度处是高温应力与设计强度的平衡点，有防火板时约 5cm 厚度处是平衡点，这表明防火板对降低管节结构的高温应力区有显著作用。

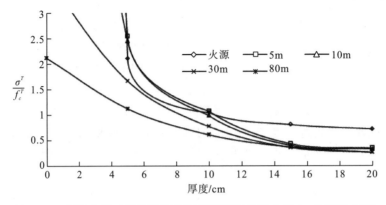

图 12-18　无防火板时管节结构损伤厚度规律（升温曲线 4，RABT 曲线）

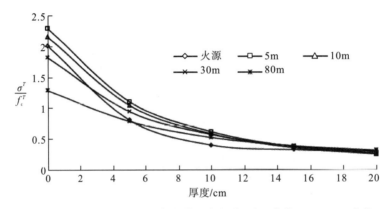

图 12-19　有防火板时管节结构损伤厚度规律（升温曲线 4，RABT 曲线）

将计算获得的不同升温曲线作用下结构的损伤深度整理，如表 12-11 和表 12-12 所示，可以得出以下结论。

表 12-11　不同升温曲线下损伤深度（无防火板）　　　　（单位：cm）

火灾工况	距火源位置				
	火源	5m	10m	30m	80m
升温曲线 1	6.6	8.2	7.2	5.2	0.4
升温曲线 2	10.2	10.5	9.6	8	5
升温曲线 3	15	12	11.4	10	7.2
升温曲线 4	10.4	10.4	9.8	8.2	5.8

表 12-12 不同升温曲线下损伤深度（有防火板） 　　（单位：cm）

火灾工况	距火源位置				
	火源	5m	10m	30m	80m
升温曲线 1	3.2	4.4	3.6	1.6	0
升温曲线 2	4	6	5.6	4.4	1.2
升温曲线 3	4.6	7.2	6.8	5.8	3.6
升温曲线 4	4	5.6	5.2	4.6	2.6

从表 12-12 可以看出，布设防火板后，结构损伤深度规律与未布设防火板时的情况是一致的，与未布设防火板相比，结构的损伤深度减小了很大的比例。如在火源处断面，在升温曲线 3 情况下损伤深度从 15cm 减小为 4.6cm，减小比例达 69.3%，且布设防火板后，很大部分结构损伤深度在 5cm 以内，这说明防火板能够有效地降低火灾作用下结构的损伤深度。

12.3　接头火灾力学行为

本节的主要工作如下：在考虑外荷载的基础上，采用热－力耦合模型对沉管隧道管节接头、节段接头的力学响应进行有限元计算，分析两类接头的变形与剪力变化，研究接头剪力键在火灾高温下的抗错断性能；在此基础上，进一步研究防火板对火灾高温作用下接头剪力键力学行为的影响，论证其隔热减灾效果。

12.3.1　管节接头变形

管节接头剪力键如图 12-20 所示，CZ、CY 为左、右侧墙剪力键，NZ、NY 为左、右内墙剪力键，DZ、DY 为左、右底板剪力键。图 12-21 为对应的有限元网格图。

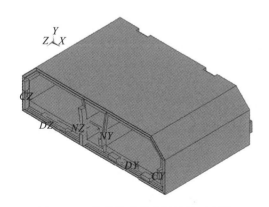

图 12-20　管节接头剪力键位置示意图　　　　图 12-21　管节接头处网格图

1. 管节接头变形（无防火措施）

从图 12-22 可以得出如下结论。

(1)右边墙竖向剪力键 CY 处在火灾发生侧，随着升温曲线的加剧，膨胀相对水平位移增大，量值 0.3～0.5mm，方向外凸，指向管廊外；相对竖向位移受到榫槽约束，呈现递减趋势，量级 0.4～−0.1mm，方向指向 Y 轴负方向，表明榫槽互相咬紧；相对纵向位移为 −0.8～−2.8mm，方向为 Z 轴负方向，表明两个管节之间因热发生了张开，并且随温度等级升高开度加大。

（2）左边墙竖向剪力键 CZ 处在无火灾一侧，其膨胀位移受火灾侧的控制与调整，相对水平位移由正变负，量值 0.17～−0.2mm，方向指向管廊外，表明在顶板的伸长下也发生了被动外凸膨胀；相对竖向位移受到榫槽约束，呈现递减趋势，量级 0.44～0.1mm，方向指向 Y 轴负方向，表明榫槽互相咬紧；相对纵向位移为 −0.8～−2.0mm，方向为 Z 轴负方向，表明两个管节之间因热发生了张开，且随温度等级升高开度加大。

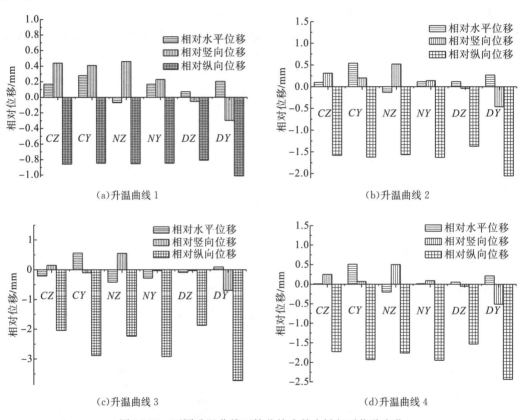

图 12-22　不同升温曲线下管节接头剪力键相对位移变化

（3）右内墙竖向剪力键 NY 处在火灾发生侧，随着升温曲线的加剧，膨胀相对水平位移由正变负，量值 0.18～−0.3mm，方向外凸，指向管廊外；相对竖向位移受到榫槽约束，呈现递减趋势，量级 0.2～−0.1mm，方向指向 Y 轴负方向，表明榫槽互相咬紧；相对纵向位移为 −0.8～−2.8mm，表明两个管节之间因热发生了张开。

（4）左边墙竖向剪力键 NZ 处在无火灾一侧，相对水平位移均为负值，量值 −0.18～−0.4mm，方向指向管廊内，表明在顶板的伸长下也发生了被动内凹；相对竖向位移变化受温度等级升高变化不大，量级维持在 0.5mm，方向指向 Y 轴正方向，表明榫槽互相脱空；相对纵向位移为 −0.8～−2.2mm，方向为 Z 轴负方向，表明两个管节之间因热发生了张开。

（5）底板水平剪力键 DY（火灾侧）、DZ（无火灾侧）位于很厚的路面及压重层下部，温度接近常温。底板剪力键的位移受结构其他部位的影响而调整。

① DY（火灾侧）的相对水平位移基本维持在 0.2mm，方向指向管廊外，表明发生了膨胀变形；相对竖向位移−0.3～−0.7mm，表明榫槽互相咬紧；相对纵向位移−1.2～−3.4mm，表明两个管节在底板之间也因热发生了张开，量级与竖向剪力键相当。

② DZ（无火灾侧）位于底板位置而且远离火灾位置，受顶板的伸长影响也较小，其相对水平位移与常温下相差不大，膨胀变形不明显；相对竖向位移变化也不明显，与常温下相差不大；相对纵向位移−0.8～−2mm，表明两个管节在底板之间也因热发生了张开，但张开量不及有火侧剪力键 DY。

2. 管节接头变形共性规律

总体而言，在受火侧，高温作用下混凝土材料力学性能降低，并且由于内侧受热膨胀，产生了向外扩张的趋势的位移，在纵向方向上均表现张开的趋势，这对于结构防水效果来说是相对不利的。

12.3.2 管节接头剪力

在进行结构计算时都习惯于用剪力表示，所以本书将计算结果换算成了更直观的剪力结果来进行分析。以下为无防火措施条件下的计算结果。

1. 水平剪力

图 12-23 所示为各火灾工况下管节接头剪力键水平剪力随时间的变化情况，可以得出以下结论。

（1）剪力键（CY、CZ、NY、NZ、DZ、DY）的水平方向剪力受火灾影响不大，当火灾为升温曲线 1（600℃）时，水平剪力变化范围为−0.2～0.25MN；当火灾为升温曲线 2（900℃）时，水平剪力变化范围为−0.25～0.23MN；当火灾为升温曲线 3（1200℃）时，水平剪力变化范围为−0.4～0.4MN；当火灾为升温曲线 4（RABT 曲线）时，水平剪力变化范围为−0.27～0.2MN。以上数值均较小，不足以影响剪力键的抗错断性能。

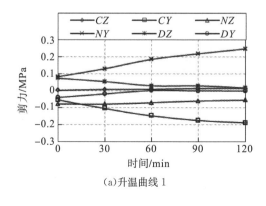

(a)升温曲线 1

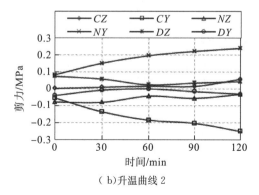

（b)升温曲线 2

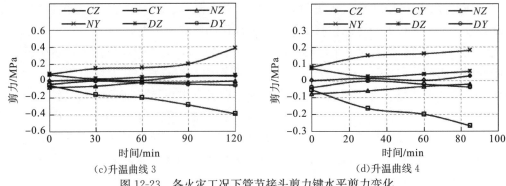

(c)升温曲线3　　　　　　　(d)升温曲线4

图12-23　各火灾工况下管节接头剪力键水平剪力变化

(2)各位置剪力键水平剪力均有所调整，一般表现为火灾侧右洞竖向剪力键 CY、NY 的水平剪力随火灾时间持续而增大，表明近火侧的剪力键受影响相对较大；而远离火灾位置的剪力键 DY、DZ、CZ、NZ 的水平剪力变化幅度不大，或有所减小。

2.竖向剪力

图12-24为各火灾工况下管节接头剪力键竖向剪力变化情况，可以得出以下结论。

(1)火灾侧右侧内墙剪力键 NY 的竖向剪力影响较显著，分别在升温曲线1、2、3、4火灾工况下增大了4～5倍，最大值为1.5MN，未超过其正常使用极限状态下的设计值5MN，表明火灾下剪力键的竖向抗错断能力能够得到保障。

(2)其他位置的剪力键(CY、DY、DZ、CZ、NZ)竖向剪力未发生较大变化。

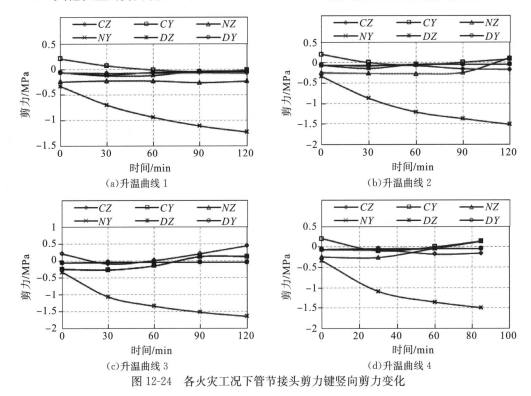

(a)升温曲线1　　　　　　　(b)升温曲线2

(c)升温曲线3　　　　　　　(d)升温曲线4

图12-24　各火灾工况下管节接头剪力键竖向剪力变化

综上分析，管节接头处发生火灾时，内墙剪力键是一个薄弱部位，应重点关注。

12.3.3　节段接头剪力

港珠澳沉管隧道一个管节由 8 节 22.5m 的节段构成，节段与节段之间的传力结构即剪力键结构。发生火灾后，在节段接头部位会产生不均匀热变形，会引起节段接头剪力键产生额外的外力。为定量评估该外力，采取与 12.3.2 小节相同的分析方法计算。

节段接头剪力键如图 12-25 所示，CZ、CY 为左、右侧墙剪力键，NZ、NY 为内墙剪力键，DZ、DY 为底板剪力键，SZ、SY 为顶板剪力键。

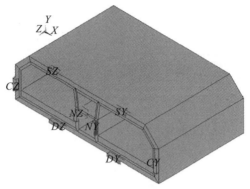

图 12-25　节段接头剪力键位置示意图

距火源处 1－1 断面见图 12-26 节段接头剪力键水平剪力、竖直剪力随时间的变化受力情况如图 12-27 和图 12-28 所示，由图可以得出以下结论。

(1)水平剪力方面，在第 1 个节段接头处，各火灾工况下水平剪力影响较大的位置为左侧顶板(SZ 剪力键)、右侧内墙(NY 剪力键)和右侧侧墙(CY 剪力键)3 个位置；影响最大为右侧侧墙(CY 剪力键)位置，其水平剪力增大将近 3 倍。量值上，右侧侧墙 CY 剪力键达到 2MN，其余剪力键均低于 1MN，变化不显著。以上数值均较小，不足以影响剪力键的抗错断性能。

(2)竖直剪力方面，影响较大的位置为右侧顶板(SY 剪力键)，具体表现为在升温曲线 1~升温曲线 3 工况下较常温分别增加了 3.12MN、3.89MN 和 4.6MN。在升温曲线 2~升温曲线 4 作用下，SY 剪力键已经超过其正常使用极限状态下设计值 4.15MN，但未超过其承载能力极限状态下设计值 8.8MN。

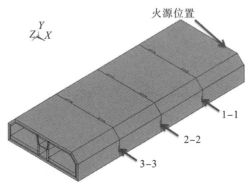

图 12-26　节段接头位置示意图

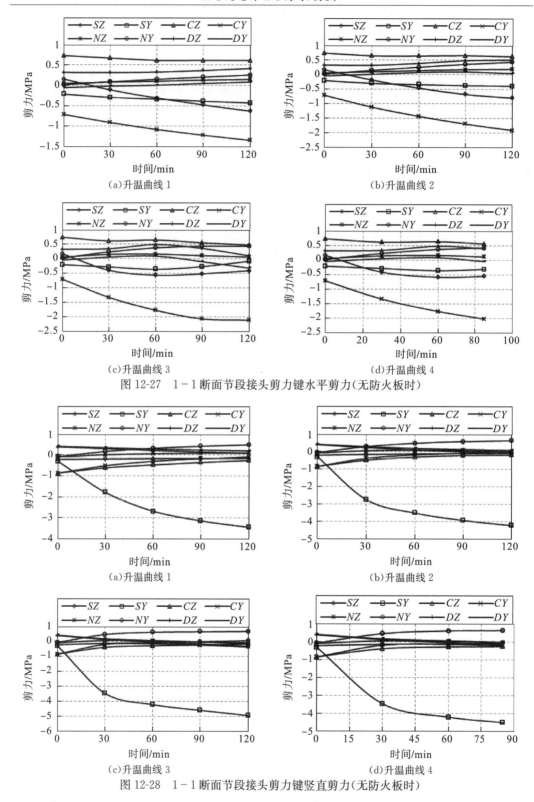

(a)升温曲线1　　　　　　　　　　　(b)升温曲线2

(c)升温曲线3　　　　　　　　　　　(d)升温曲线4

图12-27　1-1断面节段接头剪力键水平剪力(无防火板时)

(a)升温曲线1　　　　　　　　　　　(b)升温曲线2

(c)升温曲线3　　　　　　　　　　　(d)升温曲线4

图12-28　1-1断面节段接头剪力键竖直剪力(无防火板时)

2-2、3-3断面节段接头剪力键水平剪力、竖直剪力随时间的变化规律与1-1断面一致，其量值比1-1断面更小，下面给出3个断面的共性规律。

①沉管隧道节段接头发生火灾时,受影响的剪力键主要为受火侧剪力键。

②在离火源一定距离范围内,最大剪应力出现的位置一致,最大水平剪应力出现在右侧内墙处,最大竖直剪应力出现在右侧顶板处。

③同一位置的剪力键,随着离火源位置距离的增加,剪力增大值也相应减小。

④低温火灾时(600℃、900℃),节段接头各剪力键的剪力值均小于正常使用的设计值;高温火灾时(1200℃,RABT 曲线),火灾侧顶板、外边墙上的剪力键剪力值超出了正常使用的设计值,但未超过其承载能力极限状态下设计值 8.8MN,其余剪力键剪力值未超过正常使用设计值。

12.3.4　防火板对接头剪力的影响

为了探讨防火板对高温作用下接头剪力键的影响,现选取高温作用下剪力影响比较大的几个位置进行做对比分析。此时,管节结构外贴 2cm 厚玻镁防火板,管节接头和节段接头按照本书第 4 章的防火构造进行隔热布设,有关热物理参数见本书 12.1.2 节。

选取无防火隔热条件下剪力变化最大的剪力键作为主要分析对象:①对于管节接头,选取右侧侧墙(图 12-20 剪力键 CY)探讨设置防火板对水平剪力的影响,选取右侧内墙位置(图 12-20 剪力键 NY)探讨设置防火板对竖直剪力的影响;②对于节段接头,选取 1—1 节段接头处右侧内墙(图 12-25 剪力键 NY)探讨设置防火板对水平剪力的影响,选取右侧顶板位置(图 12-25 剪力键 SY)探讨设置防火板对竖直剪力的影响。

按照规范,仅对升温曲线 4 火灾工况作用下的情况进行一个对比分析。图 12-29 为管节接头处剪力键 CY 水平剪力和剪力键 NY 竖直剪力变化情况,图 12-30 为节段接头剪力键 NY 水平剪力和剪力键 SY 竖直剪力变化情况。

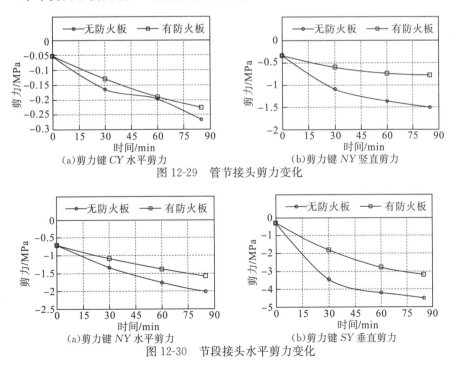

(a)剪力键 CY 水平剪力　　　　(b)剪力键 NY 竖直剪力

图 12-29　管节接头剪力变化

(a)剪力键 NY 水平剪力　　　　(b)剪力键 SY 垂直剪力

图 12-30　节段接头水平剪力变化

从图 12-30 和图 12-31 中可以看出,在 2cm 玻镁防火板的保护下,阻断了高温热烟气流与结构的直接接触,大大降低了管节、节段内的温度,使得管节、节段接头的热膨胀效应及内力重分布现象在很大程度上得到了减轻。就接头而言,管节与节段接头的水平剪力、竖直剪力均有较大幅度的减少。

①管节接头的剪力键 CY 水平剪力由 0.25MN 减至 0.22MN,减幅 15.3%;剪力键 CY 竖直剪力由 1.5 MN 减至 0.78MN,减幅 48.1%。

②节段接头的剪力键 NY 水平剪力由 2MN 减至 1.56MN,减幅 21.8%;剪力键 CY 竖直剪力由 4.56 MN 减至 3.2MN,减幅 29.2%,减少后剪力值已经降至正常使用设计值 4.15MN 以下。

出现以上情况,其原因如下:水平方向的剪力降低是因为设置防火隔热措施后,热膨胀效应的降低减小了剪力键榫与剪力键槽接触面之间的摩擦力;竖直方向的剪力则由于温度的降低减小了结构内侧的热膨胀程度,减小了节段接头两端结构不一致的向上位移,剪力键的剪力相应的减小了。

12.4　本 章 小 结

通过国内外调研、1∶1 实体隧道火灾试验、1∶1 构件火灾试验、数值计算和现场测试等多种手段,本章重点研究 4 项关键技术:①沉管隧道结构防火设计火灾场景及耐火目标;②管节结构火灾力学行为;③接头火灾力学行为;④管节结构与接头耐火保护技术。

通过研究,获得的主要成果体现在:①建立了适用于港珠澳大桥沉管隧道的反应火灾温度随时间、空间变化的火灾场景,基于该场景,提出了热弹性力学条件下的管节结构三维热-力耦合分析方法;②分析了 4 类不同温度等级升温曲线作用下的管节结构与接头变形特性与应力重分布规律,得到了有、无防火隔热措施下结构内的高温梯度范围与损伤深度,以及管节接头与节段接头在火灾下的抗错断性能。

具体研究成果体现如下。

1. 沉管隧道火灾场景

结合 1∶1 沉管隧道火灾试验及相关隧道火灾研究,定义了具有统一形式的 4 类升温曲线,在此基础上,建立了考虑横向分布、纵向分布的沉管隧道结构防火设计火灾场景。

2. 沉管隧道管节结构三维温度场

(1)无防火隔热条件下,火源处采用 RABT 曲线计算所得管节结构表面的温度为 1087℃,超过了钢筋混凝土构件耐火极限;在纵断面上,距离火源超过 30m 时,管节结构的表面和内部温度低于 300℃,达到建筑设计防火规范的耐火极限要求。

(2)隔热措施方面,论证了距地面 3m 高度以上布设防火板的设置方案,计算表明该方案能够满足结构的耐火要求(混凝土底部及 2.5cm 处应分别低于 380℃和 300℃)。

3. 高温作用下沉管隧道管节结构力学行为

(1)基于 4 类升温曲线构成的火灾场景，提出了热弹性力学条件下的管节结构三维热-力耦合有限元实现方法。

(2)火灾高温很大程度地增大了管节结构中的应力，特别在距离管节结构表面 0～10cm 厚度范围内，应力增大效果显著，这是由于增加的应力主要由管节结构的高温膨胀引起的；而在 0～5cm 厚度范围内，存在压溃和爆裂的可能。

(3)铺设 2cm 防火板时，管节结构不同厚度处的压应力相对于未布设防火板时均出现了大幅的下降，结构表面处、5cm、10cm 和 25cm 处应力较无防火板时分别降低了54.9%、73.5%、72.8%和 65.5%。

(4)无防火措施时，计算求得的管节结构最大损伤深度为 15cm；布设防火板后，最大损伤深度为 7.2cm，绝大多数部位的结构损伤深度控制在 5cm 以内，表明防火板隔热降力效果显著。

4. 高温作用下沉管隧道接头剪力键力学行为

(1)在管节接头的变形方面，由于受热膨胀，在横向表现为外凸，方向指向管廊外，纵向则基本上均表现为张开。剪力键水平外凸值小于 0.5mm，纵向张开一般小于 3mm。

(2)在管节接头的剪力方面，水平剪力受火灾影响不大，竖向剪力受火灾影响较大，内墙剪力键是重点关注部位，但其最大剪力未超过其正常使用极限状态下的设计值。以上计算表明火灾下剪力键的竖向抗错断能力能够得到保障。

(3)在节段接头的剪力方面，低温火灾时(600℃、900℃)，各剪力键的剪力值均小于正常使用的设计值；高温火灾时(1200℃，RABT 曲线)，火灾发生侧的顶板、外边墙上的节段接头剪力键计算所得最大剪力值超出了正常使用的设计值，但未超过其承载能力极限状态下设计值。

(4)以上 3 条均为在无防火隔热条件下计算所得结论，而布设防火板能够有效地减小火灾高温对剪力键的影响，减少后剪力值已经降至正常使用设计值以下，确保了接头防火安全。

参 考 文 献

[1]何世家. 隧道火灾和隧道防火涂料[J]. 消防技术与产品信息，2002，(5)：41-44.

[2]强健. 地铁隧道衬砌结构火灾损伤与灾后评估方法研究[D]. 上海：同济大学，2007.

[3]张祉道. 公路隧道的火灾事故通风[J]. 现代隧道技术，2003，40(1)：34-43，49.

[4]王新钢，毛朝军，叶诗茂，张正卿. 浅谈公路隧道火灾及其结构防火保护措施[J]. 消防技术与产品信息，2005，(3)：50-57.

[5]诺曼·劳德斯. 创建模型环境[J]. 王晔译. 消防技术与产品信息，2001，(9)：49-51.

[6]Lönnermark A，Ingason H. Gas Temperatures in Heavy Goods Vehicle Fires in Tunnels[J]. Fire Safety Journal，2005，40：506-527.

[7]Takekuni K，Shimoda A，Yokota M. The Characteristics of Fires in Large-Scale Tunnels on Fire Experiments inside the Shimizu No. 3 Tunnel on the New Tomei Expressway[A]. Proceedings of ITA World Tunnel Congress 2003[C]. Amsterdam，2003：179-184.

[8]Ono K. Fire Design Requirements for Various Types ofTunnel[M]. Keynote Lecture of ITA WTC 2006，Seoul，Korea，2006.

[9]闫治国，杨其新，朱合华. 秦岭特长公路隧道火灾试验研究[J]. 土木工程学报，2005，38(11)：96-101.

[10]杨其新. 国内外公路隧道防灾方法及火灾实例调研报告[R]. 成都：西南交通大学，2001.

[11]戴国平，田沛哲，夏永旭. 二郎山公路隧道火灾通风对策[J]. 长安大学学报(自然科学版)，2002，22(6)：42-45.

[12]刘伟，袁学勘. 欧洲公路隧道营运安全技术的启示[J]. 现代隧道技术，2001，38(1)：5-10.

[13]柴永模. 隧道内发生火灾时的温度分布规律初探[J]. 消防技术与产品信息，2002，(3)：16-23.

[14]张宗碧，柴永模，涂文轩. 隧道火灾封堵燃烧状况的模型试验及研究[J]. 消防科技，1994，(4)：20-22，25.

[15]杨其新. 隧道移动式自反应灭火消防装置研究[J]. 铁道学报，1997，19(3)：99-102.

[16]孙文圣. 铁路隧道设置固定式消防设施的可行性[J]. 铁道标准设计，1995，(5)：17-21.

[17]董希琳，朱伟锋，屈立军. 隧道火灾封堵灭火后安全启封时间的计算[J]. 消防科学与技术，1999，(2)：4-7.

[18]冉平. 浅谈大型铁路隧道火灾的液氨扑救[J]. 消防科技，1994，(2)：21-23.

[19]沈彭年. 铁路隧道防止火灾对策[J]. 铁道标准设计通讯，1991，(5)：36-38.

[20]徐玉香. 铁路隧道火灾爆炸事故原因及行车安全[J]. 中国铁道科学，1997，18(2)：22-35.

[21]张蓉康. 隧道内油罐车火灾事故的处理措施[J]. 世界隧道，1997，(4)：10-13.

[22]Haack A. Welcome andIntroduction[A]. Proceeding of Second International Symposium on Safe & Reliable Tunnels. Innovative European Achievements[C]. Lausanne，2006：1-5.

[23]倪照鹏，陈海云. 国内外隧道防火技术现状及发展趋势[J]. 交通世界，2003，(2)：28-31.

[24]张硕生，张庆明，毛朝君. 隧道防火保护的现状及发展趋势[J]. 消防技术与产品信息，2003，(7)：6-9.

[25]张平. 我国铁路隧道消防现状与对策[J]. 消防技术与产品信息，1995，(6)：28-30.

[26]涂文轩. 铁路隧道火灾的试验研究[J]. 消防技术与产品，1997，(10)：32-36.

[27]曾巧玲，赵成刚，梅志荣. 隧道火灾温度场数值模拟和试验研究[J]. 铁道学报，1997，19(3)：92-98.

[28]Vauquelin O，Mégret O. Smoke Extraction Experiments in Case of Fire in a Tunnel[J]. Fire Safety Journal，2002，37：525-533.

[29]Kim M B，Choi J S，Han Y S，Choi B I，Jang Y J. The Status of Road Tunnel Fireafety in Korea[A]. Proceedings of ITA World Tunnel Congress 2003[C]. Amsterdam，2003：223-226.

［30］Lamont D R，Bettis R. Smoke Build-Up Resulting from Hydraulic Oil Fires in a 5. 6m² Tunnel［A］，Proceedings of ITA World Tunnel Congress 2003［C］. Amsterdam，2003：193－198.

［31］El－Arabi I A，Duddeck H，Ahrens H. Structural Analysis for Tunnels Exposed to Fire Temperatures［J］. Tunnelling and Underground Space Technology，1992，7(1)：19－24.

［32］Haack A. Fire Protection in Traffic Tunnels-Initial Findings from Large-Scale Tests［J］. Tunnelling and Underground Space Technology，1992，7(4)：363－375.

［33］Haack A. Fire Protection in Traffic Tunnels：General Aspects and Results of the EUREKA Project［J］. Tunnelling and Underground Space Technology，1998，13(4)：377－381.

［34］PIARC. Fire and Smoke Control in Road Tunnels，05. 05. B［R］. Paris，1999.

［35］ITA. Guidelines for Structural Fire Resistance for Road Tunnels［R］. WG 6 Report，2005.

［36］Bari S，Naser J. Simulation of Smoke from a Burning Vehicle and Pollution Levels Caused by Traffic Jam in a Road Tunnel［J］. Tunnelling and Underground Space Technology，2005，20：281－290.

［37］Woodburn P J，Britter R E. CFD Simulations of a Tunnel Fire－Part I［J］. Fire Safety Journal，1996，26：35－62.

［38］Woodburn P J，Britter R E. CFD Simulations of A Tunnel Fire－Part II［J］，Fire Safety Journal，1996，26：63－90.

［39］Modic J. Fire Simulation in Road Tunnels［J］. Tunnelling And Underground Space Technology，2003，18(3)：525－530.

［40］黄恒栋. 地下建筑火灾中火烟温度、火风压沿程变化及其防治措施［J］. 重庆建筑工程学院学报，1995，17(1)：68－73.

［41］Mashimo H. State of the Road Tunnel Safety Technology in Japan［J］. Tunnelling And Underground Space Technology，2002，17(2)：145－152.

［42］Kirkland C J. The Fire in the ChannelTunnel［J］. Tunnelling and Underground Space Technology，2002，17(2)：129－132.

［43］Dorgarten H W，Balthaus H，Dahl J，Billig B. Fire Resistant Tunnel Construction：Results of Fire Behaviour Tests and Criteria of Application［J］. Tunnelling And Underground Space Technology，2004，19：314.

［44］Steinert C. Fire Behaviour In Tunnel Linings Made of Shotcrete With Added Fibres［J］. MFPA Leipzig，1997：46－66.

［45］Both C，Wolsink G M，Breunese A J. Spalling of Concrete Tunnel Linings in Fire［A］//Proceedings of ITA World Tunnel Congress 2003［C］. Amsterdam，2003：227－231.

［46］Roelands P A A. The Multiple Use of Sprinkler Systems in the Betweroute Tunnels from A Civil Engineering Perspective［A］. Proceedings of ITA World Tunnel Congress 2003［C］. Amsterdam，2003：245－248.

［47］R. 孔方兹. 铁路和公路隧洞的防火：火灾时混凝土性状——研究、试验及解决方法［J］. 周静贤译. 水电技术信息，1996，Z01：50－57.

［48］陈夙，刘军辉，仲晓林. 隧道防火的研究进展［J］. 涂料技术与文摘，2008，(2)：7－9.

［49］朱家祥，陈彬，刘千伟，白云. 上海外环沉管隧道关键施工技术概述(续)［J］. 岩土工程界，2003，6(9)：7－10.

［50］刘千伟. 常洪沉管隧道接头施工技术［J］. 岩石力学与工程学报，2003(zl)：2478－2483.

［51］清官理，饭田博光，瀑本孝哉. 沉埋隧道内的车辆火灾对策［J］. 卿光全译. 世界隧道，2001，(2)：1－9.

［52］涂文轩. 火灾对隧道结构的烧损及其灾后加固［J］. 铁道建筑，1993，(4)：24－25.

［53］王海莹，袁苏跃，喻萍. 公路隧道结构抗火设计初探［J］. 昆明大学学报，2003，(1)：43－46.

［54］R. 孔方兹. 铁路和公路隧洞的防火：火灾时混凝土性状－研究、试验及解决方法［J］. 周静贤译. 水电技术信息，1996，(z01)：50－57.

［55］Bradbury W，Clark G，Ravn S. 隧道防火安全设计［J］. 张怡译. 铁道建筑技术，2009，(7)：7－69.

［56］万世银. 环保型隧道防火板的研究［D］. 重庆：重庆大学，2005.

［57］郦建俊，张志明. 隧道防火板材的集成应用技术探讨［J］. 地下空间与工程学报，2008，4(2)：369－373.

[58]Carvel R O，BeardA N，Jowitt P W. The Influence of Longitudinal Ventilation Systems on Fires in Tunnels[J]. Tunnelling and Underground Space Technology，2001，16(1)：3-21.

[59]Carvel R O，Beard A N，Jowitt P W，Drysdale D D. Variation of Heat Release Rate with Forced Longitudinal Ventilation for Vehicle Fires in Tunnels[J]. Fire Safety Journal，2001，36(1)：569-596.

[60]Both C，Haack A，Lacroix D. Upgrading The Fire Safety of Existing Tunnels In Europe：A 13 M EUR European Research Project[A]. Proceedings of ITA World Tunnel Congress 2003[C]. Amsterdam，2003a：239-244.

[61]Both C，Haar P W，Wolsink G M. Evaluation of Passive Fire Protection Measures for Concrete Tunnel Linings[R]. TNO Report，2003b.

[62]Both C. Tunnel FireSafety[J]. Heron，2003，48(1)：3-16.

[63]闫治国. 隧道衬砌结构火灾高温力学行为及耐火方法研究[D]. 同济大学博士学位论文，2007.

[64]Khoury G A. Passive Protection against Fire[J]. Tunnels & Tunnelling International(Chinese Version)，2003，49-51.

[65]Khoury G A. Passive Fire Protection in Tunnels[J]. Concrete，2003b，37(2)：31-36.

[66]Australasian Fire Authorities Council(AFAC). Fire Safety Guidelines for Road Tunnels[R]. Issue 1，2001.

[67]周竹虚. 国内外地下空间火灾实例[J]. 消防技术与产品信息，1999，(5)：36-40.

[68]杨达，胡瑞，沈贵松. 地下建筑物的火灾破坏与修复[J]. 隧道及地下工程，1993，14(4)：26-32.

[69]梅志荣，韩跃. 隧道结构火灾损伤评定与修复加固措施的研究[J]. 世界隧道，1999，(4)：9-14.

[70]Abdel-Rahman，Ali K，Ahmed，Gamal N. Computational Heat and Mass Transport In Concrete Walls Exposed to Fire[J]. Numerical Heat Transfer，1996，29(4)：373-395.

[71]Andrew K. Improving Concrete Performance in Fires[J]. Concrete，2004，38(8)：40-41.

[72]Anon. Passive Protection against Fire[J]. Tunnels and Tunnelling International，2002，34(11)：40-42.

[73]Anon. Fibres Add Protection to Prestigious Tunnelling Projects[J]. Concrete Engineering International，2004，8(2)：51-53.

[74]Australian Rail Track Corporation(ARTC). Design and Installation Tunnel Fire Safety New Passenger Railway Tunnels(BSS 02)[S]. Issue 1，2005.

[75]Bari S，Naser J. Simulation of Smoke from a Burning Vehicle and Pollution Levels Caused by Traffic Jam in a Road Tunnel[J]. Tunnelling and Underground Space Technology，2005，20：281-290.

[76]Baumelou X. The A86 Underground West Loop-Safety in the Tunnel Reserved For Light Vehicles[A]. Proceedings of ITA World Tunnel Congress 2003[C]. Amsterdam，2003：93-97.

[77]Bendelius A G. Tunnel Fire and Life Safety within the World Road Association(PIARC)[J]. Tunnelling and Underground Space Technology，2002，17(2)：159-161.

[78]Bettelini M. Mont Blanc fire safety[J]. Tunnels and Tunnelling International，2002，34(6)：26-28.

[79]Bjegovic D，Stipanovic I，Carevic M. Fire Testing of Precast Tunnel Elements[A]. Proceedings of ITA World Tunnel Congress 2003[C]. Amsterdam，2003：251-254.

[80]Economic and Social Counci(1 ESC)of UNITED NATIONS. Recommendations of the Group of Experts on Safety in Road Tunnels[R]. TRANS/AC. 7/9，2001.

[81]李存夫. 设计中如何选定地铁火灾强度[J]. 地下工程与隧道，1995，(1)：40.

[82]Khoury G A. Effect of Fire on Concrete and Concrete Structures[J]. Progress of Structure Engineering Material，2000，(2)：429-447.

[83]洪丽娟，刘传聚. 隧道火灾研究现状综述[J]. 地下空间与工程学报，2005，1(1)：149-155.

[84]王福军. 计算流体动力学分析-CFD软件原理与应用论[M]. 北京：清华大学出版社，2004.

[85]曾令军. 高温对钢筋混凝土性能及管片承载能力的影响研究[D]. 上海：同济大学，2006.

[86]彭立敏，刘小兵，韩玉华. 隧道火灾后衬砌承载能力的可靠度评估方法[J]. 中国铁道科学，1998，19(4)：88-94.

[87]姚坚. 公路隧道内火灾温度场分布规律数值模拟分析[D]. 上海：同济大学，2007.

[88]马建秦. 火灾中衬砌混凝土损伤的微观特征[J]. 混凝土，2007，9：4-8.

［89］马建秦. 火灾中衬砌混凝土的爆裂损伤特征［J］. 混凝土，2007，2：22—25.

［90］Kowbel W，PateL K，et al. Fire Resistant Coating For Polymericfibers［J］. International SAMPE Symposium and Exhibition，2001，46(2)：2577—2581.

［91］Hertz K D. Limits of Spalling of Fire-exposed Concrete［J］. Fire Safety，2003，38(2)：103—116.

［92］过镇海，时旭东. 钢筋混凝土的高温性能及其计算［M］. 北京：清华大学出版社，2003.

［93］陆洲导，朱伯龙. 一种预测钢筋混凝土梁耐火时间的方法［J］. 建筑结构学报，1997，18(1)：41—48.

［94］路春森，屈立军，薛武平. 建筑结构耐火设计［M］. 北京：中国建材工业出版社，1995.

［95］Lie TT. A Procedure to Calculate Fire Resistance of Structural Members［A］. Proceeding of International Seminar of Three Decades of Structural Fire Safety［C］. 1983：139—153.

［96］胡海涛，董毓利. 高温时高强混凝土强度和变形的试验研究［J］. 土木工程学报，2002，35(6)：44—47.

［97］张治泰，邱平. 超声波在混凝土质量检测中的应用［M］. 北京：化学工业出版社，2006.

［98］彭立敏，施成华，刘小兵. 隧道衬砌火灾损伤程度的超声波检测试验研究［J］. 无损检测，2000，22(6)：260—262.

［99］杜红秀. 混凝土结构火灾损伤评估方法研究进展［J］. 质量检测，2006，(4)：8—14.

［100］章伟，蒋首超. 隧道结构防火研究综述［J］. 四川建筑科学研究，2011，37(2)：115—119.

［101］虞利强. 城市公路隧道防火设计的探讨［J］. 消防技术与产品信息，2012，(12)：39—43.

［102］蔡莉萍，徐浩良. 浅谈城市隧道结构防火［J］. 消防科学与技术，2004，23(1)：58—59.

［103］Haack A. Current Safety Issues in Traffic Tunnels［J］. Tunnelling and Underground Space Technology，2002，17：117—127.

［104］钱波，潘莉莎. 防火耐热混凝土的分类［J］. 中外建筑，2007，(1)：94—95.

彩 色 图 版

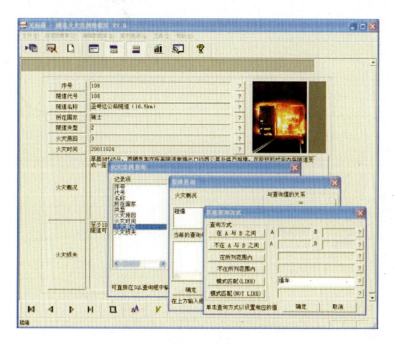

图 3-2　隧道火灾案例数据库

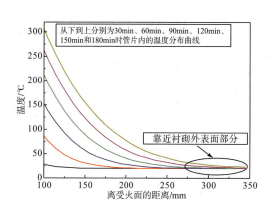

图 4-2　管片(厚度 350mm)温度分布计算曲线[85]

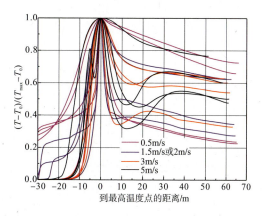

图 4-8　不同工况下拱顶纵向温度相对比分布情况

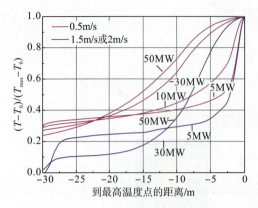

图 4-9　有回流时的上游分布(风速较小)

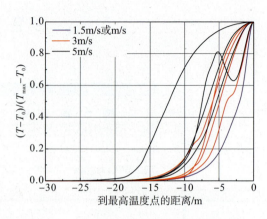

图 4-10　无回流时的上游分布(风速较大)

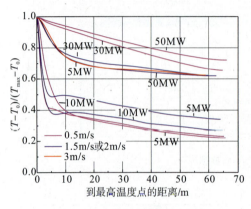

图 4-11　下游纵向分布(风速较小)

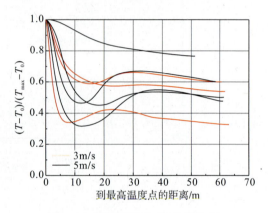

图 4-12　下游纵向分布(风速较大)

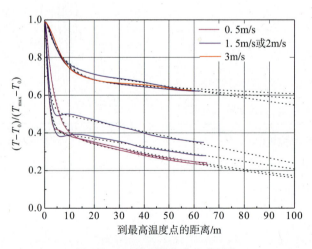

图 4-13　对拱顶纵向分布的拟合

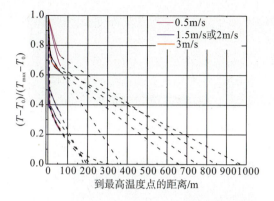
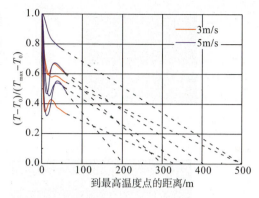

图 4-14 延伸和拟合所得到的 L_{tot}

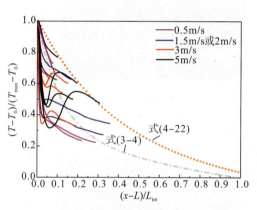

图 4-16 描述拱顶纵向分布下游的函数

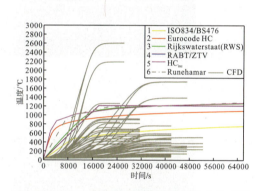

图 4-24 A、B 测点升温曲线与标准曲线对照

(a)1h

(b)2h

图 5-9 C20 试块 750℃烧蚀结果

图 5-10 C20 试块 750℃(4h)烧蚀结果

图 5-11　C35 试块（900℃，1h）

图 5-12　C25 试块（900℃，4h）

(a)黑色表面

(b)浅红色表面

图 5-15　甘肃新七道梁隧道衬砌火灾后表面变色

图 5-16　本次试验 600℃时所呈现的微红色

(a)常温

(b)100℃

(c)300℃

(d)500℃

(e)700℃

(f)900℃

图 5-21　混凝土在经历不同受热温度后颜色特征的变化

图 6-4　两车道隧道热边界条件

图 6-5　三车道隧道热边界条件

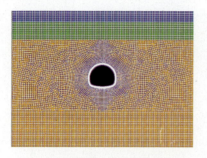
图 6-7　两车道隧道网格计算模型

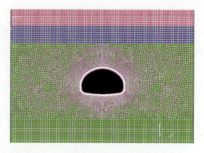
图 6-8　三车道隧道网格计算模型

图 8-30　节点等效荷载

(a)掺聚丙烯纤维　　　　　　(b)未掺聚丙烯纤维　　　　　　(c)掺聚丙烯纤维

图 10-15　第一组试验后，试块表面的爆裂情况

(a)未掺聚丙烯纤维　　　　　　(b)掺聚丙烯纤维　　　　　　(c)掺聚丙烯纤维

图 10-16　第二组试验后，试块表面的爆裂情况

图 10-20　持续 0.5h 或 1h 后板 CM1、CM2 表面的爆裂情况（HC 曲线，$T_{max}=1100℃$）

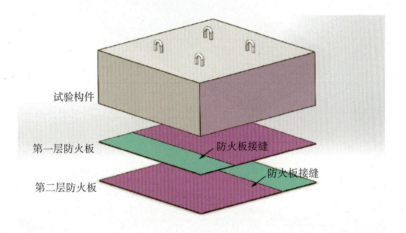

图 11-11　2cm 双层防火板错安装示意图

（a）外层防火板　　　　　（b）内层防火板　　　　　（c）试验构件底面

图 11-18　试验后管节主体构件双层防爆板保护下烧蚀情况

图 11-46　节段接头暴露于潮湿环境后高温试验结果图

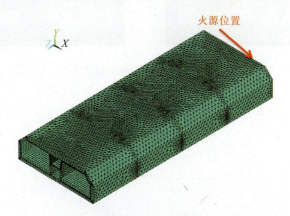

图 12-5　有限元网格划分图（4 节节段，模型的一半）

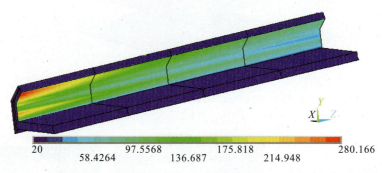

图 12-8　升温曲线 4 火灾工况侧墙温度云图（单位：℃）

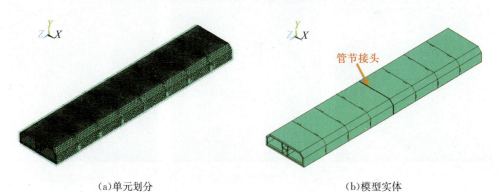

(a)单元划分　　　　　　　　　　(b)模型实体

图 12-10　8 节段有限元模型及网络划分图